QuerBeethoven

Mit Kindern den Komponisten, seine Musik
und sein Museum entdecken

Ein Praxisbuch

mit Kopiervorlagen und Audio-CD

von
Martella Gutiérrez-Denhoff

in Zusammenarbeit mit
Silke Bettermann, Christine Köndgen, Gitta Schatz-Sträßner,
Sabine Schulte-Fochem und Ulrike Voss-Böcker

Veröffentlichungen des Beethoven-Hauses

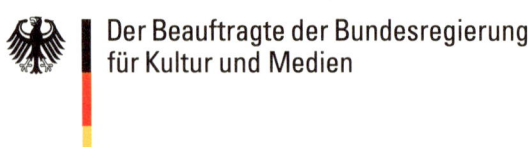

gefördert vom Beauftragten der Bundesregierung für Kultur und Medien
aufgrund eines Beschlusses des Deutschen Bundestages

Deutschlandfunk

Die CD-Produktion wurde dankenswerterweise durch den Deutschlandfunk ermöglicht

Umschlaggestaltung: Conny Koeppl – vice versa, Köln
Druck: Messedruck Leipzig GmbH
Fotos: Martella Gutiérrez-Denhoff, Boris Goyke, Christine Köndgen, Sabine Schulte-Fochem, Ulrike Voss-Böcker

© Verlag Beethoven-Haus Bonn 2009

Inhaltsverzeichnis

Das Beethoven-Haus: Ein Museum Musicum für Kinder und Jugendliche   5
„Wunderkammer Museum"   6
Ein besonderer Ort für unsere jungen Besucher   7

Dokumentationsteil

Museums- und musikpädagogische Aktivitäten für Kinder
im Beethoven-Haus 1999-2008   9

Werkteil

1. Ludwig van Beethoven – Sein Leben   87

1.1 Das Beethoven-Haus – Ein kleiner Museumsrundgang   89
- 1.1.1 Spielend beginnen (ab 4, 6 bzw. 7 Jahren)   91
- 1.1.2 Das Beethoven-Haus zum Ausmalen und Nachbauen (ab 7 J.)   93
- 1.1.3 Das Beethoven-Haus als Martinslaterne (ab 7 J.)   95
- 1.1.4 Eine „Beethoven-Haus Collage" (ab 9/10 J.)   96

1.2 Beethoven in Bonn
- 1.2.1 Stadtplanspiel. Ein kleiner Rundgang auf Beethovens Spuren in Bonn (ab 7 J.)   97
- 1.2.2 Beethovens Welt in der Schachtel (ab 5 bzw. 7 J.)   101
- 1.2.3 Scherenschnitte vom jungen Beethoven und seinen Freunden (ab 9 J.)   107
- 1.2.4 Beethovens „Schönschrift". Kleine Schreibwerkstatt (ab 9/10 J.)   109

1.3 Beethoven in Wien
- 1.3.1 Herr van Beethoven zieht schon wieder um. Stadtplan-Würfelspiel Wien (ab 7 J.)   114
- 1.3.2 Ein „Gespräch" mit Beethoven (ab 9 J.)   118
- 1.3.3 Beethovens Unsterbliche Geliebte.
  Ein nicht vollständig zu lösendes Detektivspiel (ab 10 J.)   120
- 1.3.4 Zwei Seiten einer Medaille. Münzen aus Beethovens Zeit (ab 6 J.)   122
- 1.3.5 Beethovens Papier (ab 9/10 J.)   124

1.4 Beethovens Aussehen
- 1.4.1 Beethoven in der Natur. Stielers Portrait zum Ausmalen (ab 5 J.)   126
- 1.4.2 Was steckt dahinter? Ein Zahlen-Bilder-Rätsel (ab 6 J.)   128
- 1.4.3 Warum schaut der immer so grimmig? Gesichtsmaske in Gips (ab 8 J.)   130
- 1.4.4 Mach' dir dein Beethoven-Bild! (ab 9/10 J.)   131
- 1.4.5 Wie sah Beethoven aus? Kloebers Beethoven-Portrait zum Fertigzeichnen (ab 7 J.)   133

2. Beethovens Musik – Ein Überblick   135

2.1 Beethoven zum Singen
- 2.1.1 Esel, Graf und Teufel. Drei freche Kanons von Beethoven (ab 7/8 J.)   136
- 2.1.2 Eine Rallye durch die Weltgeschichte mit Beethovens Urian-Lied (ab 8/9 J.)   138
- 2.1.3 Gute Nacht, gute alte Zeit.
  Britische Volkslieder zur Triobegleitung von Beethoven (ab 8 J.)   144
- 2.1.4 Die schöne Minka am Bächlein.
  Zwei russische Volkslieder mit einem Trio von Beethoven (ab 8 J.)   147

W	2.1.5 Eine (Bilder-)Symphonie erzählt (ab 8/9 J.)	149 •
	2.1.6 Das Quartett aus Fidelio als Strophenlied (ab 7/8 J.)	153 •
	2.2 Mehr zu Fidelio	
	2.2.1 Puppentheater Fidelio (ab 4 J.)	154 •
	2.2.2 Bretter, die die Welt bedeuten. Beethovens Oper Fidelio als Stubentheater (ab 8 J.)	156 •
	2.2.3 Fidelio Spielszene (ab 8/9 J.)	160 •
	2.2.4 Abstieg in den Kerker. Ein Melodram (ab 9/10 J.)	162 •
	2.3 Vom Klavier bis zur Sinfonie	
	2.3.1 Wer war Elise? Ein Musik-Puzzle (ab 9/10 J.)	166 •
	2.3.2 Wem scheint der Mond? Erhellendes zu Beethovens Klaviersonate (ab 11 J.)	170 •
	2.3.3 Ein musikalisches Ritterfest (ab 8 J.)	176 •
	2.3.4 Beethovens Weg zum Bach. Zur Entstehung des 2. Satzes der Pastorale (ab 11 J.)	180 •
	2.3.5 Geräuschekonzert für „Dirigenten" und viele andere Kinder (ab 4 J.)	186 •
W	**3 Zum Schluss: Des Rätsels Lösung**	
	3.1 Erkennst du Beethovens Instrumente? Kleines Instrumentenrätsel (ab 4 J.)	188 •
	3.2 Beethoven kreuz und quer. Ein Kreuzworträtsel (ab 9 J.)	190 •

Die Autorinnen 191 •
mit Namenskürzeln

Inhalt der CD:

1. Bester Herr Graf (Kanon) – 0'17"
2. Esel aller Esel (Kanon) – 1'33"
3. Hol euch der Teufel (Kanon) – 0'30"
4. Urians Reise (4 Strophen) – 1'41"
5. Urians Reise (Klavier Playback, 4 Str.) – 1'44"
6. Auld lang syne (1. Str. engl., 2. Str. dtsch.) – 1'36"
7. Auld lang syne (Playback, 2 Str.) – 1'28"
8. Good night (englisch) – 0'55"
9. Good night (Text: Blümelein) – 0'54"
10. Good night (Playback; 1 Str.) – 0'48"
11. Save me (englisch; 1 Str.) – 1'06"
12. Save me (Text: Freude...) – 1'05"
13. Save me (Playback, 1 Str.) – 0'56"
14. Schöne Minka (4 Str.) – 2'33"
15. Schöne Minka (Playback, 4 Str.) – 2'17"
16. Ach ihr Bächlein (5 Str.) – 1'59"
17. Ach ihr Bächlein (Playback, 5 Str.) – 1'58"
18. Chorfantasielied (3 Str.) – 1'31"
19. Chorfantasielied (Playback; 3 Str.) – 1'27"
20. Quartett aus Fidelio (4 Str.) – 1'34"
21. Quartett aus Fidelio (Playback, 4 Str.) – 1'29"
22-28. Ausschnitte aus Fidelio für W 2.2.1 – 3'15"
29. Melodram aus Fidelio – 1'40"
30. Melodram aus Fidelio (Klavier-Playback) – 1'36"
31. Für Elise (original) – 2'59"
32-36. Für Elise (Einzelteile) – 1'26"
37. Für Elise (durcheinander) – 1'51"

Musik zu einem Ritterballett:
38. Deutscher Gesang (= DG) – 0'26"
39. Jagdlied (mit DG da capo) – 0'49"
40. Romanze (mit DG da capo) – 1'34"
41. Kriegslied (mit DG da capo) – 1'09"
42. Trinklied (mit DG da capo) – 1'37"
43. Deutscher Gesang (Klavier-Playback) – 0'30"
44. Jagdlied (+dc) (Klavier-Playback) – 0'26"
45. Romanze (+dc) (Klavier-Playback) – 1'32"
46. Kriegslied (+dc) (Klavier-Playback) – 1'11"
47. Trinklied (+dc) (Klavier-Playback) – 1'37"

TT: 55'24"

Ausführende:
Annabelle Heinen, Sopran – Benjamin Heinen, Bass
Theresa Lier, Violine – David Klepper, Violoncello
Gabriel Denhoff, Klavier (6-17)
Thanh-Mai Nguyen, Klavier (4-5, 18-21, 31-47)
Regina Nitsche, Blockflöte
Aufnahme und Schnitt: Alexander Dorniak
Kammermusiksaal Beethoven-Haus, Oktober 2008

22-28: L. v. Beethoven, Complete Works/Das Gesamtwerk, Naxos CD 8.660070-71. Musikausschnitte: (P) und ©1999 Naxos Rights International Ltd.

Das Beethoven-Haus:
Ein Museum Musicum für Kinder und Jugendliche

In den vergangenen zehn Jahren ist im Bonner Beethoven-Haus ein inhaltlich vielseitiges und auf die unterschiedlichen Altersstufen bezogenes museums- und musikpädagogisches Programm entwickelt worden. In seiner Vielfalt und Differenziertheit der Veranstaltungsformate hat das Programm durchaus eine Pilotfunktion unter den Musikermuseen in Deutschland. Das Beethoven-Haus bietet mit seiner Gesamtanlage ideale Voraussetzungen für pädagogische Initiativen: mit dem Museum im Geburtshaus – einem Ort von hoher auratischer Qualität –, mit dem Kammermusiksaal als Ort der klanglichen und musikpraktischen Umsetzung, mit der wissenschaftlichen Abteilung als Zentrum der „Fundierung" für das zu vermittelnde Wissen, und dem Digitalen Beethoven-Haus mit seinen modernen medialen Präsentationsmöglichkeiten.

Die pädagogischen Angebote – Ferienworkshops, Museumsnachmittage, Mal-Wettbewerbe, musikpraktische Kurse, Kindergeburtstage – werden von vielen Kindern und Jugendlichen angenommen. Darüberhinaus finden Familienkonzerte und spezielle Musikveranstaltungen für Grundschulen im Kammermusiksaal statt. Nach wie vor wird das Geburtshaus des berühmten Komponisten von zahlreichen Schulklassen aus dem In- und Ausland besucht. So wird das Beethoven-Haus jährlich von weit über 1000 jungen Menschen als ein außergewöhnlicher Lern- und Erlebnisort wahrgenommen.

Beim Aufbau des pädagogischen Programms war die Erkenntnis bestimmend, dass Kinder zur Entwicklung eines differenzierenden Sensoriums möglichst früh musikalisch-sinnliche Erfahrungen machen müssen, dass darüber hinaus aber auch musik-kulturelle Inhalte und Hintergründe vermittelt werden müssen, die ihnen eines Tages eine kompetente Teilnahme am Musikleben ermöglichen. In einer Zeit, in der die primären Vermittlungsinstanzen Elternhaus und Schule dies nicht mehr in genügendem Umfang gewährleisten, tragen musik-kulturelle Institutionen eine bedeutende pädagogische Mitverantwortung, diese bildungs- und kulturpolitische Aufgabe zu erfüllen.

In dem vorgelegten Buch sind hierfür Konzepte und Materialien zusammen getragen worden, die alle in der Praxis erprobt und von den Verantwortlichen ständig auf den Prüfstand gestellt und modifiziert wurden.

Damit liegt ein Schatz pädagogischer Erfahrungen vor, der Lehrern und Erziehern eine Fülle von Anregungen zu einer aktiven und phantasievollen Beschäftigung mit der Persönlichkeit Beethovens und seiner Musik geben kann.

Das hier dargestellte Resultat der „pädagogischen Dekade im Beethoven-Haus" verdanken wir einem bewundernswert engagierten und kreativen Team mit Frau Dr. Martella Gutiérrez-Denhoff, Frau Dr. Silke Bettermann, Frau Christine Köndgen, Frau Gitta Schatz-Sträßner, Frau Sabine Schulte-Fochem und Frau Ulrike Voss-Böcker. Sie alle haben mit großer Begeisterung und Kompetenz tausenden von Kindern und Jugendlichen emotionale Nähe zur Musik und Interesse an der Sache vermittelt. Hierfür sei ihnen herzlich gedankt!

Ebenso gebührt dem Beauftragten der Bundesregierung für Kultur und Medien Dank für die finanzielle Förderung der Veröffentlichung, insbesondere dem Leiter des Musikreferats, Herrn Herbert Begri, der die pädagogischen Initiativen im Beethoven-Haus unterstützt und mit großem Interesse begleitet hat.

Der Deutschlandfunk hat dankenswerterweise – wie auch bei anderen Projekten des Beethoven-Hauses – die CD-Produktion ermöglicht.

Gedankt sei nicht zuletzt den Eltern, Erziehern und Lehrern für die Bereitschaft, die Kinder in die musikalisch-pädagogische Obhut des Beethoven-Hauses zu geben; und den jungen Beethoven-Fans für ihre Offenheit und Begeisterungsfähigkeit, von denen die erwachsenen „Beethovenisten" viel lernen können.

Prof. Dr. Andreas Eckhardt
Direktor des Beethoven-Hauses

Das Beethoven-Haus ist ein ganz besonderer Ort

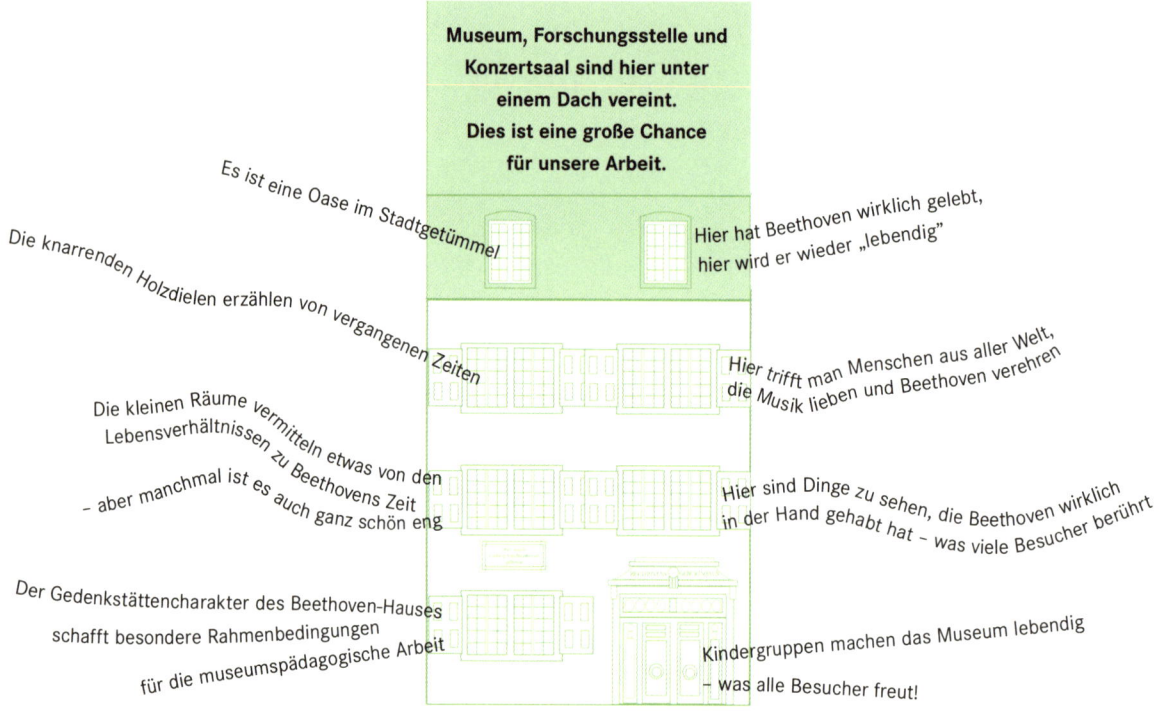

Wir wünschen uns, dass unsere jungen Besucher…

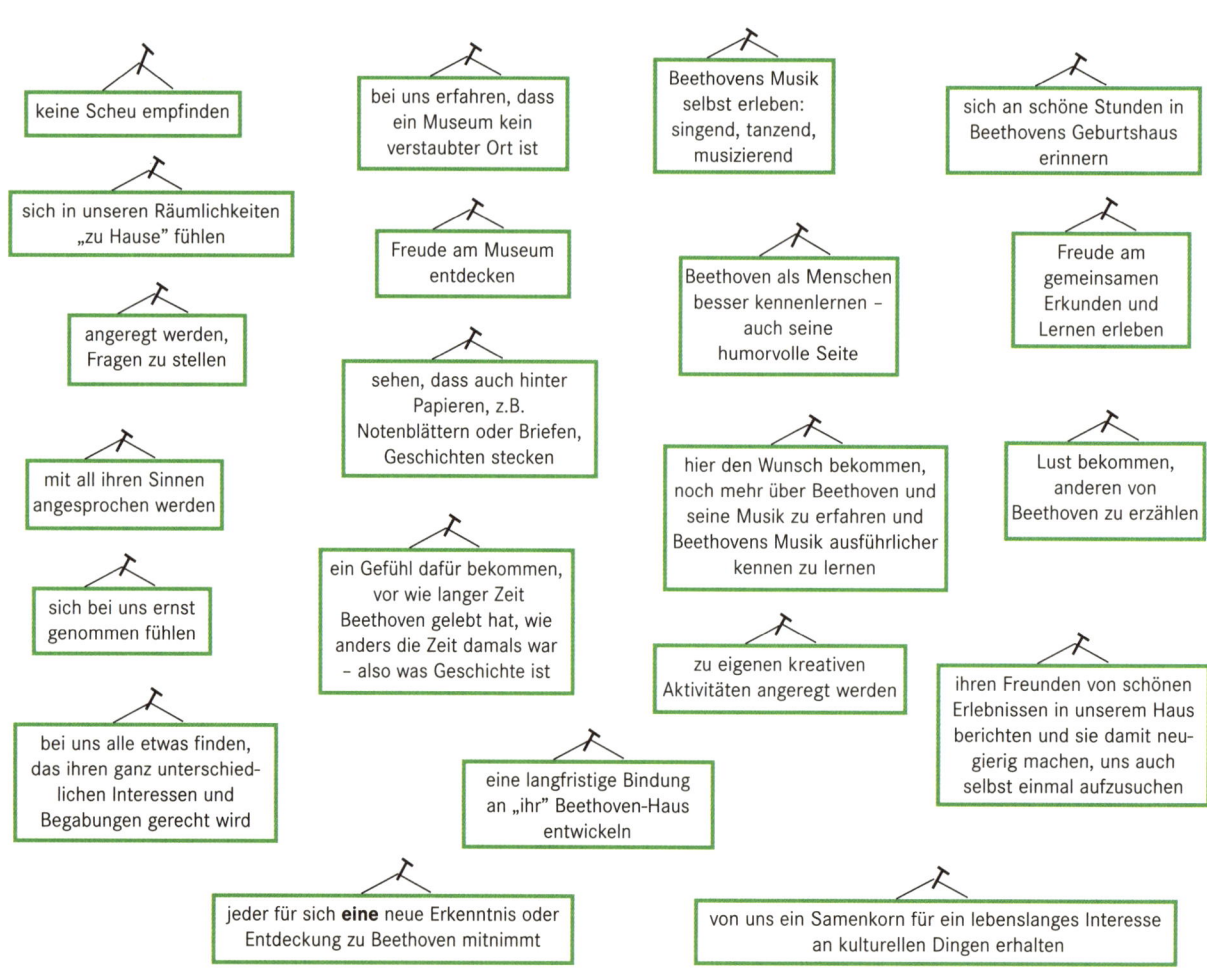

„Wunderkammer Museum"

„Wunderkammer Museum: die Botschaft der Dinge, ihre Aura, ihr Altern, ihr Fortbestehen"* – das sollte, neben vielem Anderen, jedes Kind einmal erfahren haben, das sollte zum „Weltwissen" von Kindern gehören. Für Museen ist es eine große Herausforderung, „die Botschaft der Dinge" erfahrbar zu machen, Kindern Kultur zu erschließen. Und es ist zugleich auch eine große Chance. Denn Museen unterliegen keiner „Bildungspflicht", vergleichbar der Schulpflicht, und sie sind auch keinen Vermittlungs-Zielen unterworfen, wie die Schulen den Curricula. Museen sind frei(willig)e Kultur-Orte und können ihren thematischen Schwerpunkten entsprechend ihre individuellen Vermittlungskonzepte entwickeln.

Kunstmuseen haben schon früh Wege gefunden, junge Menschen aktiv in die Welt ihrer Exponate zu involvieren. Die „Offenheit" von Skulpturen und Gemälden, die der Fantasie viel Raum lassen, und die unmittelbare Wirkung über das Auge schaffen scheinbar leicht eine Brücke zur kindlichen Erfahrungs- und Vorstellungswelt. Ein in einem Museum eher abstrakt darzustellendes Sujet, also eine historisch-kulturelle Persönlichkeit der (klanglos kaum darstellbaren) Musik, macht es dagegen Musikermuseen vergleichsweise schwer, ihren jungen Besuchern sinnliche, emotionale und konkrete Erfahrungen zu verschaffen. Dass dies aber dennoch möglich ist, zeigt dieses Buch.

Es dokumentiert im ersten Teil die vielen Workshops und Themennachmittage, die zu Beethoven und seiner Musik in den vergangenen Jahren im Beethoven-Haus mit Kindern durchgeführt wurden. Mit dem anschließenden Werkteil möchte es dazu anregen, Beethovens Leben, seine Zeit und seine Musik intensiver „begreifbar" zu machen, zur aktiven Umsetzung von Historischem und Musikalischem anzuleiten.

Hierzu laden wir schon die ganz jungen, die Kindergarten- und Vorschulkinder ein. Deren Aufnahmebereitschaft und -fähigkeit wird oft unterschätzt. Gerade für sie tragen wir aber eine ganz besondere kulturelle Verantwortung. Wir sollten in ihnen beizeiten einen lebensfähigen und lebenslangen Samen für kulturelles Interesse säen, ihnen die Faszination von Kultur-Geschichte nahe bringen. Ebenso sprechen wir die bereits etwas älteren Kinder an, deren in früheren Jahren gewecktes Interesse selten auf ihrem inzwischen erreichten Niveau aufgegriffen und vertieft wird. Dass das Beethoven-Haus auch eine wichtige Forschungsstelle ist, gibt uns die Möglichkeit, älteren Kindern ein Bewusstsein für eine historisch-kritische Arbeitsweise zu vermitteln, auf deren Basis das verbreitete Wissen über Beethoven fundieren sollte.

Das Buch richtet sich also an all jene Menschen, die den Lebensweg von Kindern begleiten und damit die Chance haben, ihnen zu zeigen, dass Kultur ein wichtiger und schöner Teil unseres Lebens ist: Eltern, Großeltern, Erzieher in Kindergärten, Pädagogen in Grund- und weiterführenden Schulen, Lehrer in Musikschulen, Chorleiter und Verantwortliche in anderen Kinder- und Jugendeinrichtungen.

Die speziellen Gegebenheiten des Beethoven-Hauses und unsere pädagogischen Wünsche (siehe die vorherige Seite) führten zu vielen individuellen Vermittlungs-Ideen, von denen sich die eine oder andere sicher auch auf inhaltlich anders orientierte Vermittlungsorte übertragen lässt.

Dass der Name Beethoven einen universellen Klang hat, ist für unsere Arbeit ein idealer Ausgangspunkt. Der vertraute Name, (scheinbar) bekannte Merkmale, etwa genialisch taub, mürrisch, und populäre Musik(-ausschnitte) wie „Für Elise" oder die „Ode an die Freude" können als „Türöffner" dienen für die Erweiterung, Vertiefung, ggf. Modifikation oder Korrektur solcher Kenntnisse. Gleichzeitig öffnen sie eine andere Tür, nämlich die zur Freude beim Hören oder Ausführen von klassischer Musik im Allgemeinen. Das Beethoven-Haus als multipler Ort bietet eine ideale Ausgangsbasis dafür.

Mit seinen zahlreichen Abbildungen gewährt dieses Buch gleichzeitig einen sehr umfassenden Einblick in die Bestände des Beethoven-Hauses: die Exponate im Museum ebenso wie viele andere nicht ausgestellte Sammlungsobjekte.

Nicht zuletzt soll das Buch darauf neugierig machen, das Museum in Beethovens Geburtshaus einmal selbst zu besuchen!

Martella Gutiérrez-Denhoff

* Donata Elschenbroich, Weltwissen der Siebenjährigen. Wie Kinder die Welt entdecken können, München 2001

Wir waren dabei

Oktober 1999 – Oktober 2008

Marijke Adelt • Marieke Ahlborn • Miriam Albus • Luca Albus • Jan Albus • Gelareh Almassi • Yasemin Altiner • Rania Ammann • Lilly Anders • Friederike Anders • Luisa Andronowski • Jakob Ankerhold • Sophie Appel • Stephanie Arndt • Lea Artemov • Laila Awaragi • Benjamin Aymans • Marie Bach • Christine Bähr • Henry Baker • Thomas Bald • Simon Bangard • Martin Bangard • David Barbulescu • Ann-Cathrin Barth • Christoph Barth • Pablo Barth • Madeleine Batke • Lucas Bau • Helena Baumann • Karl Baumgarten • Felix Bauriedel • Emilie Bechtold • Anna-Lena Becker • Merle Beckmann • Jonas Beckmann • David Behrla • Roman Beier • Jan Beilmann • Jonas Bellinghausen • Linda Bennett • Sarah Bergé • Aaron Bergé • Anika Berger • Fanny Berger • Jana Bergmann • Ruth Berkemeier • Jan-Christian Berning • Anna Besuch • Lisa Besuch • Viola Bihler • Rebecca Biermann • Elizabeth Biermann • Sophia Birkenhof • Sarah-Christin Bittner • Sebastian Bittner • Katharina Blanke • Johanna Bleyer • Johannes Boch • Charlotte Böcker • Louise Böcker • Lars Bodewig • Steffen Bodewig • Josephine Boettcher • Lasse Böhm • Felicitas Bölle-Schuck • Mauritz Bölle-Schuck • Josef Bolten • Carolina Bonerath • Sofie-Claire Borggrefe • Hannah Bormuth • Ricarda Born • Kevin Bornscheid • Karla Bosse-Plois • Philipp Jonathan Bossert • Bryan Bourauel • Lena Bozzetti • Emilia Bozzetti • Leo Brauer • Hanna Brauer • Jakob Brauer • Moritz Braun • Laura Braun • Dorothea Brendt • Mascha Brieden • Ivo Brocks • Peter Brück • Maximilian Brückeweh • Helen Brüggmann • Jakob Brüggmann • Anna Celina Brünker • Maike Buchmann • Hauke Buchmann • Julia Buchwald • Maxi Buecker • Alexandra Busch • Julia Büsgen • Hannah Buss • Luisa Busshoff • Carla Busshoff • Michael Buttler • Matthias Buttler • Jasmin Christoph • Claudia Cieslak • Ian Clages • Marie Clement • Nicoletta Cleto • Amelie Conrad • Jacobus Conradi • Carolus Conradi • Ronja Contzen • Rachel Natascha Cook • Anna Cornelssen • Danielle Costet • Christin Costet • Laura Czinson • Sophia von Dalenbrooc • Maria Dandörfer • Julia Darwig • Sophie De Buhr • Brian-Maurice Debus • Hannes Deittert • Gabriel Denhoff • Clara Denhoff • Giulia Denovellis • Olivia Dibowski • Sanna Dibowski • Leif Diedrichs • Sophie-Luise Dockter • Sarah Doran • Chiara Döring • Vincent Döring • Martin Drechsler • Katharina Drees • Alexander Dreymann • Dominik Drühl • Elias Dufner • Ilias Eibech • Amir Eibech • Carl Eichborn • Henrike Eiden • Hannah Engels • Christian Engwald • Nora Erbay • Tim Ernst • Laura Euchler • Anna Faltin • Sarah Färber • Amun Farnoosh • Nasrin Farrokhi • Zacharias Fasshauer • Leonard Fauck • Dominik Ferber • Jacqueline Ferber • Janna Ferjani • Nathalie Fete • Luisa Christina Fettweis • Jan Fillmann • Lara Fischer • Peter Fischer • Cleo Fleischer • Lara Fleischer • Annika Fliege • Marie-Therese Flohr • Judith Flüsch • Antonia Foerster • Katharina Foerster • Clemens Fontani • Moritz Franken • Florian Freund • Nils Friedrich • Amelie Fritsch • Adrian Fritsch • Laurin Fritz • Amrei Frömbling • Thorsten Fuchs • Franka Fuhr • Hanna Fuhr • Romy Gabriel • Jana Gählert • Antonio-Bernd Garcia-Morales • Frieder Gätjen • Ioanna Dafne Gemünd • Alexander Genzel • Dina Ghazagh • Annika Gierenz • Tabea Gierschmann • Lara Gierschmann • Hanna Gläßer • Amelie Gollenbeck • Johanna Gowin • Sebastian Gowin • Victoria Graham • Marlin Gratschner • Chaé Gratschner • Jakob Grau • Stefanie Grimmel • Antonia Grönefeld • Moritz Gröner • Frederik Grönewald • Lukas Grönewald • Johanna Grönewald • Laura Grohmann • Sylvia Groß • Simon Grossmann • Franziska Grote • Katharina Grube • Almut Gruß • Vanessa Guiao • Elisabeth Gundlach • Anja Guthunz • Adele Guyton • Friederike Haberland • Theresa Hader • Fabian Hagedorn • Elli Haller • Judith Haller • Tim Hallerbach • Paul Halm • Astrella Hamacher • Julian Hambitzer • Jana Kristina Hambitzer • Lara Violetta Hamke • Olivia Hangula • Christine Hardenberg • Friederike Harms • Anna Harms • Lisa-Marie Hartmann • Christina Hasenberg • Ariana Hatam • Dominik Hatam • Valerie Haunz • Johanna Haunz • Anna-Theresia Hauser • Johanna Heep • Gloria Heesen • Sebastian Hegger • Lara Heidenreich • Katharina Heinemann • Leo Heinemann • Philipp Heinemann • Bastian Heinen • Adrian Helbig • Carina Henke • Simon Hennes • Anna Henzeroth • Malin Hermeling • Leonie Hermes • Citlali Herrera Brincker • Nayeli Herrera Brincker • Luisa Hertel • Christina Hesterberg • Laura Heumann • Lennart Heydweiller • Christiane Heynert • Priska Heynert • Stephan Hildebrand • Theresa Hilz • Damian Himmel • Jule Hoffmann • Niklas Hoffmann • Hanna Höfle • Nico Höfle • Sophia Hoge • Moritz Hoge • Daniela Homburg • Kilian Homburg • Cedric Hönig • Benedict Hönig • Clarissa Hopf • Tim Höpner • Petram Hosseini • Damian Höster • Timon Höster • Henrike Hülshörster • Pauline Hülsmeyer • Annika Hüppeler • Katharina Hürter • Victoria Hürter • Una Hütten • Nora Immink • Jette Isringhausen • Lyzouder Jehn • Darius Jehn • Lena Tabea Jend • Aaron Jeshor • Max John von Freyend • Linda Julkunen • Imke Junker • Alexander Jütten • Jan Kadlubicki • Asya Elisabeth Kaluç • Lea Kämpken • Elisabeth Kampmannn • Jannik Kandler • Diana Kansy • Clara Karas • Lukretia Karas • Kim Joelle Kaschub • Johanna Kassebeer • Clemens Kaster • Clara Kaster • Kim Kathmann • Niklas Kaupert • Anais Keller • Antonia Kempkens • Paullina Kempkens • Maya Kessenich • Ronja Ketelhöhn • Sofia Khadeli • Jan Killermann • Benjamin Killich • Siemyong Kim • Yao Ju Kim • Clara Kinast • Hannah Kinast • Jonas Kinast • Charlotte Kißgen • Maximilian Kißgen • Lena Klabunn • Kilian Klandt • Susanne Klandt • Julian Klausen • Anna-Lena Kleesattel • Charlotte Kleesattel • Eva Lisa Kleesattel • Marcel Klein • Jan Klein • Elena Klein Rius • Marina Klein Rius • Maja Kleinefenn • Carlotta Klieeisen • Anne Klingelhöfer • Lea Knaffler • Anita Knöchelmann • Kristina Koberg • Antonia Koberg • Rebecca Kobert • Helen Koch • Julian Koch • Ann-Theresa Kochler • Stefan Köhler • Sarah Köhn • Niklas Köhn • Hannah Köhn • Karl Köhnken • Theresia Köster • Vinzent Kolakovic • Marcel Kolb • Brenda Kolbinger • Jannis Koltermann • Mieke Koltermann • Vinzent Kolvalkovic • Anna Konschin • Anastasia Konschin • Mara Konzer • Charlotte Körner • Julia Korschel • Marius Korte • Theresia Kösters • Karl Köstler • Lea Clara Köstler • Sophia Krabatsch • Hanna Kranen • Mona Kraus • Amelie Kraus • Malena Krause • Ina Krause • Isabelle Krentz • Fabienne Krentz • Lea-Georgia Kress • Annika Krieg • Catharina Kröhner • Hannah Krolle • Julia Kroschel • Jörn Krüchten • Jona Krüchten • Lina Krüger • Sinan Ksoll • Selim Ksoll • Jakob Kuban • Claudius Kubin • Victor Emanuel Kuhl • Henriette Kuhn • Clara Kuhn • Isabelle Kunze • Leon Küpper • Tamara Küster • Irina Laisiepen • Franziska Lange • Anna Langhammer • Anne Larbig • Miriam Laux • Hannah Laux • Julia Lechler • Felix Lechler • Lucia Leibnitz • Charlotte Leineweber • Klara Leineweber • Sinja Leisen • Irina Lemm • Charlotte Lennartz • Luca Louis Lenze • Lukas Leufgens • Johanna Leufgens • Jonas Lichtenberg • Christiane Liebhardt • Katharina Liebhardt • Carla Linnemann • Hedwig Lipp • Norbert Lipp • Vivian Litterscheid • Mirjam Lohfink • Felix Lohmann • Priska Lohmann • Lauritz Lohmann • Livia Lohmann • Marvin Lokotsch • Oliver Lokotsch • Michelle Löllgen • Katharina Loose • Barbara Loose • Henriette Löschner • Inga Löser • Anna-Lena Lotter • Benitha Lucke • Nina Lückoff • Anjelina Lückoff • Hanna Lüdeke • Lara Lüdeke • Lilith-Marie Ludewig • Mira Lülsdorf • Isabel Lütkemeyer • Charlotte Lütz • Katharina Madzarevic • Sylvia Magulski • Leonie Mainx • Clara Mairböck • Stella Mairböck • Josef Malek • Mona Malek • Lena Manke • Hanna Manke • Vincent Marschollek • Kilian Marschollek • Johannes Martin • Konrad Martin • Dominik Martins Baltzer • Noah Marx • Maximilian Mazurkewitz • Florian Meier • Lauren Meinhart • Inga Melchior • Christabel Mennicken • Daniel Meurer • Benedikt Meyer • Annika Meyer • Dorothee Meyer • Theresa Meyer • Sophia Meyer • Susanne Meyer • Verena Milchert • Veronika Minneman • Lena Mithöfer • Letizia Moll • Marie-Anne Monnier • Michael Monreal • Yara Moussa • Florian Mühlschlegel • Emma Muhs • Lotta Muhs • Klara Müller • Martin Müller • Paula Luisa Muthig • Till Myska • Paul Myska • Christian Nachtwey • Luise Nagel • Lara Nasser • Niklas Nauroth • Clara Nettekoven • Anna-Katharina Neuhaus • Julian Neuhaus • Lisa Neumaier • Carla Neumaier • Laureen Nicolaysen • Viktoria Nolte • Carla Norwig • Karin Nowak • Grace Oberhoff • Lea Oberste • Sophia Oehmke • Sara Oehmke • Marie Olschowski • Aryo Omrani • Dominik Opitz • Marie Orphal • Oskar Orthen • Lea Overhage • Konrad Palm • Konstanze Palm • Leonard Palm • Selina Panknin • Florian Pausewand • Kristin Pausewang • Anne Pedersen • Ksenia Perlova • Maja Peters • Madeleine Petersen Weiner • Jule Pfahl • Johannes Phan • Christian Picard • Lisa Pink • Josephine Pleuser • Delia Plöger • Benedikt Poggel • Dorothea Poggel • Barbara Post • Elena Pott • Laura Pott • Moritz Preisler • Marlene Prinz • Nikolas Prinz • Janina Prinz • Ina Maria Pulte • Laura Pulte • Paulina Quint • Jutta Quirmbach • Martha Sophie Rabus • Timon Radel • Anna-Paula Radel • Clarissa Rademacher • Daniela Raida • Paula Rasten • Madita Rauhut • Lisa Reccius • Viktoria Recht • Mathilda Recht • Anne-Sophie Recht • Matthias Reifferscheid • Moya Reinecke • Niels Reinecke • Melissa Reuter • Cora Reuter • Urs Riedlinger • Lisa Röding • Celine Röding • Hannah Römer • Ruth Rosauer • Pia Rose • Lea Rose • Alicia Rösler • Elena Roth • Dorothea Rott • Lena Rottmann • Samantha Rückheim • Lea Rüdig • Lisa Rüding • Eva Marie Rühenbeck • Lynn Ruloff • Sabine Rupp • Sam Saidi • Luzie Salchow • Leon Salchow • Sonja Salm • Jan Sanders • Christine Sanders • Paul Sanders • Sophia-Katharina Sänger • Caroline Schaeffler • Maren Schäfer • Lisa Schäfer • Marie-Sophie Schäfer • Tim Schallenberg • Karolina Schanze • Malte Schanze • Carolin Scharfenstein • Florian Scharfenstein • Moritz Schaub • Wencke Schauten • Hannah Schemmann • Luisa Scher • Sophie Scherbring • Linda Scherer • Pia Scherer • Eva Scherer • Ann-Christin Schier • Charlotte Schiermeyer • Nick Schilling • Piet Schindler • Amelie Schiprowski • Sara Schmidt • Alina Schmitz • Linnart Schmitz • Fabius Schmitz • Linus Schmitz • Laura Schmitz-Justen • Sebastian Schneiders • Katharina Scho • Alexander Scho • Valerie Schöb • Johanna Schöllgen • Carolin Schölzel • Frithjof Schomaker • Aaron Schott • Nora Schott • Elisabeth Schott • Katharina Schott • Pia Schöttler • Anna Schramm • Kathrin Schreiber • Lina Schreiber • Hanna Schröder • Lea Schröder • Malte Schübeler • Paul Schultheis • Sabrina Schwichtenberg • Elena Sedlak • Anna Lena Seidel • Elisabeth Seidel • Christian Seiffert • Mara Seliger • Maimouna Sene • Alexandra Serrano • Nadine Sevier-Pattie • Artem Shachbazyan • Rosa Shachbazyan • Maya Shariff • David Sieber • Nicolai Siebers • Mariana Siebers • Fabian Siebert • Philipp Siebert • Catharina Sigl • Anna Sigulla • Florian Sigulla • Pablo Soltwedel • Elena Sonntag • Jennifer Spanke • Mirko Speth • Carla Spiegel • Anna Spiller • Maren Spiller • Vanessa Spilles • Jennifer Spilles • Wiebke Spree • Judith Stapf • Calvin Stech • Franziska Stein • Hanna Steinberg • Valentin Steinbrecher • Alicia Stengel • Nina Steuermann • Rebecca Stier • Svenja Stiltz • Nina Stirner • Jutta Straßfeld • Maria Stricker • Franziska Ströter • Silja Stüben • Ansgar Stüben • Jamina Sturm • Annika Sturm • Miriam Sturm • Katharina Stürmer • Johanna Swazina • Laura Tessin • Ella Tessin • Iris Tanja Thayahanan • Anastasia Theuß • Clara Thiebes • David Thiele • Christian Thielscher • Patrizia Thon • Nora Thull • Josephine Thume • Christina Timm • Susanne Timm • Tobias Tinapp • Daria Tölle • Laurenz Treinen • Julius Ulbrich • Lea Maria Ullrich • Konstantin Ulrich • Tillmann Unte • Dimitri Varenik • Kirill Varenik • Moritz von Vegesack • Clemens Vetter • Katharina Vianden • Oliver Vianden • Franziska Vieregge • Georg Vieregge • Magdalena Vieregge • Jasmin Vieschalla • David Viljoen • Luisa Viola • Lara Vollmar • Gregor Völsgen • Tobias Völsgen • Eva vom Kolke • Cornelius von Christen • Sofia von Freydorf • Donata von Freymann • Clara von Randow • Florian von Randow • Maximilian von Schönfels • Max von Starck • Valentin Vössing • Jana Wachtel • Sören Wader • Kathrin Wagemann • Johannes Simon Wagner • Anna Lena Walder • Kaja Waloßek • Henrik Walter • Jessica Walterscheid • Katharina Walzik • Eva Wasserheß • Lea Wecken • Carl-Philipp Weckerling • Teresa Weinz • Lea Weiß • Sarah Weiß • Jana Weissgerber • Jennifer Weissgerber • Sebastian Weiß-Margis • Greta Wenner • Gregor Werfel • Theresa Werfel • Mirjam Magdalena Wershofen • Julia Wessels • Judith Wierich • Mirjam Wierich • Anneli Wiesemann • Thilo Wilcke • Maike Wilhelm • Anja Winklbauer • Moritz Winkler • Fritz Wippenhohn • David Wirtz • Darja Wischerath • Jan Wisniewski • Tara Wissel • Nils Wistoff • Maren Wistoff • Marie Wittrock • Jonas Wittrock • Lukas Wittrock • Clemens Wollscheidt • Julia Wolter • Nikola Wolter • Daniel Wortmann • Marina Viktoria Wulff • Charlotte B. Wulff • Dirk Wundling • Sarah Würtenberger • Nastassja Zalica • Christoffer Zehnder • Franziskus Zelaniec • Pascha Zelenyak • Daniel Zent • Philipp Zent • Emelie Zent • Daria Zent • Lisheng Zhi • Fabian Zimmer • Julian Zimmer • Michaela Zimmer • Alexandra Zimmer • Charlotte Zink • Nelly Zink • Clara Zink • Anja Zok • Dominik Zöllner • **und Geburtstagsgäste**

So fing es an:
Die ersten Workshops im Beethoven-Haus

Seit den 1970er Jahren haben sich Museen immer mehr für Kinder geöffnet und laden die nachwachsende Generation in ihre Räumlichkeiten ein, damit diese nicht nur schauen, sondern Gesehenes selbst aktiv und kreativ umsetzen kann. Insbesondere Kunstmuseen und Museen mit historischen Themenschwerpunkten sind lange schon mit Workshopangeboten in den Ferien und an Wochenenden museumspädagogisch aktiv. Warum sollte das einem Musikermuseum wie dem Beethoven-Haus nicht auch möglich sein? Diese Überlegung war der Anstoß, die ersten Ferienworkshops im Beethoven-Haus ins Leben zu rufen.

Zielsetzung

Das Ziel der beiden ersten inhaltlich ineinander greifenden Workshops war es, unser Museum und das Leben Beethovens für Kinder „lebendig" werden zu lassen – und mit den Ergebnissen gleichzeitig anderen Kindern zu zeigen, wieviel Spannendes sich hinter den Mauern unseres Museums verbirgt. Die Ergebnisse flossen in das Buch „Besuch bei Beethoven" ein, eine kindgerechte Einführung in Beethovens Leben und seine Musik. Methodisch tragen die Workshops den Bedürfnissen und Fähigkeiten von Kindern Rechnung: ihrem Bewegungsdrang, ihrem haptischen Interesse, ihrer Neugierde, ihrer Suche nach Übertragbarkeit und Identifizierung sowie ihrer Freude an kleinen Herausforderungen (Rätsel, Rallyes etc.), aber auch ihrer altersgemäßen Aufnahmebereitschaft. Jeder Vormittag enthält die Elemente „lernen/erfahren", „praktisches Umsetzen" und „Musik machen". Damit wechseln auch die Aktionsorte: Museum, Werkraum, Kammermusiksaal etc. Und immer wieder bereichern Gäste mit besonderen Kompetenzen (Musiker, Künstler, Wissenschaftler etc.) die Workshoptage.

Dieses Konzept zieht sich seitdem durch alle Kinderaktionen im Beethoven-Haus, die auf den folgenden Seiten dokumentiert werden.

Mach dir dein Beethovenbild

Einladung

zum (ersten) Ferienworkshop für Kinder ab 10 Jahren, die Freude an kreativem Gestalten, an Musischem überhaupt – und natürlich an Beethoven und seiner Musik haben.
4.- 8. Oktober 1999, jeweils 10-13 Uhr

Bestimmt hast du ein Bild, das heißt eine Vorstellung von dem Komponisten Beethoven – oder nicht? Es gibt zahlreiche Darstellungen und viele Geschichten über Beethoven. Wieviel weiß man wirklich über einen der größten Komponisten? In seinem Geburtshaus sind viele Gegenstände aufbewahrt, die dir von seinem Leben erzählen. Zusammen werden wir außerdem Musik von Beethoven hören und singen – und auf sie tanzen. Wir wandeln in Bonn auf seinen Spuren und versuchen, ein großes Rätsel seines Lebens zu lösen. Und natürlich wirst du „dein Beethovenbild" malen.

Verlauf

In der ersten Workshopwoche steht der Besuch des Museums am Anfang jedes Vormittages, jeweils unter bestimmten Aspekten. Der musikalische Teil und der Werkteil greifen jeweils einen dieser Aspekte auf.

Am ersten Tag stehen das **Beethoven-Haus**, Beethovens **Familie**, Beethovens **erste musikalische Schritte** und Beethovens **Bonner Freunde** im Mittelpunkt. Die erste gedruckte Musik des 12-jährigen Beethoven, die Variationen über einen Marsch von Ernst Christoph Dressler für Klavier (WoO 63), eignen sich sehr gut dazu, Kinder verschiedene Möglichkeiten von musikalischen Veränderungen (Variationen) heraushören zu lassen. Und das Lied „Urians Reise um die Welt" (s. S. 143), das noch in Bonn entstanden ist und von Kindern schnell gelernt werden kann, zeigt Beethoven von einer ganz heiteren Seite. Der praktische Teil führt an die Orte von Beethovens Kindheit und Jugend in Bonn, die vorher an einem Stadtplan aus Beethovens Zeit aufgefunden wurden (s. S. 100).

Der zweite Tag widmet sich **Beethoven als Musiker** am Bonner Hof, Beethovens Musiklehrern, Beethovens Musikinstrumenten und seinen Musikhandschriften. Auf die „Musik zu einem Ritterballett" (s. W 2.3.3), die für die Bonner Hofkapelle geschrieben wurde, in der Beethoven als Bratscher tätig war, lernen die Kinder mit einer Ballettmeisterin Tanzschritte aus Beethovens Zeit. Im praktischen Teil verfertigen sie Scherenschnitte (s. W 1.2.3) von Beethoven, seinen Freunden und zeitgenössischen Komponisten, deren Silhouetten auch im Museum zu betrachten sind.

Der dritte Vormittag ist gänzlich den verschiedenen **Beethovenportraits** gewidmet, die im Beethoven-Haus zu sehen sind und von denen sich die Kinder zu ihren eigenen Beethovenbildern anregen lassen sollen (s. W 1.4.4.). Musikalisch belebt wird der Vormittag von Klängen des historischen Hammerflügels, in dessen Mechanik und vielfältige Register die Kinder hineinschauen und – hören können.

Am vierten Vormittag bestimmen **Beethovens Ertaubung** und die „**Unsterbliche Geliebte**" auch die praktischen Teile. Das bekannte Musikstück „Für Elise" – das Beethoven für eine (andere) Geliebte schrieb, wird in seine Einzelteile zerlegt und soll hörend und ratend wieder zusammengepuzzled werden (s. auch W 2.3.1). Den Spuren der „Unsterblichen Geliebten" folgen die Kinder mit einem Ratespiel (s. W 1.3.3). Mit Oropax in den Ohren, Beethovens Hörrohren und einer schriftlichen Unterhaltung erhalten die Kinder zumindest eine Ahnung davon, wie Beethoven sich als Ertaubender gefühlt haben mag. Da damals in einer anderen als unserer heutigen „lateinischen" Schrift geschrieben wurde, nämlich in der „Deutschen" Schrift, lernen die Kinder in der „Schreibwerkstatt" (s. W 1.2.4), in diesen Lettern – und mit Feder und Tusche – zu schreiben und schreiben auf diese Weise ihre Briefe an Beethoven – wie zum Beispiel den folgenden:

„Lieber Herr Ludwig van Beethoven. Wenn Sie wüssten was man mit ihnen für ein Geld macht, Sie würden sich im Grabe umdrehen. Es gibt Beethoven-Socken, Beethoven-Hosenträger ... Trotzdem gefällt mir der Beethoven-Workshop sehr gut. Ich verstehe nicht wie man mit 42 Jahren noch so einen Liebesbrief schreiben kann, obwohl es immer heißt: „Mit 66 Jahren fängt das Leben an." Die aller besten Wünsche auch an die Unsterbliche Geliebte, Ihre (eure) Franziska"

Der letzte Vormittag der ersten Workshopwoche widmet sich **Beethoven als Lehrer**, Beethovens **Alltag** und Beethovens **Tod**. Besonders der Alltagsmensch Beethoven, seine Haushaltssorgen und sein temperamentvoller, aber auch humorvoller Umgang mit seinen Mitmenschen ist eine für die Kinder ganz unbekannte Erfahrung. Lustige Kanons von Beethoven (Hol euch der Teufel, Bester Herr Graf, s. W 2.1.1) machen den musikalischen Teil aus. Die Lebend- und die Totenmaske, die im Museum zu sehen sind, geben die Anregung für den praktischen Teil. Von jedem Kind wird eine Gipsmaske angefertigt (s. auch W 1.4.3), wobei auch erfahrbar wird, wie unangenehm diese Prozedur ist und wie verständlich Beethovens grimmiger Gesichtsausdruck auf seiner Lebensmaske und der danach angefertigten Bronzebüste von Franz Klein aufgrund dessen ist.

Ein Beethoven-(Haus-)Buch entsteht
Einladung

zum Ferienworkshop für Kinder ab 10 Jahren, die Interesse an Beethovens Leben haben, Spaß an Rätsel Spielen, Freude an Gestaltung und Lust, in eine professionelle Buch-Herstellung „reinzuriechen"..
11.- 15. Oktober 1999, jeweils 10-13 Uhr

Was Kinder an den Ausstellungsstücken des Beethoven-Hauses und an Beethovens Lebensstationen interessiert, wird in diesem Buch in kurzen Kapiteln erzählt. Mit diesen Geschichten wirst du durch das Museum geführt. Da in einem Museumsbuch für Kinder aber auch Spiel und Spannung nicht fehlen dürfen, wird es einige Beethoven-Spiele und Rätsel geben, die wir gemeinsam spielen und lösen wollen. Wir wählen zusammen die Abbildungen für das Buch aus und gestalten am Computer einige Buchseiten selbst.

Zielsetzung

Die zweite Workshopwoche hat das Ziel, die in der ersten Woche gemachten theoretischen und praktischen Erfahrungen im Hinblick auf das geplante Kinderbuch zu verifizieren, zu ergänzen und transportierbar zu machen. Der anderen Kinderbesetzung werden dabei die gleichen Inhalte vermittelt, die die Kinder der ersten Woche erfahren haben.

Verlauf

In dieser Woche beginnt jeder Vormittag mit dem Vorlesen einiger Kapitel des Buches in den Museumsräumen. Die thematische Aufteilung entspricht ungefähr derjenigen der ersten Woche. Dementsprechend finden auch dieselben musikalischen und praktischen Aktionen statt – mit folgenden Ausnahmen: Nach der Portaittour durch das Museum folgt ein Portrait-Puzzle. Die Kinder erhalten jeweils vier Ausschnitte aus fünf verschiedenen Beethoven-Portraits. Jeder Ausschnitt ist mit einem Buchstaben versehen. Die richtige Zuordnung der Teile ergibt am Ende ein Lösungswort (s. das Buch „Besuch bei Beethoven", Seite 42-43.)

Anstelle der Beethovenbilder in Fixogum-Technik stehen in dieser Woche Beethoven-Karikaturen im Mittelpunkt, die die Kinder zu eigenen Beethoven-Zeichnungen inspirieren.

Gemeinsam mit den Kindern wird ein Kreuzworträtsel erdacht („Besuch bei Beethoven", S. 68-69). Ein kleiner Einblick in die Buchproduktion ergänzt diese Workshopwoche. Eine Grafikerin vermittelt den Kindern ein Gefühl für verschiedene Schrifttypen (z.B. mit und ohne Serifen) und gestaltet vor ihren Augen das kurz zuvor entwickelte Kreuzworträtsel am PC. Der Besuch der Druckerei, die das Buch drucken wird, schließt die zweite Workshopwoche ab. Dort wird das Portrait-Puzzle am PC erstellt und jedes Kind erhält einen Probedruck einer Buchseite, der vor aller Augen an der Vier-Farb-Maschine entstanden ist.

Konzept und Text: MGD
Durchführung gemeinsam mit Franziska Nüremberg geb. Münks (Rheinisches Landesmuseum Bonn), SB, UVB sowie Kollegen des Beethoven-Hauses und Gästen

Vom Wasserzeichen zum Tintenklecks
Der lange Weg zum beschriebenen (Noten-)Papier

Einladung

zum Ferienworkshop für Teilnehmer ab 10 Jahren
7.-11. August 2000, jeweils 10-13 Uhr

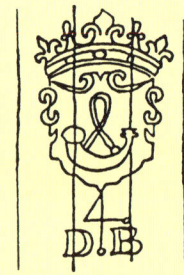

Dass die Papiere, auf denen Beethoven geschrieben hat, anders aussahen als unsere heutigen, ist an den Ausstellungsstücken des Museums leicht zu erkennen. Aber woher kamen diese Papiere, wie wurden sie hergestellt? Was sind Wasserzeichen und warum können sie den Forscher auf die richtige Fährte bringen? Wir werden in den Museumsräumen verschiedene Arten von Schriftstücken aufspüren. Einige führen uns zu Beethovens Musik. Andere lassen die Schreib-Eigenarten Beethovens erkennen. Wir werden selbst Wasserzeichen biegen, auf Schöpfrahmen anbringen und unsere eigenen Papiere schöpfen. Wir erleben mit, wie ein Komponist zu Werke geht und werden eigene Blätter mit Tinte (und Klecksen), mit Feder, Rotstift und anderem künstlerisch-musikalisch gestalten.

Zielsetzung

Papier ist heutzutage ein für uns stets vorhandenes Erzeugnis, mit dem wir meistens relativ sorglos und auch unverantwortlich umgehen. Ein Ziel des Workshops ist es, den Teilnehmern bewusst zu machen, dass Papier zu Beethovens Zeit in einem aufwändigen Verfahren hergestellt werden musste, und die Teilnehmer dadurch für das Material etwas mehr zu sensibilisieren. Papier hatte früher zudem eine „Identität", nämlich ein Wasserzeichen, durch das heute meistens auf die lokale und oft auch zeitliche Herkunft des Papiers geschlossen werden kann. Papiere sind das Material, das einen Großteil der wertvollen Sammlung des Beethoven-Hauses „trägt", also Briefe und Notenhandschriften Beethovens. Der Workshop soll den Teilnehmern in diesem Zusammenhang auch einen Querschnitt über die autographen Exponate des Museums präsentieren.

Verlauf

Zu Beginn der ersten beiden Workshop-Tage werden die Kinder als **„Papierdetektive"** auf Brief- bzw. Notenspuren **durch das Museum** geschickt, um eine Vorstellung von den verschiedenen Manuskriptarten, Papierformaten und auch Schreibmitteln zu bekommen. Der Brief Beethovens, der die meisten Rätsel aufgibt, jener an die „Unsterbliche Geliebte", ist Gegenstand eines kleinen „Kriminalspiels" (s. W 1.3.3), denn das Papier dieses Briefes bzw. dessen Wasserzeichen führt uns zumindest zu dem im Brief nicht vollständig genannten Datum.

Im anschließenden Praxisteil lernen die Teilnehmer **Wasserzeichenformen** aus Beethovens Zeit kennen, entwerfen dann eigene, biegen sie mit Silberdraht nach und heften sie auf die (vorbereiteten) Schöpfrahmen.

Hiermit werden am zweiten Tag dann **Papiere geschöpft** (der dafür notwendige Papierbrei war weitgehend vorbereitet) (siehe W 1.3.5).

Wie Beethoven seine Notenblätter vorbereitet und Briefe geschrieben hat, ist Thema des dritten Workshoptages. Die Teilnehmer werden kurz in die **Deutsche Schrift** eingeführt (s. W 1.2.4), so dass sie – dann auch mit Feder und Tinte (Tusche) – ihren Namen schreiben können. An Kopien von Beethoven-Briefen werden die Faltungen rekonstruiert, damit die Teilnehmer Papiere auf die damals üblichen Arten **falten und siegeln** können – allerdings nicht mit Siegellack, sondern mit rotem Kerzen-Dekorwachs, in das eine Münze (wie ein Petschaft) gedrückt wird.

Notenblätter werden vorbereitet, indem sie – wie damals üblich – mit einem Rastral (5-Linien-Feder) liniert werden. Und da Beethoven seine Notizen (Skizzen) unterwegs in ein **Taschenskizzenheft** schrieb, stellt jeder Teilnehmer ein solches Heft, mit Nadel und Faden geheftet, her. Um eine ungefähre Vorstellung davon zu bekommen, wie **Beethoven komponierte**, also seine Ideen suchte, fand und notierte, führt ein Musiker (Komponist) am Klavier simplifiziert den Weg vom ersten (banalen) Einfall (ein einfaches Lied) zur kunstvollen Ausgestaltung und Variation desselben mithilfe der „Ideen" der Teilnehmer vor.

Kopien von Notenblättern und handschriftlichen Briefen sind das Ausgangsmaterial der Malerin und Grafikerin Ingeborg Ullrich, deren Arbeiten u.a. im Bonner Künstlerforum zu sehen waren. Solche Kopien bearbeitet sie derart, dass die Blätter danach von der farblichen Patina und der „Beschädigtheit" her der Wirkung eines Autographs sehr nahe kommen. Frau Ullrich konnte gewonnen werden, um den Workshopteilnehmern an den letzten beiden Tagen ihre „Verfremdungstechniken" an den Kopien Beethovenscher Handschriften zu vermitteln. So gestaltet jeder Teilnehmer im Innenhof des Museums sein eigenes **„Notenkunstblatt"** durch Verklebung mit Pergamentpapier, Übermalung, erzeugen von schadhaften Stellen, herausschneiden oder -kratzen etc.

Die Blätter werden kurz vor Ende des Workshops wie auf einer Vernissage für die Eltern ausgestellt bzw. aufgehängt. Und anstelle des bei Vernissagen üblichen Getränks singen die Teilnehmer dazu das in den Tagen zuvor gelernte „Trinklied" (WoO 109) von Beethoven.

Musikalisch spielt in diesem Workshop unter anderem auch Beethovens Klavierstück „Für Elise" eine Rolle, da das Beethoven-Haus eine Partitur-Skizze dieses Stücks besitzt und Skizzen ja ein wichtiger Schritt auf dem Weg zum beschriebenen Notenpapier, also dem vollendeten Stück sind. Auf diesem Skizzenblatt ist der bekannte Anfang von den Teilnehmern gut zu erkennen. Aber auch mit den nicht so geläufigen Abschnitten dieses Klavierstücks werden sie vertraut gemacht, was spielerisch über das Elise-Puzzle (siehe W 2.3.1) erfolgt.

Konzept und Text: MGD
Durchführung mit Beteiligung von Kollegen des Beethoven-Hauses sowie Gästen

Der kleine Beethoven
Eine Kindheit im 18. Jahrhundert

Einladung

zum Ferienworkshop für Kinder ab 8 Jahren
3.-7. Juli 2000, jeweils 10-13 Uhr

Wie lebten die Kinder zu der Zeit, als Beethoven ein kleiner Junge war? Wie sahen die Wohnungen und Möbel der Familien aus? Welche Kleider trugen die Menschen, und wie feierten sie ihre Feste? In den Aufzeichnungen des Bonner Bäckermeisters Fischer, in dessen Haus die Familie van Beethoven lange Zeit wohnte, werden Alltag und Sprache des 18. Jahrhunderts wieder lebendig. Sie bilden die Grundlage für den Workshop, bei dem die Kinder in Beethovens Geburtshaus das Leben im kurfürstlichen Bonn kennenlernen. Wir werden in Kleider schlüpfen, wie man sie damals trug, werden das Modell einer Wohnung basteln und einrichten, wie sie Beethovens Familie bewohnte, und werden tanzen, wie man es damals tat. Dazu wird Musik aus Beethovens Jugend zu hören sein, und es gibt natürlich auch vieles über Beethoven als Kind zu erfahren.

Zielsetzung

Über die Kindheit Ludwig van Beethovens hat sich eine exzellente historische Quelle erhalten: die Aufzeichnungen des Bonner Bäckermeisters Gottfried Fischer (1780-1864). Fischer, der jüngste Sohn einer wohlhabenden bürgerlichen Familie, in deren Haus die Familie Beethovens über Jahre hinweg zur Miete wohnte, hielt in umfangreichen Manuskripten die verschiedensten Begebenheiten aus der Jugend des Komponisten fest, wie sie ihm von anderen Familienmitgliedern, vor allem von seiner Schwester Cäcilie (1762-1845), erzählt worden waren. Ausgehend von diesem Material und weiteren zeitgenössischen Bild- und Textquellen soll der Workshop authentisches Wissen über das Bonn des 18. Jahrhunderts vermitteln und vor allem darüber, wie Kinder in dieser Zeit lebten.

Verlauf

Wo wohnte Beethoven, als er ein kleiner Junge war? Wie sahen die Wohnungen und Möbel der Familien aus? Welche Kleider trugen die Menschen und wie feierten sie ihre Feste? Das sind die Fragen, mit denen wir uns in diesem Workshop beschäftigen. Wir beginnen dafür zunächst mit einer ausführlichen Besichtigung des Beethoven-Hauses und rekonstruieren gemeinsam die Größe der Zimmer, in denen Beethovens Familie wohnte. Dann lesen wir einige der Texte, die Gottfried Fischer über Beethovens Kindheit verfasst hat. Damit wir auch einen Eindruck davon erhalten, wie man damals in Bonn gesprochen hat, trägt uns eine Kollegin des Beethoven-Hauses einige Passagen in traditionellem Bonner Platt vor.

Besonders interessant sind Fischers Bemerkungen über das **Aussehen Beethovens als Junge** – denn es existiert kein Gemälde, das den Komponisten als Kind zeigt, nur ein Scherenschnitt, aus dem sich nicht leicht weitere Rückschlüsse ziehen lassen. Um dieses Bild besser verstehen zu können, wird gemeinsam erkundet, wie im 18. Jahrhundert ein solcher Scherenschnitt hergestellt wurde, und jedes Kind macht mit der doch nicht ganz einfachen Prozedur des korrekten Ausschneidens seine Erfahrungen (s. auch W1.2.3).

Am nächsten Tag beschäftigen wir uns mit der **Wohnsituation der Familie van Beethoven**. Auch hier ist wieder vieles aus den Aufzeichnungen von Gottfried Fischer zu erfahren, aber auch Gemälde des 18. Jahrhunderts geben zahlreiche Hinweise darauf, wie die Häuser damals aussahen und wie man die Zimmer einrichtete. Um die theoretischen Kenntnisse zu festigen und in die Praxis umzusetzen, werden anschließend aus

Pappe, Stoff und Litzen kleine Zimmer gebastelt und mit selbst hergestellten Möbeln nach historischen Vorbildern bestückt. Im musikalischen Teil des Vormittags singen und spielen wir am Klavier einige Musikstücke, die in Beethovens Kindheit bekannt und populär waren, z.B. „Alles neu macht der Mai" und drei kleine Stücke von Daniel Gottlob Türk.

Der folgende Morgen führt uns weg vom Beethoven-Haus, denn wir wollen natürlich auch etwas über die Stadt **Bonn im 18. Jahrhundert** erfahren. Dazu machen wir einen Rundgang durch die Stadt und besuchen dabei vor allem die Orte, die für Beethoven als Kind wichtig waren. Im StadtMuseum gibt es dann eine Führung (mit passender Musik), bei der wir erfahren, wie die Kurfürsten und Adeligen zu Beethovens Zeit in Bonn lebten.

Um den Alltag der Kinder im 18. Jahrhundert geht es am vierten Workshop-Tag. Wir studieren gemeinsam Gemälde und Graphiken der damaligen Zeit und erkennen, wie wenig sich das Leben der Jungen und Mädchen damals von dem der berufstätigen Erwachsenen unterschied. Dies betraf natürlich auch Beethoven, dessen Musikinstrumente und Studienhefte wir uns ansehen. Kleine Studienhefte basteln sich später die Kinder auch selbst und beschriften sie in Deutscher Schrift. Wir erfahren außerdem, wie

es war, als 11-jähriger Organist und Violinist am Hof des Kölner Kurfürsten zu leben. Anschließend lernen wir die „Dressler-Variationen" (WoO 63) kennen, neun kurze, aber recht komplizierte Musikstücke, die Beethoven bereits als Junge komponiert hat. Und dann lernen die Kinder die ersten Grundlagen des höfischen Tanzes auf einige Stücke aus Beethovens „Musik zu einem Ritterballett" von 1790/91.

Zum Abschluss der Veranstaltung beschäftigen wir uns am letzten Tag mit der Art, wie man in Beethovens Jugend gekleidet war. Auch hier helfen uns wieder bildliche Darstellungen, aber es wird auch ganz praktisch. Denn jeder kann nun selbst Kleidungsstücke anprobieren, die den Vorbildern aus Beethovens Kindheit nachgebildet sind. Alle merken rasch, wie kompliziert es ist, sich in Perücke und Halstuch, Mieder und langem Rock zu bewegen. Als Höhepunkt und Abschluss dieses Tages feiern wir ein kleines Fest, ein bisschen wie am Hof des Kurfürsten: Zunächst führen uns zwei Mitglieder des Ballettstudios der Universität Bonn in historischen Kostümen alte Tänze vor, dann hören wir noch einmal ein kleines Konzert, und zum Schluss tanzen die Kinder in ihren Kostümen – es ist fast so, als wäre das „Bönnsche Ballstück" zum Leben erwacht.

Konzept und Text: SB
Durchführung gemeinsam mit Franziska Nüremberg geb. Münks (Rheinisches Landesmuseum Bonn),
UVB und Gästen

Besuch bei Beethoven

Einladung

zum Osterferienworkshop für Kinder von 7 bis 11 Jahren oder 8 bis 12 Jahren
4 Vormittage, jeweils 3 Stunden

Der Osterferien-Workshop „Besuch bei Beethoven" führt durch Beethovens Leben, seine Musik und die Zeit, in der er gelebt hat. Die Kinder erkunden das Museum, besuchen eine ganz besondere Aufführung der Oper „Fidelio", begeben sich auf eine Reise in die kurfürstliche Zeit und entdecken bei einem kleinen Stadtrundgang die Stadt Bonn, wie Beethoven sie kannte. Vier Vormittage wird mit viel Spaß rund um das Thema Beethoven herum gesucht und entdeckt, gemalt und gewerkelt, gesungen und getanzt.

Zielsetzung

Der mittlerweile schon traditionelle Osterferien-Workshop fand zum ersten Mal 2001 statt. Hervorgegangen aus den beiden allerersten Workshops 1999, trägt er seit 2004 den Titel des damals daraus entstandenen Kinderbuches „Besuch bei Beethoven" und hat sich zu einer Art „Einsteiger-Workshop" entwickelt. Dieser Besuch bei Beethoven soll die Kinder neugierig machen auf seine Musik, seine Person und seine Zeit. Außerdem möchten wir ein Bewusstsein dafür schaffen, dass (ihre Stadt) Bonn die Stadt ist, in der Beethoven mit Kindheit und Jugend eine entscheidende Zeit seines Lebens verbracht hat. Im Laufe der vier Vormittage werden die Kinder mit zwei zentralen Bereichen des Beethoven-Hauses vertraut: Museum und Kammermusiksaal. Wir wünschen uns, dass hierdurch die Basis für eine längerfristige Bindung der Kinder an „ihr" Beethoven-Haus geschaffen wird, und damit natürlich wiederum auch an das Thema Beethoven. Jedes Jahr ist das Programm ein anderes. Bestimmte grundsätzliche inhaltliche Aspekte gehören zwar immer dazu. Aber es gelingt uns nie, uns auf dem Konzept des vorherigen Jahres auszuruhen. Schon da Gewesenes wird weiter entwickelt und Neues kommt hinzu. Im folgenden einige Beispiele aus den vergangenen Jahren:

Verlauf

Zu Beginn gilt es erst eunmal heimisch zu werden und die anderen kennen zu lernen. So geht es – nach der Begrüßung im Werkraum und einem kleinen Vorstellungsspiel – ins Museum zur **„Reise in Beethovens Zeit"** (W 1.1.1). Ziel dieses Spieles ist es, dass die Kinder sich zu Pärchen zusammenfinden. Dazu dürfen sie sich von mehreren Gegenständen auf einem Tisch jeweils einen aussuchen, der entweder für die heutige oder für Beethovens Zeit steht. Dann suchen sie das Kind mit dem

dazu passenden Gegenstand. Hier ergeben sich gleich auch inhaltliche Aspekte: Wesentliche Unterschiede zwischen dem Leben heute und dem zu Beethovens Zeit werden kurz thematisiert – z.B. Blockflöte und CD: als es keinen Strom gab musste man Musik selbst machen, die CD liefert heute Musik aus der Konserve. Mit einem gemeinsamen Rundgang wird das Museum erkundet. Das anschließende Schnipselspiel (W 1.1.1.) führt die Kinder zu ausgewählten Exponaten, die sie anhand von vorher aus einer Dose gezogenen Schnipseln (Ausschnitten) suchen und den anderen vorstellen. Die Museumserkundung wird aufgeteilt: am ersten Tag geht es im 1. Stock um Beethovens Zeit in Bonn und am nächsten Tag im 2. Stock um seine Wiener Zeit. Einige Exponate und inhaltliche Aspekte der Ausstellung werden im Laufe des Workshops dann noch genauer unter die Lupe genommen.

Die **kleine Instrumentenkunde** zum Beispiel rückt Beethovens Originalinstrumente im Museum - Bratsche, Orgel(-spieltisch), Streichquartett und Flügel - in den Vordergrund: Anknüpfung an

Bekanntes, bei Kindern, die bereits ein Instrument spielen, und Wecken von Neugierde bei Kindern, die noch keines spielen. Der CD-Player lässt die Instrumente lebendig werden und erklingen. Und aus welchen Hölzern sie gebaut sind, erzählt die große Kiste mit Holzproben und Furnieren aus

Fichte, Kiefer, Buche, Ahorn, Nussbaum und Mahagoni. Die Kinder können die Holzstücke und Furniere in die Hand nehmen und die Unterschiede in Gewicht, Härte und Struktur fühlen. Wir sprechen über das Material Holz und seine Eigenschaften. Die Kinder erfahren, wie die Hölzer, die sie kennen gelernt haben, beim Instrumentenbau zum Einsatz kommen. Und nun wird auch das Rätsel um die seltsamen Geräte im Museum geklärt: hiermit werden Temperatur und Luftfeuchtigkeit kontrolliert, da die Holzinstrumente sehr empfindlich auf Veränderungen dieser Rahmenbedingungen reagieren und Schaden nehmen können. Die Vorführung und Erläuterung der einzelnen Funktionen des historischen Flügels im Museum, der aus der Klavierbauerwerkstatt Conrad Graf stammt, dem Erbauer von Beethovens letztem Flügel, und des benachbarten Tafelklaviers schließt diese Einheit ab. Das Tafelklavier dürfen die Kinder selbst ausprobieren. Der Blick in das Innere der beiden Instrumente beeindruckt die Kinder sehr.

Unter dem Motto „Ich kann ja gar nichts lesen" oder „Wie schrieb man zu Beethovens Zeit?" steht die **„kleine Schreibwerkstatt"** (W 1.3.6): Als „Lesestücke" im Museum eignen sich hier sowohl Dokumente in Druckschrift, wie zum Beispiel die Ankündigung von Beethovens erstem Konzert im Alter von sieben Jahren („Avertissement") als auch handschriftliche Dokumente, wie der Eintrag des Grafen Waldstein in Beethovens Stammbuch. In diesem Eintrag wünscht Graf Waldstein ihm, er möge in Wien Mozarts Geist aus Haydns Händen erhalten. Nach ein wenig Übung können die Kinder dann selbst in Deutscher Schrift – auch mit Tinte und echter Feder - schreiben und sich beispielsweise eine elegante Visitenkarte erstellen.

In der Einheit „Als die Vögel schwiegen" geht es um **Beethovens Schwerhörigkeit und Taubheit**. Zu Beginn stehen etwaige Erfahrungen der Kinder mit schwerhörigen oder gehörlosen Menschen und Überlegungen, wie man trotzdem kommunizieren kann. Eine Runde „Stille Post" macht deutlich, wie schnell Missverständnisse entstehen, wenn man akustisch nicht richtig versteht. Großen Eindruck macht unser Gast, eine Lehrerin für gehörlose Kinder. Sie vermittelt einiges über den richtigen Umgang mit Gehörlosen und übt mit den Kindern ein wenig die Gebärdensprache. Die Kinder bedauern, dass sie Beethoven noch nicht bekannt war und lernen die Hilfsmittel kennen, die Beethoven zur Verfügung standen: Seine Hörrohre, deren Kopien auch ausprobiert werden, und die „Konversationshefte", mittels derer Beethovens Freunde sich mit ihm verständigt haben. Anhand von Auszügen aus schriftlichen Dokumenten (Heiligenstädter Testament, Brief an Gerhard Wegeler

von 1801, Bericht Stefan von Breunings über einen Spaziergang, bei dem Beethoven verzweifelt ist, weil er einen Vogel nicht singen hört) gewinnen sie einen Eindruck von Beethovens anfänglicher Verzweiflung und dem darauf folgenden Aufbegehren gegen sein Schicksal.

Einen zentralen Punkt des Workshops stellt natürlich die **Musik von Beethoven** dar. Singen und Tanzen spielt hier eine wichtige Rolle. Über den Workshop verteilt lernen die Kinder einige der zahlreichen Beethoven-Lieder und Kanons kennen (z.B. Blümchen Wunderhold, Marmotte, Urians Reise, Signor Abate, Feuerfarb', Esel aller Esel, Hol euch der Teufel). Die Marmotte wird dabei regelmäßig zu „unserem" Lied, das jeden Tag neu erklingt - spätestens am dritten Tag auch ohne unser Zutun. **Beethovens Ritterballett** eignet sich sehr gut zum Einstudieren eines höfischen Tanzes; bei den Jungen zwar nicht immer uneingeschränkt beliebt, aber mit Hilfe einer echten Tanzlehrerin werden auch aus diesen am Ende eindrucksvolle Kavaliere. Mit kleinen spielerischen Aufgaben verbunden, wird das **Hören von Musik**, auch im Sinne von „Heraushören" gelernt. Sehr altersgerecht kann man hier mit der 6. Sinfonie arbeiten. Im 2. Satz lassen sich Vögel erkennen und Stimmungen beschreiben, im 4. Satz (Gewittersatz) viele verschiedene Wetterarten. Nach dem Anhören der Musik beschreiben die Kinder ihre Eindrücke. Während des nochmaligen Hörens schreiben oder malen sie dann die verschiedenen Wetterarten, die sie heraushören, auf. Oder sie bekommen vorher bunte Karten mit entsprechenden Symbolen, z.B. Vogelbild, Blitz, lachendes Gesicht etc., und

während des Hörens halten sie jeweils die Karte hoch, die sie für die passende halten. Danach stellen sie dann mit einfachen Mitteln „Musikinstrumente" her, mit denen sie selbst auch verschiedene Varianten von Regen, Wind, Blitz und Donner erklingen lassen können. Bei der Einheit **„Was macht denn ein Pianist?"** werden die Kinder zu Journalisten, die einen Pianisten mit vorher gemeinsam vorbereiteten Fragen interviewen. Dieser Pianist, den Kindern nun schon vertraut, gibt im Anschluss an das Interview ein kleines Konzert nur für sie. Wichtig ist es, jemanden auszuwählen, der kindgerecht spricht und agiert. Dadurch dass „ihr" Pianist spielt, und das extra für sie, wird ein sehr persönlicher Bezug zu der Musik geschaffen.

Mittelpunkt einer anderen Themeneinheit ist **das Metronom**. Die Begriffe Rhythmus und Tempo können hier besprochen werden, ebenso wie die Bedeutung des Metronoms für Beethoven. Demonstriert wird die Funktionsweise, indem ein Kind ein beliebiges Zeitmaß einstellt und dann alle das bereits bekannte Lied „Marmotte" in dem vorgegebenen Tempo singen. In diesem Zusammenhang lässt sich auch die Detektivarbeit der Beethoven-Forscher ansprechen, mit der sie herausgefunden haben, dass der berühmte Mälzel-Kanon gar nicht aus Beethovens Feder stammt, sondern eine Fälschung seines Sekretärs Anton Schindler ist. Der Mälzel-Kanon wird vorgestellt, um dann den Anfang des 2. Satzes der 8. Sinfonie anzuspielen. So können die Kinder gut hören, wie raffiniert Schindler gearbeitet hat: er hat sich für seine Fälschung einfach des Themas aus dem 2. Satz der 8. Sinfonie bedient. Den Text („...ta,ta,ta, lieber lieber Mälzel ta,ta,ta...") hat er auch selbst verfasst, um den Eindruck zu erwecken, Beethoven habe seinem Freund, dem Erfinder des Metronoms, Johann Nepomuk Mälzel, den Kanon gewidmet.

An jedem Vormittag wird gewerkelt, mit Bezug zu einem Aspekt aus Beethovens Leben, der den Kindern bereits aus dem Museum bekannt ist. Diese praktische Umsetzung hilft, schon Gehörtes und Gesehenes weiter zu verinnerlichen - es kann sich hierbei sowohl um ein konkretes Exponat als auch um einen inhaltlichen Aspekt der Ausstellung handeln. Und das Ergebnis kann als bleibende Erinnerung von den Kindern mit nach Hause genommen werden. Die **Schattenrisse** aus dem Museum beispielsweise, die Beethoven als sechzehnjährigen Hofmusiker sowie seine Bonner Freunde (die Familie von Breuning), zeigen, wirken in Scherenschnittpapier geschnitten und auf bunten Karton gebracht, wunderschön und beinahe antik. Und wer mag, kann sie noch nach Belieben verzieren (s. auch W 1.2.3). Auch **Guckkastenbühnen** mit Motiven aus dem Museum standen hier schon mehrfach auf dem Programm (W 1.2.2). Manchmal gibt es mehrtägige Projekte, wie das **„Buchmobil"**: Ein Beethoven-Buch, mit vielen beweglichen Elementen und Pop-ups zu den Museumsexponaten, die von den

Kindern selbst gemacht werden. Durch alle Workshoptage zieht sich auch die Entwicklung eines Kinderrundganges, d.h. die Kinder suchen die Exponate für einen gemeinsamen Rundgang aus und bereiten einige Informationen über ihr jeweiliges Lieblingsexponat vor. Präsentiert werden die Exponate dann im Wechsel bei dem Rundgang, der nach einigen Proben auf Tonband aufgenommen wird. Den Abschluss bildet das Lied „Marmotte". Jedes Kind erhält zur Erinnerung eine CD von der Aufnahme.

Am letzten Tag des Workshops begeben wir uns mit einem Stadtspaziergang auf die Suche nach **Beethovens Spuren in Bonn**. An den einzelnen Plätzen und Gebäuden lässt sich noch einmal ein Bogen zurück zu Exponaten des Museums spannen. Jeweils gilt es dort auch eine Rätselfrage zu lösen. Zurück im Werkraum greift das Stadtplanspiel (W 1.2.1) die Aspekte des Stadtbesuchs noch einmal auf. Jedes Kind erhält einen historischen Stadtplan, in den Abbildungen der entsprechenden Gebäude an der richtigen Stelle eingeklebt werden.

Zum Abschluss der gemeinsam verbrachten vier Vormittage steht (seit 2004) ein Besuch der virtuellen 3D-Inszenierung „Fidelio 21. Jahrhundert" in der Bühne für Musikvisualisierung auf dem Programm. Das Eintauchen in Beethovens Musik und die Geschichte der Oper Fidelio (Schnittfassung des 2. Akts) bildet einen spannenden und musikalischen Abschluss des Workshops und entlässt die Kinder mit der Musik von Beethovens einziger Oper in den Rest der Ferien.

Seiten aus dem „Buchmobil"

Text: S.SF
Konzepte und Durchführung:
2001: Konzept: MGD; Durchführung: MGD, S.SF, SB, UVB, CK, Franziska Nüremberg geb. Münks
2002: Konzept und Durchführung: MGD, CK, S.SF, UVB
2003: Konzept: MGD; Durchführung mit S.SF und Ursula Froebel
2004 + 2005: Konzept: S.SF; Durchführung: S.SF und Ursula Froebel; Musikteil: MGD
2006 – 2008: GSS + S.SF
sowie Kollegen des Beethoven-Hauses und Gäste

Hör' mal!
Beethovens und andere Klänge

Einladung

zum Ferienworkshop für Kinder ab 10 Jahren
13.-17. August 2001, jeweils 10-13 Uhr

Ihr wisst, dass Beethoven im Laufe seines Lebens taub wurde. Was für Klänge hat er wohl in seinem Ohr, in seinem Kopf gehört? Und wie hat er sich mit seinen Mitmenschen verständigt? Ihr werdet ein wenig nachvollziehen können, wie es Beethoven erging und was es bedeutet, taub zu sein. Aber Klänge kann man nicht nur hören – und natürlich selber machen –, sondern auch sehen, fühlen, verändern etc.

Gemeinsam mit dem Deutschen Museum Bonn

Zielsetzung

Die Ertaubung ist ein berührendes Kapitel in Beethovens Leben, nach dem immer wieder gefragt wird. Dieser Workshop möchte den Teilnehmern die Geschichte von Beethovens Ertaubung recht detailliert vermitteln und sie einen solchen Zustand der „Ertaubung" sowie die meist wenig hilfreichen Versuche Beethovens, dem entgegenzuwirken, soweit wie möglich erfahren lassen. Da viele dieser Hilfsversuche auf physikalisch-akustischen Zusammenhängen basieren, findet der Workshop an zwei Vormittagen im Deutschen Museum Bonn statt, wo den Teilnehmern verschiedene physikalisch-akustische Phänomene durch den Physikprofessor Karl-Heinz Althoff (überwiegend) experimentell veranschaulicht werden. Den Teilnehmern soll nicht zuletzt auch vermittelt werden, wie wichtig und daher schützenswert unser Ohr für uns ist.

Verlauf

Der Workshop beginnt im Beethoven-Haus, wo die Hörrohre, das Heiligenstädter Testament, die Konversationshefte und Stellen aus Briefen in Beethovens Zustand als Ertaubender einführen. Über Texte von Freunden und Zeitgenossen Beethovens wissen wir von den verschiedenen Symptomen und kennen damit auch ungefähr den Krankheitsverlauf. Zunächst litt Beethoven unter **Hochtonverlust**, d.h. er konnte die hohen Töne nicht mehr hören. Um dies nachzuvollziehen, müssen sich die Teilnehmer zunächst einmal selbst „ertauben". Da man mit Oropax noch zu viel hören kann, setzen die Kinder zusätzlich Lärmschützer auf, wie sie die Polizei bei Schießübungen trägt (bei der Polizei waren diese auch ausgeliehen). Die leiser gespielten höchsten Töne von Blockflöten und jene des beliebten Klavierstücks „Für Elise" sind tatsächlich wesentlich schwächer zu hören. Somit kommt man dem Ertaubungsgefühl also schon ein wenig näher.

Zusätzlich zum Hochtonverlust empfand Beethoven ein „Sausen und Brausen" in seinem Ohr. Im Kreis sitzend versuchen nun alle die Geräusche der Stille zu hören, zunächst die Geräusche der Stille im Saal – dem Ton einer asiatischen Klangschale bis in den letzten Winkel folgend –, und dann

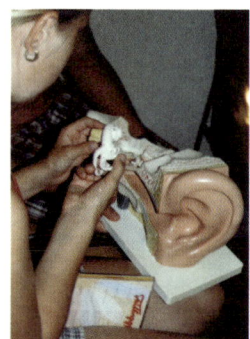

die **Geräusche im eigenen Kopf**, abgeschirmt durch Oropax und die Lärmschützer. Diese konzentrierte (Selbst-)Erfahrung und der Austausch darüber bringt alle dem Zustand, den Beethoven empfunden haben muss, noch ein weiteres Stück näher.

Dass Beethoven sich zunächst von den **Hörrohren**, die der Musik-Mechaniker Maelzel ihm gebaut hatte, Hilfe erhoffte, hatte man bereits im Museum erfahren. Aus Pappe selbst gedrehte „Schallsammler" sowie Nachbildungen der Beethovenschen Hörrohre werden unter diesem Aspekt ausprobiert.
Heutzutage hätte man Beethoven vermutlich mit einem modernen Hörgerät für

eine gewisse Zeit helfen können. Ein Hörgeräte-Akustiker erläutert den Teilnehmern in diesem Zusammenhang sowohl die Funktionsweise des Ohres an einem großen Modell als auch die Wirkungen von heutigen Hörgeräten.

Zeitgenössische Berichte besagen, dass Beethoven sich für seinen Flügel eine **Schallkuppel** habe bauen lassen, in die er beim Spielen seinen Kopf hineinsteckte, um den so gesammelten Klavierklang aufnehmen zu können. Mithilfe einer selbst verfertigten Kuppel, in die jeder Teilnehmer während des Klavierspiels seinen „ertaubten" Kopf stecken kann, ist zu erahnen, dass dieses Hilfsmittel nur bedingt genützt haben mag.

Als kaum noch Gehör vorhanden war, behalf sich Beethoven seit 1818 mit **Konversationsheften**. Auch dieses Hilfsmittel wird ausprobiert (s. auch W 1.3.2.). Heutzutage nutzen die meisten gehörlosen Menschen die Gebärdensprache, die zu Beethovens Zeit erst entwickelt und verbreitet wurde, Beethoven selbst aber nicht zur Verfügung stand. Eine Gebärdensprachenlehrerin und ihre spätertaubte Schülerin vermitteln den Teilnehmern Beethovens Situation aus heutiger Sicht und erläutern ihnen das Gebärdenalphabet und Elementares aus der Gebärdensprache.

Beeindruckend muss für jeden, der es damals miterlebt hat, die **Uraufführung der 9. Sinfonie** (am 7. Mai 1824) gewesen sein. Zeitgenössische Berichte vergegenwärtigen den Teilnehmern dieses Ereignis, bei dem der nahezu taube Beethoven am Pult vor dem Orchester stand, wobei das musikalische Geschehen durch einen anderen Dirigenten und den ersten Geiger zusammengehalten wurde. Selbst den abschließenden tosenden Applaus im Saal hat Beethoven offenbar nicht wahrgenommen. Um dies nachvollziehen zu können, wird die Situation nachgespielt. Die Musik kommt aus Lautsprechern, auf die die „ertaubten" Teilnehmer ihre Füsse stellen, um so zumindest die Schallvibrationen wahrzunehmen. Für den  tosenden Applaus trampelt die Hälfte der Gruppe auf das Bühnenparkett des Kammermusiksaales, die andere „ertaubte" Hälfte steht einige Meter davor und – spürt immerhin ein wenig.

Für diesen Workshop hatte der Phonetikprofessor Wolfgang Hess einige Werke Beethovens so gefiltert, wie Beethoven sie in seinen unterschiedlichen Krankheitsstadien gehört haben mag (s. die CD „Mit Beethovens Ohr"). Die im Laufe des Workshops gemachten musikalischen Hörerfahrungen können die Teilnehmer immer wieder mit den entsprechenden **Filterungen** derselben Werke von der CD vergleichen und so erahnen, was Beethoven möglicherweise überhaupt noch wahrnehmen konnte.

An den zwei Vormittagen **im Deutschen Museum** lernen die Teilnehmer vieles über die Physik von Tönen und Klängen in Experimenten zum Mitmachen. Sie erfahren, dass dieses Thema musikalische, psychologische, physiologische (medizinische) und physikalische Aspekte beinhaltet. Die Teilnehmer können Klänge erzeugen, bearbeiten, mit ihnen experimentieren, sie über verschiedene Medien wahrnehmen und vieles mehr.

Da das Deutsche Museum zu dieser Zeit in der Entwicklung eines Museumsroboters steckt, der sich zur Fortbewegung eines ganz besonderen Hörsinns (Ultraschall) bedient, wird dieser Roboter namens Tourbot der Protagonist eines Stückes, das den Workshop und dessen Erkenntnisse entlang der kennen gelernten Beethoven-Texte sozusagen zusammenfasst und das zum Abschluss den Eltern und Freunden präsentiert wird. Am Ende betritt Tourbot sogar selbst die Bühne.

Konzept und Text: MGD
Durchführung zusammen mit Alexandra Reitelmann vom Deutschen Museum Bonn sowie mit Kollegen des Beethoven-Hauses und des Deutschen Museums Bonn sowie Gästen

Play Opera – Fidelio
Oper zum selber spielen

Einladung

zum Ferienworkshop für Kinder zwischen 8 und 12 Jahren
Sommer 2002 und Herbst 2005, jeweils 10-13 Uhr

Wollt ihr einmal selbst Oper spielen, ohne Texte auswendig zu lernen oder Dialoge einzustudieren? Die Regisseurin Klaudia Kadlec und ein Schauspieler helfen euch dabei. Sie erzählen Geschichten, verteilen Kostüme und weisen Rollen zu, und das natürlich zu Beethovens wunderbarer Musik. So entwickelt sich die Geschichte Szene für Szene wie von selbst weiter.

In Zusammenarbeit mit dem Herbert von Karajan Centrum Wien und (2005) den Internationalen Beethovenfesten Bonn

Zielsetzung

Die Intention von Play Opera ist das spielerische Erkunden der Opernliteratur. „Die Kinder müssen Beethoven, Wagner oder Rossini nicht zur Gänze erfassen, sie sollen mit der Musik etwas Lustvolles verbinden", beschreibt die Musikerin das Ziel ihrer Arbeit mit Kindern und Jugendlichen.

Verlauf

Die Workshopwoche gehört ganz der „Erfindung" der Oper. An vier Vormittagen hören die Kinder Beethovens Musik, erfahren den dazugehörigen Handlungsstrang der Oper, setzen ihn im Team, angeleitet von der Regisseurin Klaudia Kadlec, in Szene und machen sich so von Tag zu Tag die gesamte Oper zu eigen. Dass die Kinder dabei in schöne Kostüme schlüpfen dürfen, unterstützt gewiss die Identifizierung mit ihren Rollen. Die professionelle Arbeit einer erfahrenen Regisseurin schafft eine intensive und gleichberechtigte Arbeitsatmosphäre.

Gefangen...

Der Mittwoch ist ein Pausentag, an dem in den alten Gewölbenkellern des Beethoven-Hauses (vor dem Umbau) die Gefangenenszene fast authentisch nachgespielt wird – natürlich einschließlich der beiden Gefangenenchöre (2002) bzw. im Vorlauf auf den gemeinsamen Besuch der abendlichen Fidelio-Aufführung ein Blick hinter die Kulissen des großen Opernhauses geworfen wird (2005).

...im Kerker

Den Abschluss bildet die Aufführung einer Kurzfassung der Oper mit improvisierten Texten im Kammermusiksaal vor Eltern und anderen Interessierten.

Text: MGD
Konzept und Durchführung: Klaudia Kadlec (Wien) mit Team und Gästen

Pfeifen, Hämmer und Saiten
Beethovens Musikinstrumente

Einladung
zum Wochenendworkshop für Kinder ab 7 Jahren
1.-3. November 2002, jeweils 10.30-13 Uhr

Vielleicht lernst du ja ein Musikinstrument, oder du kennst Kinder, die eines lernen. Weißt du, wieviele Musikinstrumente Beethoven schon in jungen Jahren spielen konnte? Spuren davon gibt es an vielen Stellen im Museum. Du wirst sie entdecken. Vor allem aber wirst du diese Instrumente ganz gründlich von innen kennen lernen. Und danach weißt du vielleicht sogar mehr, als der junge Beethoven über diese Instrumente wusste. Und du wirst einige Profis treffen, die mit den Instrumenten zu tun haben: als Spieler und als ....
Nein, alles wollen wir nun doch nicht verraten.

Zielsetzung

Als Komponist ist Beethoven Kindern und Erwachsenen ein Begriff, weniger aber als „Instrumentalist", obwohl er seine „Karriere" als Pianist und Klavier-Improvisator begann. Die Kinder sollen in diesem Workshop nicht nur erfahren, welche Instrumente der junge Beethoven außer dem Klavier noch spielen konnte, sondern vor allem auch, wie diese funktionieren und wie sie klingen.

Verlauf

Um einen Überblick über die Instrumente, die Beethoven gespielt hat, zu bekommen, führt eine **Instrumenten-Spurensuche** die Kinder durch das Museum. Jeder der drei Workshoptage widmet sich dann einer speziellen Instrumentengruppe. Am ersten Tag lernen die Kinder verschiedene **Klaviere** kennen: vom Clavichord über die drei Hammerflügel im Museum bis zum modernen Steinway. Sie erfahren etwas über die Mechanik, vergleichen den Klang und stellen fest, dass mit der Zeit immer mehr Tasten hinzugekommen sind, der Umfang also immer größer wurde.

Um das Funktionieren von **Orgelpfeifen** zu verstehen, erproben die Kinder zunächst einmal das Luftsäulenprinzip mit Hilfe von Glasröhrchen, die mit unterschiedlich viel Wasser gefüllt unterschiedliche Tonhöhen erzeugen. Weitere Details zur Orgel erfahren sie dann bei einem Besuch der Orgelbauwerkstatt Klais. Und auf dem Rückweg demonstriert ihnen der Organist der Stiftskirche, Thomas Mohr, das Gelernte klingend an seiner Kirchenorgel, u.a. an der zweistimmigen Orgel-Fuge des 12-jährigen Beethoven (WoO 31).

Um die Funktionsweise von **Streichinstrumenten** zu verstehen, lernen die Kinder am dritten Tag zunächst ein Monochord (Ein-Saiter) kennen, an dem sich das Prinzip der Saitenverkürzung (= Tonerhöhung) gut nachvollziehen lässt. Anschließend können sie das Erfahrene selbst umsetzen, indem sie ihre eigenen „Chordofone" bauen: kleine Zigarrenkisten mit Saiten und Steg. Abschließender Höhepunkt des Workshops ist ein kleines Konzert des „Trio Caliope", das gerade für ein Konzert im Beethoven-Haus probt. Hierbei hören die Kinder nicht nur einen Streichtrio-Satz von Beethoven, sondern erfahren im hörenden Vergleich und im Gespräch auch den Unterschied zwischen historischen und heutigen, modernen Streichinstrumenten.

Konzeption und Text: MGD, Durchführung zusammen mit SB und Gästen

Säure, Blei und Tintenfrass
Schriftgeheimnisse um Beethoven

Einladung

zum Ferienworkshop für Teilnehmer ab 10 Jahren
8.-12. September 2003, jeweils 10-13 Uhr

Hat Beethoven seine Noten und Briefe eigentlich mit schwarzer oder mit brauner Tinte geschrieben? Warum müssen seine Handschriften vor zu viel Licht geschützt werden? Wer frisst die Löcher in alte Notenblätter? Und was kann man dagegen machen? Wir werden dich in einige (chemische) Geheimnisse der Schreibstoffe aus Beethovens Zeit einweihen. Du wirst dir Tinte nach einem besonderen Rezept mischen und einiges Spannende in unserer Hexenküche erleben.

Gemeinsam mit dem Deutschen Museum Bonn

Zielsetzung

Das Beethoven-Haus besitzt die größte private Beethoven-Sammlung, die zum überwiegenden Teil aus „Papieren", darunter sehr vielen Handschriften besteht. Dies ist ein unermesslicher, zu schützender Wert. Nicht nur, weil all diese Noten und Briefe sehr viel Geld gekostet haben oder kosten würden, sondern auch und vor allem weil diese Papiere sehr alt sind und auf Beethoven selbst zurückgehen, also eine gewisse „Aura" besitzen. Der Workshop soll den Teilnehmern zeigen, wie empfindlich Papier und Tinte solchen Alters reagieren, wie sie durch vieles, an das wir gar nicht denken, Schaden nehmen oder wir Schaden anrichten können, und dass sie auch immer wieder gepflegt bzw. repariert (restauriert) werden müssen. Die Teilnehmer sollen letztlich ein Gefühl dafür bekommen, was ein Autograph ausmacht und auch ausstrahlt.

Verlauf

Der Workshop beginnt mit einer **„Papier-Tour" durch das Museum**. Dabei soll sich jeder Teilnehmer fünf Papier-Objekte im Museum aussuchen und notieren, ob auf ihnen Noten oder Text stehen, handgeschrieben oder gedruckt, welches Format (hoch oder quer, Doppelbogen etc.) und vor allem welche Auffälligkeiten es aufweist: Wasserrand, dickes Papier mit Druckplattenrändern, Ecke abgegriffen, Knickstelle, Löcher etc. Auf diese Art wird der Blick für Details und auch für verschiedene Qualitäten geschärft. Die Tour wird durch Einblick in Nachdrucke weiterer Beethoven-Autographe ergänzt, an denen Beethovens temperamentvolle Arbeitsweise an Tintenklecksen, Ausstreichungen etc. besonders schön zu erkennen ist.

Der gemeinsame Erfahrungsaustausch der Papier-Tour wird vom Restaurator des Beethoven-Hauses dann durch eine **kleine historische Papierkunde** ergänzt. Da zu dieser Zeit eine Sonderausstellung über Beethovens Mondscheinsonate im Museum zu sehen ist, die natürlich in die Papier-Tour mit einbezogen wird, liegt es nahe, sich dem Werk auch musikalisch ein wenig zu nähern. Dies geschieht mit einer Kuriosität: der Melodram-Textierung der Sonate, die von einem Autor zu Beginn des 20. Jahrhunderts (Theodor von Zeynek) vorgenommen wurde. Die den Teilnehmern vorgetragenen altmodischen Worte zu Liebesleid und Liebesfreud zeigen das Werk in ganz anderem, aus heutiger Sicht durchaus heiterem Licht. Nach diesem musikalischen Intermezzo geht es ans Papier schöpfen (s. auch W 1.3.5).

Der zweite Workshoptag im Deutschen Museum ist der **Tinte** gewidmet. Die Teilnehmer erfahren, wie Tinte damals hergestellt wurde und warum sie sich nach einigen Jahrhunderten sozusagen durch das Papier frisst oder auch ihre Farbe verändert. Das Spannendste ist natürlich, selbst **Tinte nach alten Rezepten** herzustellen. Um eine Tinte herzustellen, die der damaligen Rezeptur entspricht, benötigt man Galläpfel (= befruchtete Eier der Gallwespe), Gummi Arabicum, Eisen- und Kupfersulfat. Die Prozedur ist aufwändig – und beeindruckkend. Aber auch eine einfachere Tintenrezeptur – Ruß mit in Wasser aufgelöstem Gummi arabicum – wird hergestellt, die sich leicht zu Hause nachmachen lässt.

Nachdem nun Papier und Tinte vorliegen, gilt es, sich der **Schrift** zu widmen, was am dritten Tag wieder im Beethoven-Haus geschieht. Zunächst wird versucht, ausgewählte alte Texte, in altdeutscher Schrift gedruckt oder geschrieben, in kleinen Gruppen im Museum zu entziffern. Es folgt eine kurze Einführung in die Deutsche Schrift, nach der jeder Teilnehmer versucht, seinen Namen auf diese Art zu schreiben (s. W 1.2.4).

Bei der „Papier-Tour" am ersten Tag hat man auf Papieren auch Verklebungen registriert. Diese freizulegen ist für jeden **Restaurator** eine Herausforderung. Nach einer Einweisung unseres

Restaurators soll jeder Teilnehmer an seinem Werkplatz eine vorbereitete Überklebung freilegen. Nachdem alle Überklebungen frei gelegt sind, sollen die befreiten Papierteile so aneinandergelegt werden, dass ein – in deutscher Schrift! – geschriebener Satz erkennbar wird, nämlich: „Ich denke dein, wenn mir der Sonne Schimmer von Meeren strahlt". Dies sind die ersten Zeilen von Beethovens Lied „Ich denke dein", auf das er Variationen für Klavier zu vier Händen geschrieben hat (WoO 74). Und diese Variationen sind nun Gegenstand des musikalischen Teils an diesem Tag. Zunächst lernen und singen die Teilnehmer das Lied, hören dann die Variationen einzeln, finden heraus, worin die Veränderung besteht, und singen das Lied schließlich nochmals, diesmal auf einige der Variationen.

Nach einem weiteren Vormittag im Deutschen Museum, wo Zaubertinten und Reaktionen von Säuren auf Papier thematisiert und erprobt werden, wird am letzten Vormittag im Beethoven-Haus dann **ein eigenes Autograph** hergestellt. Papier und Tinte sind ja bereits vorhanden. Um eine Idee

zu bekommen, was man auf die selbst rastrierten (= mit Notenlinien versehenen) Papiere schreiben, also „komponieren" könnte, wird ein zusammengefasster Kompositionsprozess zunächst einmal von einem Komponisten vorgeführt. Das bekannte Lied „Morgen kommt der Weihnachtsmann" wird als erster thematischer Einfall gewählt. Aus den beiden gleichen Noten wird jeweils nur eine längere Note (die Melodie wird also verbreitet). Aber das findet noch nicht die Zustimmung des Komponisten. Es wird also mit rotem Stift durchgekritzelt und der Liedeinfall wird nun etwas anders rhythmisiert und verändert – so dass der Beginn der A-Dur-Sonate für Cello und Klavier von Beethoven herauskommt... Zu der dann gefundenen und notierten Cellostimme wird auf ähnliche Art eine (die) Klavierstimme gefunden. Natürlich bekommen die Teilnehmer den gerade entstandenen Abschnitt auch mit Cello und Klavier vorgespielt. Anschließend schreibt jeder Teilnehmer sein „Autograph", wobei es überhaupt nicht darauf ankommt, ob die geschriebene Musik spielbar bzw. musikalisch sinnvoll ist, sondern nur darauf, dass die Blätter optisch einen Entstehungsprozess zeigen. Herausgekommen sind sehr lebendige Autographe, die natürlich vom Kustos inventarisiert und in säurefreiem Papier im Tresor gelagert werden...!

Konzept und Text: MGD
Durchführung zusammen mit Kirsten Bohnen vom Deutschen Museum Bonn sowie mit Beteiligung von S.SF und Kollegen des Beethoven-Hauses und des Deutschen Museums Bonn sowie Gästen

„Viel Glück und viel Segen..."
Neujahrs- und andere Wünsche wie zu Beethovens Zeit

> **Einladung**
>
> zum Neujahrsworkshop für Teilnehmer von 8 bis 11 Jahren
> 3.-4. Januar 2004, jeweils 10-13 Uhr
>
> Weihnachten naht und du hast noch so viel zu tun! Vielleicht schaffst du es gar nicht mehr, allen Freunden und Verwandten schöne Weihnachtsgrüße zu schicken. Aber die freuen sich sicher auch, wenn sie stattdessen selbstgemachte Neujahrsgrüße von dir bekommen. Solche haben sich nämlich auch Beethoven und seine Freunde zugeschickt. Außerdem haben sie sich kurze Gedichte oder Sprüche auf einzelnen Blättern geschenkt oder in eine Art Poesiealbum geschrieben, die sie mit Zeichnungen, Scherenschnitten oder Anderem schön verziert haben. An den beiden Vormittagen wollen wir mit dir auf den Spuren von Beethovens Bonner Freunden wandeln und Neujahrsgrüße und hübsche Albumblätter anfertigen.

Zielsetzung

Beethoven hatte in seiner Bonner Jugendzeit einen weiten Freundeskreis. Man traf sich in Privat- oder Wirtshäusern, und zu besonderen Anlässen schrieb man sich kleine, hübsch dekorierte Billetts oder Erinnerungsblätter für ein Stammbuch mit Sprüchen und Wünschen. Solche sind im Museum zu sehen, und sie zeugen von einer ganz besonderen, inzwischen vergessenen Freundschaftskultur. Diese Umgangskultur, mit der ebenso poetische und künstlerische Traditionen aus Beethovens Zeit verbunden sind, soll in den beiden Workshoptagen in Erinnerung gerufen werden.

Verlauf

Im Mittelpunkt des ersten Tages steht jenes **Stammbuch**, das Beethoven von seinem Bonner Freundeskreis erhielt, als er 1792 nach Wien aufbrach. Das Stammbuch wurde von Babette Koch initiiert, der Tochter des Zehrgarten-Wirtes (Treffpunkt des Freundeskreises) und Freundin Eleonore von Breunings. Es kann im Museum eingesehen und – da es eine gedruckte Faksimile-Ausgabe davon gibt – darin geblättert werden. In diesem Erinnerungsalbum finden sich neben Gedichten, Sprüchen und Blumendekorationen auch viele Silhouetten (Scherenschnitte) der jeweiligen Verfasser. Der Museumsgang führt außerdem zu den Scherenschnitten der Familie von Breuning, des jungen Beethoven und einiger damals beliebter Komponisten. Beim anschließenden praktischen Teil erfahren die Kinder zunächst, wie solche Scherenschnitte früher hergestellt wurden (s. auch W 1.2.3). Mit einem Kind wird dies auf einem großen Papier an der Wand demonstriert. Mit den heutigen technischen Möglichkeiten (Digitalkamera und Bildbearbeitungsprogramm) sind Silhouetten auch anders und einfacher herzustellen. Damit jedes Kind am nächsten Tag auch seine eigene Silhouette erhält, wird von jedem ein Foto im Profil gemacht. Um direkt selber zu schneiden erhalten die Kinder dann aber vorbereitete kleine Silhouetten, die sie im Museum oder in Beethovens Stammbuch gesehen haben.

In Stammbücher schrieb Beethoven auch gelegentlich kurze musikalische Grüße, z.B. Kanons. Das führt uns nun in den Kammermusiksaal, wo wir uns zunächst mit dem bekannten Kanon „Viel Glück und viel Segen auf all deinen Wegen..." einsingen. Daraufhin lernen die Kinder zwei leichte „Stammbuch-Kanons" von Beethoven kennen und singen: „Ars longa" (WoO 192) und „Gott ist eine feste Burg" (WoO 188). Anschließend geht es zurück in den Werkraum und an die Gestaltung eigener Stammbuchblätter. Geeignete kurze Gedichte oder Sprüche werden ausgewählt, die Deutsche Schrift wird ein wenig geübt (s. auch W 1.2.4) und die vorbereiteten Kartons eines querformatigen Fotoalbums werden gestaltet und floral oder mit den angefertigten Scherenschnitten dekoriert – bzw. mit den eigenen Silhouetten am nächsten Tag ergänzt.

Die **Familie von Breuning** rückt am zweiten Tag noch ein wenig näher ins Blickfeld. Im Museum werden Billetts von Beethoven und der Familie von Breuning besichtigt. Auf einem alten Stadtplan werden das Breuningsche Haus am Münsterplatz und das Wirtshaus Zum Zehrgarten gefunden (s. auch W 1.2.1) und bei einem Stadtspaziergang deren (ehemalige) Standorte aufgespürt.

Der anschließende praktische Teil widmet sich **Geburtstags- und Neujahrsgrüßen** wie Beethoven und die Breuning-Kinder sie miteinander ausgetauscht haben. Die Kinder suchen sich eine oder mehrere der vorbereiteten farbigen Din-A6-Karten mit dekorativen Rahmen aus und schreiben in den Rahmen einen Neujahrs-Wunsch oder einen kurzen Spruch. Die Ränder können ausgemalt oder mit weiteren Dekorationen verziert werden, z.B. aus weißen oder goldenen Papierspitzen (Tortendeckchen). Einige Neujahrs-Karten werden an Frau Gielen, die großzügige Förderin der Kinderprogramme, geschrieben.

Für die letzten Minuten des Workshops geht es wieder in den Kammermusiksaal. Dort werden zunächst die am Vortag gelernten Kanons noch einmal wiederholt. Abschließend wird die Silhouette „Teestunde bei Familie von Breuning" von den Kindern nachgestellt: mit Vogelkäfig, Trauben, Buch, Teeservice und einer von den Kindern mitgebrachten Geige. Die Kinder beleben die Szenerie mit improvisierten Gesprächen.

Konzept und Text: MGD; Durchführung zusammen mit Ursula Froebel

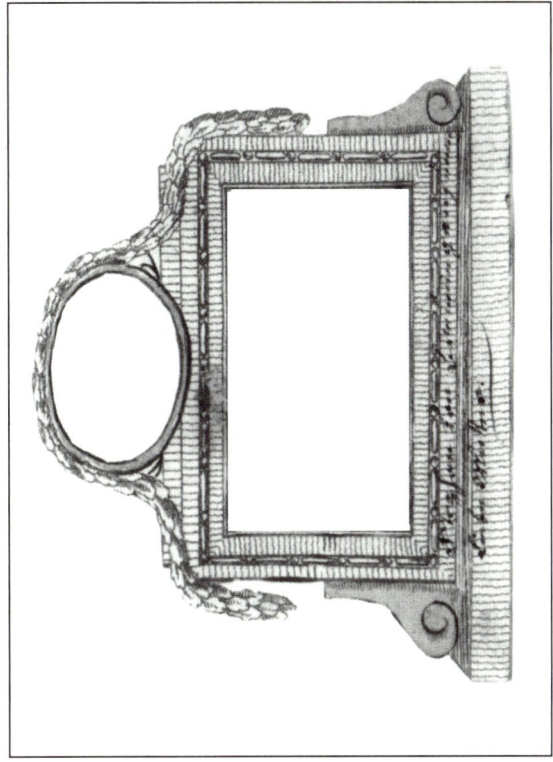

Zierrahmen von Neujahrskarten der Familie Breuning (Beethoven-Haus Bonn). Doppelte Größe = Din A6.

Aber vielleicht war er doch ganz anders
Stimmt dein Beethovenbild eigentlich?

Einladung

zum Ferienworkshop für Kinder und Jugendliche ab 10 Jahren
26.-30. Juli 2004, jeweils 10-13 Uhr

Beethoven war taub, hatte unordentliche Haare und guckte immer grimmig – ist das wirklich wahr? Eigentlich war er ja auch mal jung, und seine Freunde berichten, dass er viel freundlicher war, als man immer meint. Wie war er also wirklich? Und warum glauben wir, dass er immer schlecht gelaunt und schwierig war? Das sind die Fragen, die wir uns in diesem Ferienwork-shop stellen wollen. Um Antworten zu finden, werden wir uns die Bilder ansehen, die Beethoven zeigen. Dazu werden wir lesen, was seine Freunde und Zeitgenossen über ihn geschrieben haben, und wir werden Beethovens Musik anhören und versuchen, durch sie etwas über den Komponisten zu erfahren. Natürlich wollen wir auch eigene Beethoven-Bilder malen, singen und das Museum in Beethovens Geburtshaus kennenlernen.
Am Ende wirst du viel Neues über Beethoven wissen und kannst ihn als Mensch und Musiker bestimmt ein bisschen besser verstehen. Aber vielleicht war er ja doch ganz anders …

Zielsetzung

„Beethoven war taub, hatte unordentliche Haare und guckte immer grimmig". Dieses und andere weit verbreitete Vorurteile über den Charakter, das Aussehen, aber auch die Musik Ludwig van Beethovens sollen in diesem Workshop einmal hinterfragt werden. Um besser zu verstehen, wie Beethoven wirklich gewesen sein könnte, wird über die Entstehung der authentischen Portraits des Komponisten gesprochen und zeitgenössische Quellen werden studiert. Daneben wird aber auch der populäre Umgang mit Beethovens Musik beleuchtet, und es wird gezeigt, wie sehr die heute verbreiteten Vorstellungen von Beethovens Werk durch wenige beliebte Gassenhauer bestimmt sind, die zwar schön und eingängig, aber durchaus nicht repräsentativ für die Kunst des Bonner Komponisten sind. Auf diese Art sollen die Teilnehmer zu einem reflektierteren Umgang mit Vorstellungen über historische Personen angeregt werden.

Verlauf

Als Einstieg steht am ersten Tag ein Besuch im Beethoven-Haus auf dem Programm. Wir nutzen die Gelegenheit, um in einer Art Mind-Mapping die Klischees zusammenzutragen, die wir alle im Kopf haben, wenn wir an Beethoven denken. Dies betrifft natürlich vor allem Beethoven als Mensch, aber auch seine Musik, und so genießen wir auch gleich ein buntes Klavier-Medley aus aneinandergereihten Beethoven-Gassenhauern, die mit einem Ratespiel verbunden werden: Wer erkennt am schnellsten, welches Beethoven-Stück hier angespielt wird.

Mit **Beethovens Aussehen** beschäftigt sich der zweite Tag des Workshops. Im Museum werden authentische Beethoven-Portraits studiert - und es wird deutlich, wie unterschiedlich der Komponist von den verschiedenen Malern und Bildhauern dargestellt wurde. Deshalb vergleichen wir die Bilder mit Aufzeichnungen und Texten aus Beethovens Lebenszeit, in denen sein Aussehen und seine Verhaltensweise beschrieben werden. Ausführlich beschäftigen wir uns dann mit der Lebendmaske Beethovens, die Franz Klein im Jahr 1812 angefertigt hat. Zeigt sie den Komponisten wirklich so, wie er aussah, und wenn nicht - wieso nicht? Um diesem Geheimnis auf die Spur zu kommen, findet eine kleine Vorführung statt: unsere Assistentin lässt sich eine Gipsmaske abnehmen, wobei wir die Unterschiede zwischen der modernen Methode (mit leichten Gipsbinden; s. W 1.4.3) und der traditionellen Art (mit flüssiger Gipsmasse) deutlich machen. Vielleicht hat Beethovens grimmiger Gesichtsausdruck ja gar nichts mit seinem Charakter zu tun, sondern ist die ganz natürliche Reaktion auf den kalten Gipsbrei, der ihm auf das Gesicht gegossen wurde? Und vielleicht ist die Maske also doch gar nicht so ähnlich, wie man immer denkt.

Auf jeden Fall haben sich alle nun mit dem Aussehen Beethovens so intensiv beschäftigt, dass es mit der **Gestaltung einer eigenen Beethoven-Maske** los gehen kann. Vorbereitete Abformungen einer Beethoven-Maske werden in vielfältigster Art bemalt - teils ganz naturalistisch, teils aber auch interpretierend und bewusst verfremdet.

Musikalisch lernen die Workshopteilnehmer an diesem Tag einige Werke Beethovens kennen, die er für befreundete Frauen geschrieben hat: den 2. Satz der Mondscheinsonate (auf den sie einen nachträglich unterlegten Text sprechen können), die vierhändigen Variationen über das eigene Lied „Ich denke Dein" (WoO 74), das von uns auch auf die Musik gesungen wird, sowie die beliebte „Elise", die aber erst anhand der unbekannteren Teile erraten werden muss (s. auch W 2.3.1).

Am dritten Tag beschäftigen wir uns mit zwei extremen Phänomenen, die **Beethovens Charakter** kennzeichnen: Zum Einen sein Misstrauen, das durch seine Schwerhörigkeit hervorgerufen wurde. Wie Beethoven sich als Ertaubender gefühlt haben mag, wird dann auch in verschiedenen Varianten nachvollzogen (ähnlich wie 2002 beim Workshop „Hör' mal", s. S. 20). Zum Anderen sein Humor, den er trotzdem behalten hat und der an einigen Kanons (s. W 2.1.1) sowie lustigen Briefstellen zu erkennen ist.

Beethovens Musik steht im Zentrum des vierten Tages: Der Musiklehrer Richbert Gibas stellt zwei Gassenhauer von Beethoven vor - „Für Elise" und „Freude schöner Götterfunken" - und macht klar, dass diese Stücke eigentlich so berühmt wurden, weil sie so gut komponiert sind. Natürlich singen wir dann auch die Ode an die Freude selbst - und weil alle nun so richtig begeistert von Beethovens Musik sind, hören wir noch in einige andere seiner Kompositionen hinein und betrachten dabei Bilder aus der Sammlung des Beethoven-Hauses, die zu Musikstücken Beethovens gemalt wurden – was schließlich die Kinder dazu anregt, selbst Bilder zu Beethovens Musik zu malen.

Am letzten Workshop-Tag schauen wir gemeinsam Portraits an, die erst nach Beethovens Tod entstanden sind. Natürlich gibt es hier große Unterschiede in der Art, wie Beethoven von den verschiedenen Künstlern dargestellt wurde. Allen Gemälden, Graphiken und Plastiken gemeinsam ist jedoch das Bemühen, über die reine Abbildung hinaus auch eine Aussage zu Beethoven als Künstler und Mensch zu machen. Nach so vielen Anregungen können nun auch die Workshop-Teilnehmer ein **eigenes Beethoven-Portrait** in leuchtenden Aquarellfarben gestalten – das ebenfalls mehr sein soll als eine bloße Kopie nach den Vorlagen aus Beethovens Lebzeiten.

Den Abschluss der Veranstaltung bildet natürlich noch einmal eine Beschäftigung mit Beethovens Musik. Wir hören moderne **Verfremdungen und Bearbeitungen** verschiedener Musikstücke Beethovens - von der Rock- und Pop-Musik bis hin zum Handy-Klingelton. Bei einem letzten gemeinsamen Mind-Mapping erkunden wir dann, ob und wie sich unser Beethoven-Bild seit dem ersten Workshop-Tag verändert hat. Aber auch jetzt können wir natürlich nicht ganz ausschließen, dass er vielleicht doch ganz anders war ...

Kunstpädagogisches Konzept und Text: SB
Musikalisches Konzept: MGD
Durchführung gemeinsam mit Richbert Gibas (Musiklehrer) und Gästen

Engel, Rosen, Musikanten…
Was Titelblätter erzählen

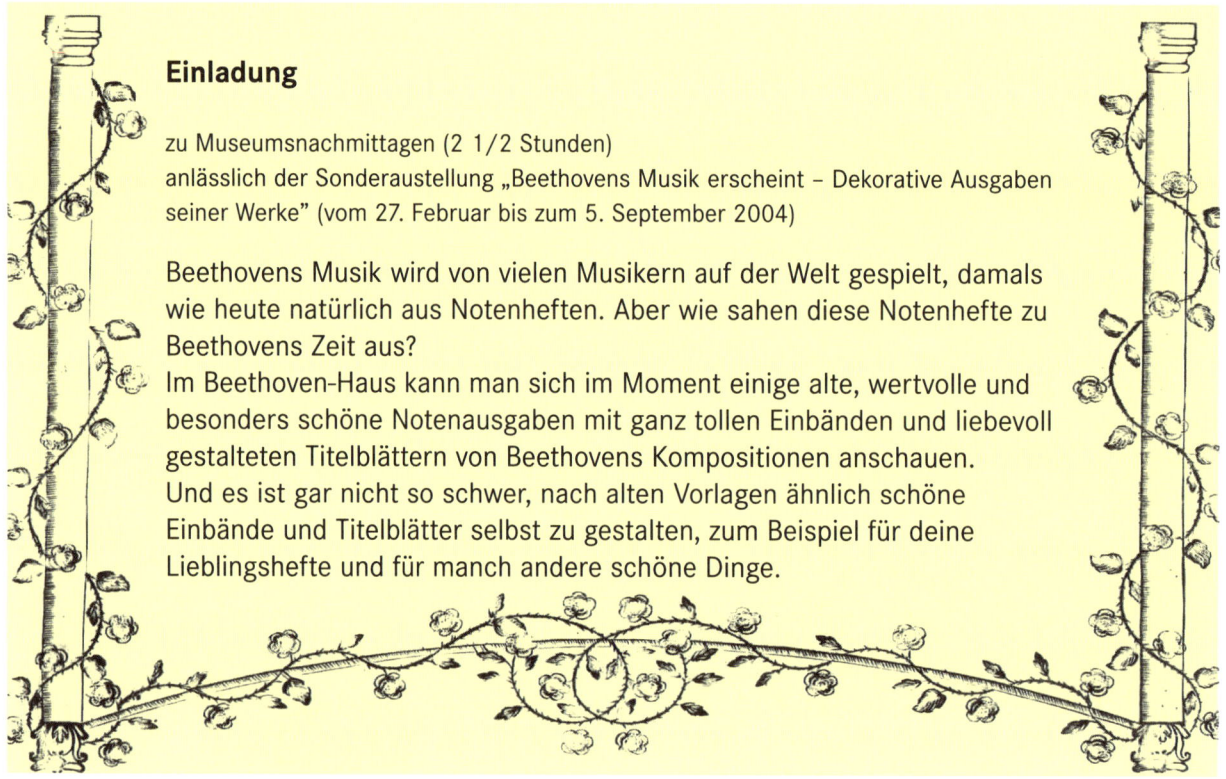

Einladung

zu Museumsnachmittagen (2 1/2 Stunden)
anlässlich der Sonderaustellung „Beethovens Musik erscheint – Dekorative Ausgaben seiner Werke" (vom 27. Februar bis zum 5. September 2004)

Beethovens Musik wird von vielen Musikern auf der Welt gespielt, damals wie heute natürlich aus Notenheften. Aber wie sahen diese Notenhefte zu Beethovens Zeit aus?
Im Beethoven-Haus kann man sich im Moment einige alte, wertvolle und besonders schöne Notenausgaben mit ganz tollen Einbänden und liebevoll gestalteten Titelblättern von Beethovens Kompositionen anschauen.
Und es ist gar nicht so schwer, nach alten Vorlagen ähnlich schöne Einbände und Titelblätter selbst zu gestalten, zum Beispiel für deine Lieblingshefte und für manch andere schöne Dinge.

Zum Thema

Wunderschön dekorierte Notendrucke konnten in der Sonderausstellung „Beethovens Musik erscheint" bewundert werden. Da es bei Musikalien üblich war, ein größeres Seitenformat zu verwenden, boten die Titelblätter jede Menge Möglichkeiten zur Verschönerung. So nutzten auch Beethovens Verleger diese erste Seite um „ihr" Werk richtig in Szene zu setzen.
Es wurde nicht nur mit unterschiedlichen Schrifttypen experimentiert, sondern auch vielfältigste Bordüren und Bilder sollten die Aufmerksamkeit der Käufer erregen. Um die Musiktitel herum tummeln sich Putten, geflügelte Genien, Musikinstrumente, Bildnisse des Komponisten oder gar Personen in mittelalterlichen Kostümen. Rosengirlanden umranken die schnörkeligen Schriftzüge, und üppige Zierleisten mit floralen oder ornamentalen Mustern umrahmen das Ganze.

Zielsetzung

An diesen Museumsnachmittagen sollen die Kinder für die Wertigkeit und Schönheit alter Notendrucke sensibilisiert werden. Mit möglichst allen Sinnen werden sie an die alten Drucke herangeführt. Wir sehen, befühlen und beschnuppern das alte Papier.

Verlauf

Auch wenn die Kinder dem Bilderbuchalter entwachsen sind, haben sie trotzdem weiterhin eine besondere Vorliebe für Bücher mit Bildern. Bei reinen Text- oder Notenseiten dagegen stößt man eher auf kindliche Ablehnung.

Auch beim Betrachten der Sonderausstellung reagieren die Kinder ähnlich: Je aufwändiger die Titelblätter gestaltet sind, desto mehr Gefallen finden die Kinder daran. So suchen wir einige Blätter heraus, die die Kinder besonders ansprechen und schauen sie uns genauer an. Viele Details werden entdeckt, und viele Fragen zum Buchdruck im 18. Jahrhundert müssen geklärt werden. Warum hat man sich denn mit den Notenbüchern soviel Mühe gegeben? War das nicht sehr teuer? Warum ist denn immer wieder die Frau mit der Leier zu sehen?

Das Titelblatt diente meistens auch gleichzeitig als Umschlag. Die Notenbücher erhielten keinen weiteren Einband. Nur in Ausnahmefällen waren sie in kostbare Ledereinbände geschlagen und hatten Buchstaben mit Goldauflage. „Ach, wie schön wäre es, so ein wertvolles Buch mal in der Hand zu halten…." seufzen die Kinder. „Aber leider darf man in einem Museum ja nichts anfassen."

Das stimmt in der Regel schon. Aber in diesem Fall haben wir in der Bibliothek des Beethoven-Hauses nachgefragt, und tatsächlich hat die Bibliothekarin in den Beständen des Archivs einige alte Notendrucke gefunden, die fast so wertvoll und schön sind, wie die im Museum ausgestellten. Sie hat diese Kostbarkeiten auf dem Tisch des Leseraums für uns bereit gelegt.

Ehrfurchtsvoll nähern wir uns dem Tisch mit dem Bücherschatz. Bewundernd betrachten wir die Engel, Rosen und Musikanten. Aber dann kommt das Beste: wir dürfen die Notenbücher anfassen und sogar ein wenig darin blättern. Aber natürlich nur mit frisch gewaschenen Händen, wie ein Kind ganz richtig anmerkt.

Da es immer unser Bestreben ist, möglichst viele Sinne anzusprechen, haben wir die Kinder ermuntert, an dem alten Papier zu riechen und vorsichtig mit den Fingerspitzen über das alte Papier zu streichen. Die Kinder sind mittlerweile gut auf das Thema eingestimmt und gehen sehr respektvoll mit den alten Beethoven-Ausgaben um. „Ach, wie schön wäre es, so ein prächtiges Buch einmal selbst zu besitzen….", seufzen die Kinder. „Aber leider ist das ja viiiiel zu teuer!"

Das ist wohl wahr. Aber vielleicht könnten wir selbst ein ähnliches Titelblatt gestalten und auf eine Mappe kleben, die wir selbst herstellen. Dort könnten dann die Flötennoten oder die Briefe von der Oma hinein gelegt werden. Die Kinder haben gleich jede Menge Ideen, wie ihre Mappe aussehen könnte und welche wertvollen Schriftstücke darin aufbewahrt werden könnten.

Jetzt gehen wir in den Werkraum, um selbst handwerklich aktiv zu werden. Die Mappen, die wir anfertigen, bestehen aus zwei festen, farbigen Pappen, die in der Mitte mit Gewebeband zusammen gehalten werden. Die Außenkanten lochen wir und ziehen eine Schleife durch, so dass unsere kostbaren Papiere nicht so schnell heraus fallen können. Inspiriert durch die reich dekorierten Notenbücher, die wir in der Ausstellung gesehen haben, fällt es jetzt keinem Kind schwer, die eigene Mappe ebenso kreativ mit Bordüren, Mustern oder musizierenden Engeln zu gestalten.

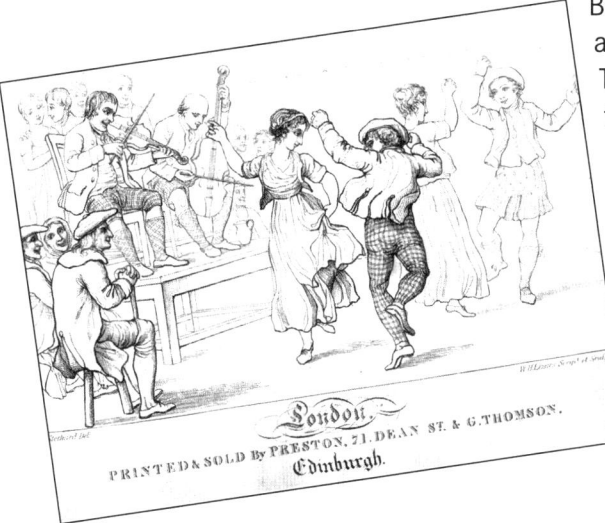

Bei der Besichtigung der Sonderausstellung haben wir auch einige kleine szenische Darstellungen auf den Titelblättern von Liederbüchern entdeckt. Diese zeigen fröhliche, tanzende und singende Menschen. Auf einem Bild wird sogar auf dem Tisch sitzend musiziert.

Aus diesen Liederbüchern wollen wir nun mit den Kinder etwas singen, und zwar jene Lieder, die Beethoven für seinen englischen Freund Georg Thomson komponiert hatte (s. auch W 2.1.4). Im Kammermusiksaal hören wir die Melodien zuerst auf dem Klavier. Die Melodien sind eingängig und werden bald von allen fröhlich mitgesungen.

Text: UVB
Konzept und Durchführung: CK, S.SF, GSS, UVB

Mit Beethoven nach Prag

Einladung

zu Museumsnachmittagen (2 1/2 Stunden)
anlässlich der Sonderaustellung „Prag. Eine Musikmetropole der Beethoven-Zeit"
(vom 9. September bis zum 28. November 2004)

Der Museumsnachmittag im Beethoven-Haus führt diesmal in die Stadt Prag zur Beethoven-Zeit. Wir erfahren etwas über Beethovens Aufenthalte dort, begegnen böhmischen Musikern und Komponisten und entdecken die schönen Gebäude, in denen Konzerte stattfanden. Die Ankündigungen und Eintrittskarten für diese Konzerte waren kleine Kunstwerke, und die Adeligen hatten vornehme Visitenkarten mit musikalischen Motiven. Nach diesen historischen Vorlagen fertigen wir gemeinsam tolle Visiten- und Einladungskarten an, zum Beispiel für die nächste Geburtstagsfeier. Und Musik gibt es natürlich auch...

Zum Thema

Zwar hat Beethoven - im Gegensatz zu Mozart und andern Musiker-Persönlichkeiten des 18. Jahrhunderts - nicht viele Reisen unternommen, die damalige Musikmetropole Prag besuchte er aber zwischen 1796 und 1812 mindestens viermal. Die erste dieser Reisen, 1796, führte ihn zusammen mit seinem böhmischen Mäzen Fürst Karl Lichnowsky nach Prag, Dresden und Berlin. In Prag konzertierte Beethoven in den adeligen Salons und verfasste etliche Kompositionen.
Die Sonderausstellung gab einen Überblick über das Konzertleben in Prag zu Beethovens Zeit. Man erfuhr etwas über die Aufführungen in bürgerlichen und adeligen Salons und über so genannte „Akademien" (Konzerte), die etwa jede Woche stattfanden. Zu sehen waren u.a. Konzertzettel mit „gemischten Programmen", wie sie damals üblich waren, Verzeichnisse der Dilettanten und Komponisten, die Satzung der 1803 gegründeten Tonkünstler-Gesellschaft etc.
Ein wichtiges Kapitel stellte „Kirche und Musik" dar. Die josephinischen Reformen hatten unter anderem die Auflösung der Klöster zur Folge, was die Ausbildung des musikalischen Nachwuchses beeinträchtigte und stark in die Gottesdienst- und Andachtsordnung eingriff.
Das „Theaterwesen", welches durch den Adel gefördert wurde, war ein weiteres Thema.
Die Oper wurde für alle, die den Eintritt bezahlen konnten, zugänglich, was ein großer Schritt für die Emanzipation des Bürgertums war.

Zielsetzung

Die Kinder sollen die Problematik Adel/bürgerliche Gesellschaft kennen lernen und etwas über das Musikleben in dieser Zeit erfahren: Wie kam man zu einer musikalischen Ausbildung, wo fand die Musik überhaupt statt? Welche Musik hat man gehört, was war beliebt? Und selbstverständlich sollen die Kinder auch Musik dieser Komponisten hören und singen.

Verlauf

Unser Gang durch die Ausstellung macht an einigen ausgewählten Stationen halt. Zunächst schauen wir uns mit den Kindern eine Landkarte vom Europa des 18./19. Jahrhunderts an. Wo liegt Böhmen? Und wie heißt das Gebiet heute? Wie reiste Beethoven damals dorthin?
Auf einem historischen Stadtplan von Prag suchen wir die in der Sonderausstellung dargestellten Theater und lesen die Namen der böhmischen Adelsfamilien und Musiker: Kinski, Tomaschek, Duschek, Maschek, Kozeluch etc. Dabei fällt unsere Aufmerksamkeit besonders auf ein Visitenkärtchen in der Ausstellung. Wir stellen uns vor, wie damals solch ein Visitenkärtchen anlässlich eines Besuches in adeligen Palais auf einem Silbertablett dem Hausherrn vorgelegt wurde.

Bei den Festen in den adeligen Palais wurde natürlich auch getanzt. Welche Tänze tanzte man damals wohl? Die Namen von einigen Tänzen kennen die Kinder heute noch: Menuett, Gavotte, Sarabande.

Auf einem Konzert-Zettel in der Ausstellung ist die Rede von einer Glasharfe. Dies ist Anlass für uns, mit den Kindern zu überlegen, was für ein Instrument das sein mag, und wie man es nachmachen könnte. Das führt weiter zu der Frage, wie man damals als Kind überhaupt ein Instrument spielen lernte, da es ja noch keine Jugendmusikschulen oder ähnliches gab. Die Kinder erfahren, dass es früher völlig normal war, dass der Koch, der Kutscher oder der Diener zugleich als Musiker fungierte. Das war sehr praktisch, da die Adeligen somit ihre eigenen kleinen Orchester hatten.

Im Kreativ-Teil werden eigene Visiten-Kärtchen nach historischen Motiven hergestellt, die sich auch als Einladung für den nächsten Kindergeburtstag oder als Tischkärtchen eignen (siehe die Kopiervorlagen unten).

Im Musikteil singen die Kinder einige Lieder aus dem in Prag gedruckten Sammelband „Lieder für Kinder und Kinderfreunde" der böhmischen Komponisten Vincenz Maschek (1755-1831) und Franz Xaver Duschek (1736-1799), der in der Ausstellung zu sehen war: „Lied für die Schule", „An die Tugend", „An die Jugend", „Der kleine Vetter" und „An den kommenden Winter".

Text: GSS
Konzept und Durchführung: CK, S.SF, GSS, UVB

Die hier abgebildeten Visitenkarten-Motive werden auf farbige Pappe (160 g Papier) – ggf. vergrößert – kopiert und ausgeschnitten. Anschließend können sich die Kinder in unserer „Kleinen Schreibwerkstatt" (W 1.2.4) Anregungen holen und ihre Namen und Adressen oder nur ihre Initialen in Deutscher Schrift auf die Kärtchen schreiben.

Kopiervorlage

Hier spielt die Musik!
Orchester-Workshops in den Herbstferien

Von einem Musikermuseum nimmt man an, dass dort auch Musik gemacht wird. Die Musik von Beethoven spielt natürlich in allen unseren Kursen eine Rolle. Aktiv wird sie überwiegend singend erfahren. Von den Kindern, die zu uns kommen, spielt der überwiegende Teil aber auch ein Instrument, wovon die Kinder selbst bzw. deren Eltern immer erzählen. Dieses Potential wollten wir nutzen und den Kindern die Möglichkeit geben, Werke von Beethoven einmal selbst mit ihrem Instrument kennen zu lernen. Hierfür wurden die Orchesterworkshops in den Herbstferien ins Leben gerufen, die von einem Profimusiker geleitet werden.

> **Hier spielt die Musik!**
> Eine kleine Orchester-Werkstatt zu Beethovens Sinfonien
> 26. – 29. Oktober 2004, jeweils 10-13 Uhr
>
> **Hier spielt (wieder) die Musik!**
> Eine kleine Orchester-Werkstatt zu Beethovens Klavierkonzerten
> 2. – 6. Oktober 2006, jeweils 10-13 Uhr
>
> **„Vorhang auf!" Ouvertüren von Beethoven**
> 24. – 28. September 2007, jeweils 10-13 Uhr
>
> **Beethovens große Konzert-Akademie**
> u.a. mit Beethovens Fünfter Sinfonie
> 6. – 10. Oktober 2008, jeweils 10-13 Uhr

Zielsetzung

Besonders durch aktives Musizieren entsteht ein intensiver und auch emotionaler Bezug zu einem Musikstück, eine bleibende Erfahrung. Das gemeinsame Musizieren im Orchester lässt nicht nur einen grossen, mehrstimmigen und damit gewissermaßen authentischen Klang eines Werkes entstehen, sondern schärft auch die Sinne für ein – nicht nur musikalisches – Miteinander. Um diese Erfahrung auf möglichst frühem instrumentalem Niveau möglich zu machen, werden kleine Ausschnitte aus Beethoven-Werken in einen überschaubaren musikalischen Satz gebracht. Um in der Workshopwoche ein erkennbares und befriedigendes Klangergebnis zu erzielen, werden die Noten vorher an die Teilnehmer verschickt – und wurden bisher von allen mit Eifer und Vorfreude vorbereitet.

Verlauf

Obwohl die meisten Teilnehmer am liebsten nur musizieren würden, werden doch größere Pausen an den Vormittagen dazu genutzt, die jungen Musiker an das historische Umfeld der gespielten Werke heranzuführen.

Im Herbst 2004 sind dies **Beethovens Sinfonien**. Wenn man in einem „Sinfonie-Orchester" spielt, sollte man auch wissen, woraus ein solches besteht. Ausgangspunkt dafür ist eine Instrumententour durch das Museum, wo man die meisten Orchester-Instrumente in Vitrinen oder auf Bildern oder Titelblättern finden kann. Da Beethovens Sinfonien überwiegend in so genannten Akademien zum ersten Mal erklangen, sind die Inhalte und Längen dieser Konzerte

Stoff für ein „Akademiespiel": welche Gruppe hat die Karte der längsten Akademie? Natürlich ist auch die Vorbereitung des Abschlusskonzertes für die Eltern bei allen Orchesterworkshops eine willkommene Pausen-Beschäftigung. Programmzettel mit schönen Rahmen, mit den Namen der Orchestermitglieder, Eintrittskärtchen nach Modellen aus Beethovens Zeit (s. S. 33), selbst die den Hauptakteuren zu überreichenden Blumen werden aus farbigen Notenkopien hergestellt – nicht ohne vorher das jeweilige Werk auf den Noten identifiziert zu haben.

Beim **Klavierkonzert-Workshop** (2006) erfahren die jungen Musiker nicht nur, was eine „Kadenz" in einem Konzert ist, sondern lernen auch jene Kadenz zum 3. Satz des 4. Klavierkonzerts in Beethovens Handschrift (im Besitz des Beethoven-Hauses) kennen. Die erste, sehr übersichtliche Seite wird von jedem Teilnehmer abgeschrieben und dem Pianisten vorgelegt, der die diversen „Lesarten"– zur Belustigung aller – erklingen lässt.

Beim **Ouvertüren-Workshop** (2007) stehen die Egmont- und „die" Fidelio-Ouvertüre auf dem Programm. Aber so einfach ist das mit „der" Fidelio-Ouvertüre gar nicht, denn von der Oper selbst gibt es mehrere Fassungen, und es gibt auch mehrere Ouvertüren: drei Leonoren-Ouvertüren und eine Fidelio-Ouvertüre. Um die Ouvertüren den entsprechenden Aufführungen und Fassungen von Beethovens Oper zuzuordnen, gibt es ein Spiel: An den Säulen des Kammermusiksaales hängen verschiedene Fidelio- bzw. Leonore-Plakate. Vier Ouvertüren-Fragekärtchen zielen auf die Unterschiede auf den Plakaten und ermöglichen somit eine Zuordnung von Ouvertüre, Opernfassung und Aufführungsdatum.

Im Zentrum des **Akademien-Workshops** (2008) steht jene große Akademie von Beethoven, bei der vor genau 200 Jahren (1808) nicht nur die berühmte fünfte, sondern auch die sechste Sinfonie sowie mehrere andere Werke zum ersten Mal aufgeführt wurden. Spiele zu Beethovens Akademien sowie die Geschichte dieses denkwürdigen Abends im Dezember 1808 bereichern daher die Proben-Pausen dieses Workshops. Der **Gewittersatz der „Pastorale"** (6. Sinfonie) wird dabei einmal etwas anders „interpretiert": Nach dem Anhören (von CD) wird gemeinschaftlich überlegt, wie die verschiedenen Wetterarten ohne Töne dargestellt werden können. Leichtes bis stärkeres Trippeln mit den Füssen (Regen), Klopfen mit den Ellenbogen gegen die Stuhllehne (Grollen), Stampfen und Klatschen (für Blitz), Blasen, Pusten etc. – und am Ende, wenn sich das Gewitter verzogen hat, hört man die Vögel zwitschern....

Den Abschluss der Orchesterworkshops bilden die Aufführungen des Geprobten vor Eltern, Verwandten, Freunden und anderen Interessierten.

Vielen Instrumentalisten gibt diese gemeinschaftliche musikalische Erfahrung in den Ferien offenbar einen Motivationsschub für ihr Instrument. Und dass das gespielte Beethovenrepertoire sich in Kopf und Ohr eingenistet hat, zeigt sich (nach Erzählungen von Eltern) wenn ihr Kind eines der gespielten Werke z.B. im Radio hört und erkennend kommentiert: „Das ist ja das, was wir im Beethoven-Haus gespielt haben!"

Konzept und Text: MGD
Durchführung gemeinsam mit den Dirigenten Emil Platen und Michael Denhoff und dem Pianisten Peter Köcsky

Beethoven im Baum
Von Bildern, Geschichten und Musik

> **Einladung**
>
> zu Museumsnachmittagen (2 1/2 Stunden)
> anlässlich der Sonderaustellung „Moritz von Schwind und Ludwig van Beethoven.
> Ein Maler der Romantik und seine Begeisterung für die Musik"
> (vom 17. Dezember 2004 bis zum 13. März 2005)
>
> Bilder des Malers Moritz von Schwind kennen Kinder als Illustrationen vieler Märchen. Im Beethoven-Haus ist nun eine Auswahl seiner Werke zu sehen, die von Schwinds Liebe zur Musik und seiner Verehrung Beethovens berichten. Beim Museumsnachmittag lernen die Kinder einige dieser Bilder kennen und entdecken die Geschichten und die Musik, die darin verborgen sind. Dabei werden eigene kleine Kunstwerke entstehen. Außerdem gibt es natürlich Musik, bei der die kleinen Sänger zum Zuge kommen.

Zum Thema

Die Ausstellung zeigte Arbeiten des Malers Moritz von Schwind, die seine Verehrung für die Komponisten der Wiener Klassik und für deren Werke ausdrücken. Besonders das Genre der Oper faszinierte ihn lebenslang. So dekorierte er in den 1860er Jahren die Loggia der neuen Wiener Hofoper mit Motiven aus Mozarts „Zauberflöte", und im Foyer schuf er Gemälde mit Szenen aus den bedeutendsten Opern des 18. und 19. Jahrhunderts (u.a. auch „Fidelio"). In den 1820er Jahren verband ihn eine enge Freundschaft mit Franz Schubert. Dieser, ein großer Beethovenverehrer, traf den Komponisten persönlich erst 1827, kurz vor dessen Tod. Im März schenkte er ihm Federzeichnungen seines Freundes Schwind: den festlichen Hochzeitszug des „Figaro" von Mozart. Auch die Person Beethovens und dessen Schicksal fesselten den Maler. Im Gegensatz zur romantischen, idealisierenden Interpretation seiner Zeitgenossen portraitierte er ihn eher „menschlich".

Zielsetzung

Die Kinder lernen an diesen Museumsnachmittagen bedeutende Künstler des 18./19. Jahrhunderts kennen: Ludwig van Beethoven (1770-1827), Moritz von Schwind (1804-1871), Franz Schubert (1797-1828) und Wolfgang Amadeus Mozart (1756-1791). Sie sollen erkennen, dass Künstler einer Epoche auch freundschaftliche Kontakte miteinander pflegen. Manchmal inspirieren sie sich sogar gegenseitig oder bearbeiten mit ihrem eigenen Medium Werke eines Kollegen.
Beim Vergleich des formalen Aufbaus des Bildes „Eine Symphonie" mit den Satzbezeichnungen der klassischen musikalischen Sinfonie sollen sie die Struktur des Gemäldes, seinen „musikalischen Charakter", kennen lernen und gleichzeitig einen ersten Einblick in eine musikalische Gattung erhalten.
Die menschliche, nicht heroisierende Darstellung Beethovens in der Astgabel („Beethoven im Baum") soll von den Kindern als eine der Interpretationsmöglichkeiten erkannt werden; die humorvolle Sichtweise Beethovens als eine andere, die sie beim Basteln ihrer eigenen „Beethoven-Rolle" umsetzen können.
Durch das Singen der Hauptmelodie von Beethovens „Chorfantasie" auf einen umgedichteten Text (s. W 2.1.5) sollen die Kinder ein für sie neues Werk Beethovens kennen lernen. Auch soll damit noch einmal die Verbindung von Musik und Malerei vertieft werden.

Zwei Werke von Schwind stehen im Vordergrund: Die so genannte **Lachner-Rolle** hat Schwind seinem Freund, dem Kapellmeister Franz Lachner gewidmet. Schwind spielt hier auf persönliche Ereignisse in Beethovens Leben an. Auf dieser gerollten Bilderfolge sieht man u.a. Beethoven in einer Astgabel sitzend, in der Hand Noten mit der Aufschrift „Eroica". Schwind hat die markanten Züge des Komponisten bewusst humorvoll, fast karikierend übersteigert – ein neuer Aspekt in Beethoven-Darstellungen.

1852 wurde Schwind durch Beethovens Chorfantasie op. 80 zu dem Gemälde **„Eine Symphonie"** angeregt. Sogar der prächtige dekorative Rahmen soll die Stimmung der Beethoven'schen Musik verdeutlichen. Schwind greift die 4-sätzige Struktur einer klassischen Sinfonie in vier zentralen Bildern auf: Von der ersten Begegnung eines jungen Paares in einer musikalischen Gesellschaft bis zur Hochzeitsreise.

Verlauf

Wir lernen uns kennen, indem wir uns selbst als „Künstler" vorstellen, natürlich mit einem eigenen „Werk". Vorname und Kunstwerk sollen mit dem gleichen Buchstaben beginnen. „Ich heiße **F**abian, bin Musiker und habe schon ein **F**roschkonzert geschrieben".

Da der Akzent im kreativen Teil auf Schwinds Lachner-Rolle und „Eine(r) Symphonie" liegt, sehen wir uns diese beiden Werke im Museum an. Schwinds Bild **„Eine Symphonie"** fesselt die Kinder durch seine Größe, Farbigkeit und den Rahmen sofort. Bei der gelenkten Betrachtung und Beschreibung einzelner Szenen des Ölgemäldes erkennen die Kinder die vier Stationen eines Liebespaares vom ersten Treffen bei einem Konzert bis zur Rückkehr von der Hochzeitsreise in die gemeinsame Zukunft (hierzu wie zu vielen weiteren Details s. das Werkblatt 2.1.5).

Um den Bezug zwischen der bildlichen Darstellung und der musikalischen Struktur einer Sinfonie herzustellen, fragen wir, ob jede Szene im Gesamtbild einen gleich großen Platz einnimmt, wie viele Personen es gibt, und ob man für jedes Bild eine Stimmung oder ein Tempo als Unterschrift wählen könnte. Jedes Kind hält seine Antworten auf einem Zettel fest.

Nun erhalten die Kinder ein Blatt mit den Tempobezeichnungen und Bedeutungen der einzelnen Sätze einer Sinfonie. Der Vergleich des Aufbaus der Schwindschen Sinfonie mit dem Aufbau einer klassischen Sinfonie ergibt, dass die einzelnen Stationen des Bildes mit den musikalischen Satzbezeichnungen sozusagen 1:1 übereinstimmen. Bildliche Darstellung und musikalische Struktur entsprechen sich.

Zur Auflockerung singen wir jetzt gemeinsam das „Chorfantasie-Lied". Schon bei der Textlektüre erkennen die Kinder, dass hier das Gemälde Schwinds nachgedichtet wurde.

Im zweiten Teil des Nachmittags wenden wir uns der **Lachner-Rolle** zu. Der Komponist Beethoven in der Astgabel, die 3. Sinfonie komponierend, weckt besonders fröhliche Assoziationen bei den Kindern. Diese Stimmung nutzend, regen wir sie an, sich selbst lustige Darstellungen Beethovens auszudenken, um eine „Beethoven-Rolle" zu basteln.

Die Kinder werden in Gruppen ins Museum auf Spurensuche für ihre **Beethoven-Rolle** geschickt. Jede Gruppe erhält eine schriftliche Suchaufgabe: nach Instrumenten Beethovens, nach Darstellungen des Komponisten und seiner Familie, nach Möbeln und persönlichen Gebrauchsgegenständen, nach dem Geburtszimmer, dem Beerdigungsbild und den Hörrohren.

Im Anschluss daran geben die einzelnen Gruppen ihre Informationen an die anderen weiter. So haben alle den gleichen Wissensstand für ihre Beethoven-Rolle.

Zum kreativen Teil des Nachmittags gehen wir jetzt in den Workshopraum, um die „Beethoven-Rolle" aus Postkarten, ausgeschnittenem Material und selbst Gemaltem zu Leben und Werk zu basteln. Mit Eifer schneiden die Kinder aus, kleben, malen und verzieren. Zum Schluss werden die einzelnen Bilder zu einer 7 Meter langen Beethoven-Rolle mit Teppichklebeband verbunden. Hörrohre, Instrumente, Noten, Beethoven-Darstellungen, Möbel... tummeln sich auf ihrer Rolle.

Als die Eltern die Kinder abholen, bitten wir sie in den Workshopraum, um die Beethoven-Rolle zu betrachten und unser Chorfantasie-Lied zu hören.

Text: CK
Konzept und Durchführung: CK, S.SF, GSS, UVB

Beethovens Geldbeutel
Workshop

> **Einladung**
>
> zum Ferienworkshop für Teilnehmer ab 10 Jahren
> 11.- 15. Juli 2005, jeweils 10-13 Uhr
>
> War Beethoven eigentlich reich? Oder doch eher arm? Konnte er denn mit seiner Musik Geld verdienen? Und was musste er alles bezahlen, für Essen, Wohnen - und für seinen Neffen?
> Hast Du Lust, einmal ein „richtiges" Konzert zu organisieren und wie die Großen an der Börse zu „spekulieren" ? – natürlich nur im Spiel. Und wenn Du dann noch keine Angst vor Zahlen hast, gerne bastelst und singst, bist Du bei uns richtig.

Zielsetzung

Im Sommer 2005 zeigte das Beethoven-Haus eine Sonderausstellung zu dem Thema „Beethoven und das Geld". Diese Ausstellung lieferte ein vielseitiges Ausgangsmaterial, um in einem Ferienworkshop den Kindern ein Gefühl dafür zu vermitteln, in welchen finanziellen Verhältnissen Beethoven lebte, wie sein Verhältnis zum Geld war, was das Leben überhaupt damals kostete etc.

Verlauf

Der erste Workshoptag wird mit einem kurzen **Münz-Länder-Spiel** eröffnet: aus einem Beutel zieht jeder Teilnehmer eine Münze aus der Vor-Euro-Zeit, sucht auf der (auf Styropor aufgezogenen) Landkarte das zugehörige Land und steckt ein Landesfähnchen hinein. Die anschließende **Münztour** durch die Sonderausstellungsräume macht klar, dass es auch zu Beethovens Zeit Münzarten verschiedener Wertigkeiten gab, die aus unterschiedlichen Materialien und an verschiedenen Orten des Böhmischen Reiches geprägt wurden. Die Teilnehmer dürfen danach selbst eine alte silberfarbene Münze mit hauchdünner Goldfolie in eine Goldmünze verwandeln. Beethovens Capriccio, das später von einem Verleger mit dem Titel „Die Wut über den verlorenen Groschen" versehen wurde, bildet den Ausklang des ersten Vormittages.

Für den nächsten Tag sollen die Teilnehmer die heutigen Preise von bestimmten Grundnahrungsmitteln ermitteln, denn der zweite Workshoptag widmet sich den **Lebenshaltungskosten** zu Beethovens Zeit. Was die Dinge damals kosteten, kann man auf einem Blatt aus Beethovens Haushaltsbuch ebenso nachlesen wie auf Verkaufszetteln oder einer „Teuerungstabelle" in der Sonderausstellung. Die von den Teilnehmern ermittelten heutigen und die in der Ausstellung gefundenen damaligen Preise werden dann in eine Tabelle eingetragen und umgerechnet. So findet man gemeinsam heraus, was damals teurer war als heute (z.B. Butter, Seife), und was billiger (z.B. Rindfleisch, Brot). Natürlich kann für alle Umrechnungen nur ein grober Mittelwert genommen werden, der die vielen Schwankungen durch Inflation und Währungsreform in dieser Zeit glättet. Daraufhin erfahren die Teilnehmer, was man zu Beethovens Zeit zum Leben benötigte und was Beethoven selbst durchschnittlich zur Verfügung stand: ungefähr das doppelte von dem, was man für einen bequemen Lebensstil brauchte. Eine „Klavierpreisliste" in der Ausstellung regt dazu an, zu ermitteln, was ein Klavier damals kostete, und gleichzeitig auch die Unterschiede der Instrumente aus Beethovens Zeit (drei Instrumente sind im Museum zu sehen) hinsichtlich Tastenumfang, Holzart etc. kennen zu lernen. So vorbereitet, verfertigt abschließend jeder ein Verkaufsplakat für ein Klavier.

Beethoven war es Zeit seines Lebens wichtig, finanziell abgesichert zu sein. Nicht nur, weil er – als erster freier Künstler – ohne feste Anstellung lebte, sondern vor allem, weil er seit dem Tod seines Bruders als Vormund seines Neffen eine große Verantwortung verspürte. **Beethoven als „Vater"** ist daher der Inhalt des dritten Workshop-Vormittages. Die Teilnehmer lernen zunächst Beethovens

Neffen Karl kennen und erfahren über Briefstellen und Passagen aus den Konversationsheften, was er seinen Onkel kostete. Einige erhaltene Schulzeugnisse des Neffen, die das Beethoven-Haus besitzt, zeigen auf der einen Seite, was für ein Schüler Karl war (ein guter) und was damals überhaupt unterrichtet wurde. Am eigenen Leib können die Teilnehmer dies dann in „unserer" Schule nachvollziehen. Auf die Trennung von Mädchen und Jungen und Benimm- und Ordnungsregeln wird in unserer „Schule von damals" streng geachtet! Die Schüler schreiben in Frakturschrift und hören Texte aus einer Schulfibel der damaligen Zeit. Natürlich gibt es auch Musikunterricht. Das zu lernende Lied (über Tugend) wird von der Lehrerin auf der Geige vorgespielt. Am Ende des Schulvormittages erhält jeder Schüler ein Zeugnis, das die Fächer wie in den Zeugnissen des Neffen bewertet: neben Lesen, Rechnen, Schreiben (in Deutsch current und in Lateinisch) und Diktat werden auch Singen im Chor und vor allem „Sitten" bewertet. Auf diese spielerische Art macht (auch strenge) Schule sichtlich Spaß...

Mit der Frage, **was Beethoven mit seiner Musik verdient hat**, befasst sich der vierte Workshoptag. In Exponaten der Sonderausstellung suchen und finden die Teilnehmer Geldbeträge, z.B. Honorarzahlungen von Verlegern für den Kauf von Werken. Die Umrechnungen in Euro zeigen, dass dies zum Teil ganz erhebliche Summen waren, die allerdings nur einmalig pro Werk gezahlt wurden. Immer wieder betätigte sich Beethoven auch als Konzertveranstalter, nicht nur, um seine Werke zu verbreiten, sondern auch in der Hoffnung, mit diesen „Akademien" einen finanziellen Gewinn zu erzielen. Ob man mit einem Konzert Gewinn machen kann, wird dann von den Teilnehmern selbst ausprobiert. Vier Gruppen befassen sich mit den verschiedenen Vorbereitungen für ein Konzert: der Anmietung des (Kammermusik-)Saales, der Werbung und Erstellung des Programmheftes, der Organisation des Konzertpersonals, der Betreuung des Künstlers, dem Verkauf der Eintrittskarten und schließlich der Endabrechnung. Nachdem der Pianist Peter Köcsky sein Klavierrecital (u.a. mit dem Capriccio) vor Publikum gegeben hat, ergibt die Endabrechnung, dass die Kosten die Einnahmen doch überschritten haben. Es muss also ein Mäzen gefunden werden, der das Loch stopft. Beethoven-Haus-Direktor Prof. Andreas Eckhardt tut dies, indem er jedem Teilnehmer eine Kopie einer der Bank-Aktien aus Beethovens Besitz aushändigt.

Dies ist gleichzeitig auch die thematische Brücke zum letzten Workshoptag und der Frage, **was Beethoven eigentlich hinterlassen hat**, ob er denn nun arm oder reich war. Von Beethovens Nachlass wurde seinerzeit ein Verzeichnis erstellt. Viele Posten des Verzeichnisses finden die Teilnehmer als Ausstellungsobjekte bei ihrer **Nachlass-Tour im Museum**. Insgesamt war Beethoven finanziell gar nicht so schlecht gestellt. Mozart ging es wesentlich schlechter, Haydn dagegen konnte ein noch größeres Vermögen als Beethoven hinterlassen. Allerdings stand Haydn in einem festen Dienstverhältnis. Neben den Instrumenten und Möbeln waren es 7 Aktien der Österreichischen Nationalbank, die Beethoven in einem Holzkästchen bis an sein Lebensende verwahrt hatte, als Rücklage für die Zukunft seines Neffen. Um zu verstehen, was eine Aktie ist, wie ihr Wert sich an der Börse verändern kann, wird ein Börsenspiel gespielt, das mit Bonn-Bezug und historischen Geldscheinen eigens für diesen Workshop erstellt wurde.

Den Abschluss des Workshops bildet dann Beethovens Bass-Arie „Mit Mädeln sich vertragen" (WoO 90), die wegen des Textteiles „Mit mehr Kredit als Geld, so kommt man durch die Welt" gut zur Thematik des Workshops passt und musikalisch fröhlich und eingängig ist. Sie wird gemeinschaftlich von einem Sänger mit den Kindern singend und spielend umgesetzt.

Konzept und Text: MGD; Durchführung zusammen mit SB, GSS, CK, S.SF und mit Beteiligung von Kollegen des Beethoven-Hauses und Gästen

Beethovens Geldbeutel
Museumsnachmittage

> **Einladung**
>
> zu Museumsnachmittagen (2 1/2 Stunden)
> anlässlich der Sonderaustellung „Beethoven und das Geld"
> (vom 13. Mai bis zum 25. August 2005)
>
> War Beethoven ein armer oder ein reicher Mann? Wie konnte man zu seiner Zeit mit Musik Geld verdienen? Und was konnte man für das Geld bekommen? Wie sah das Geld damals überhaupt aus? Mit solchen und anderen Fragen begeben wir uns auf Entdeckungstour im Museum. Kreativ und mit viel Musik und Gesang geht es den ganzen Nachmittag rund um Beethoven und das Geld.

Zum Thema

Die Sonderausstellung, die im Sommer 2005 im Beethoven-Haus gezeigt wurde, widmet sich im Zusammenhang mit einem berühmten, mythifizierten Komponisten einem eher banalen Thema, nämlich seiner finanziellen Situation. Im Gegensatz zur allgemeinen Annahme, dass Beethoven sich von Alltagsdingen nicht hat berühren lassen und sich nur ganz seiner Kunst hingegeben hat, steht die Tatsache, dass es zahlreiche Briefe und Dokumente gibt, in denen Beethoven sich mit dem Thema Geld auseinandersetzt. „Alle Noten bringen mich nicht aus den Nöthen!!" (so der Untertitel zur Sonderausstellung) klagt Beethoven in einem Brief an einen Freund.

Schon in Bonn, als Jugendlicher, war Beethoven gezwungen, den Lebensunterhalt für seine Familie zu verdienen. Später in Wien sorgten die napoleonischen Kriege, eine Inflation, ein Staatsbankrott und das Sorgerecht für seinen Neffen für unsichere finanzielle Zeiten. Zudem musste er sich, wie alle seine Zeitgenossen, in einem Chaos von Wechselkursen und Währungen zurechtfinden.

Vor diesem Hintergrund geht die Sonderausstellung und auch unser Museumsnachmittag der Frage nach, welche Einkünfte Beethoven hatte, welche Ausgaben er getätigt hat und mit welchen Schwierigkeiten er als Pianist, Konzertveranstalter und Komponist zu kämpfen hatte.

Zielsetzung

Das Ziel dieses Museumsnachmittages ist es, den finanziellen Aspekt aus Beethovens Leben für die Kinder verständlich zu machen. Aus dem - selbst für Erwachsene - komplexen Thema „Beethoven und das Geld" werden einige Schwerpunkte herausgefiltert, die Beethovens finanzielle Situation exemplarisch verdeutlichen sollen. Hierbei sollte der spielerisch-sinnliche Anteil den theoretischen Teil deutlich überwiegen.

Verlauf

Den Einstieg bildet ein Kennenlern-Spiel bei dem jedes Kind seinen Namen sagt und mit einem Gegenstand verbindet, der sich mit Geld kaufen lässt (z.B. Christine-Christbaum).

In der anschließenden Gesprächsrunde werden einige allgemeine Aspekte zum Thema Geld geklärt, zum Beispiel, welche Ausdrücke für Münzen und Scheine es heute gibt (wie z.B. Kohle, Mäuse, Moos) oder welche Redewendungen es rund ums Geld gibt (armer Teufel, ohne Moos nix los, etc.). Dann überlegen wir, welche Währungen es heute gibt (z.B. Euro, Pfund, Dollar). An dieser Stelle bekommen die Kinder selbst Münzen aus möglichst vielen europäischen Ländern in die Hand. Sie ordnen die Münzen den Ländern zu und wir kleben sie auf einer Europakarte ein.

Zu Beethovens Zeit gab es natürlich noch keinen Euro. Damals hießen die Geldstücke Taler oder Gulden. Im Museum haben die Kinder die Münzen, mit denen zur Beethovenzeit bezahlt wurde, schnell gefunden. Während wir die Münzen in der Vitrine eingehend betrachten, klären wir, wie alt sie sind, aus welchem Material sie bestehen und woher sie stammen (z.B. Kupfer, Silber oder Goldmünzen). Ebenso sollen das Papiergeld und die Aktien, die Beethoven besessen hat, gefunden werden. Bei älteren Kindern kann das Thema Inflation angesprochen werden. Hierzu befanden sich in der Ausstellung Briefe von Beethoven, in denen er sich über die allgemeine Teuerung beklagt.

Als Übergang zu dem eigentlichen Kernpunkt, wie es um Beethovens Geldbeutel denn nun wirklich stand, machen wir einen weiteren Gesprächskreis zu der Frage, wofür die Kinder oder ihre Eltern denn ihr Geld ausgeben (Wohnung, Lebensmittel, Auto, Kino) und womit sie ihr Geld verdienen (Taschengeld, Babysitting, Zeugnis).

Aber welche Möglichkeiten hatte Ludwig van Beethoven, Geld zu verdienen? Anhand der ausgestellten Schriftstücke erfahren die Kinder, dass Beethoven als Musiker und Komponist sein Geld durch den Verkauf der Werke an die Verleger oder Aufträge und Widmungen oder Konzerte zu seinen Gunsten verdienen konnte.

Dem stellen wir anhand der ausgestellten Preislisten für Lebensmittel und Haushaltsbücher die Ausgaben, die Beethoven getätigt hat, gegenüber. Wir lesen Briefe, die zeigen, mit welchen Schwierigkeiten Beethoven zu kämpfen hatte (Inflation, Ertaubung, Sorgerecht für seinen Neffen), obwohl er doch schon zu Lebzeiten ein berühmter Komponist war.

Am Ende unsere Münztour versuchen wir die Ausgangsfrage zu klären, ob Beethoven denn nun arm oder reich war, und kommen zu dem Schluss, dass Beethoven trotz aller Schwierigkeiten gar nicht so ein armer Teufel war, wie er immer behauptet hat, sondern dass er viele Fans hatte, die ihm einiges an Gulden haben zukommen lassen.

Im nun folgenden Werkteil sollen die Kinder handwerklich tätig werden und „alte, wertvolle" Münzen herstellen (s. W 1.3.4).

Die so reich gewordenen Kinder würden sich sicher sehr ärgern, wenn sie ihre hart erarbeiteten Münzen wieder verlieren würden. So ziehen wir vom Werkraum in einen Musikraum und hören uns Beethovens „Wut über den verlorenen Groschen" (Klavier/CD) an. Obwohl Beethoven seinem Rondo nicht selbst diesen Namen gegeben hat, bildet der Titel einen guten Anknüpfungspunkt zu unserem „Geldnachmittag". So lässt sich mit der „Wut über den verlorenen Groschen" sehr gut nachvollziehen, welche Gefühle Beethoven bewegt haben müssen, als er die Musik schrieb. Die Kinder sollen entspannt lauschen und es genießen, wie die Töne sich bewegen, wie sie springen oder gleiten. Vielleicht können sie im Anschluss an das Stück selbst ausdrücken, was sie empfunden haben. Bei der Vielfältigkeit der Empfindungen wird deutlich, dass man nicht unbedingt ein Bild oder eine Geschichte braucht, um von Beethovens Musik berührt zu werden. Es ist letztlich egal, ob das Rondo „Wut über den verlorenen Groschen" oder der „Tanz des Teufels auf dem Dachboden" heißt. Die Bedeutung der Musik liegt in der Musik selbst und nicht in irgendeinem ausgedachten Titel.

Musik hören ist eine Sache, selbst Musik machen eine andere. Da sich keines von Beethovens Liedern thematisch zum Nachsingen anbietet, bildet das altbekannte Singspiel „Taler, Taler du musst wandern" den Abschluss unseres Museumsnachmittages. Da keine komplizierte Melodie einzuüben ist, können die Kinder es schnell singen und sich tanzend dazu bewegen.

Text: UVB
Konzept und Durchführung: CK, S.SF, GSS, UVB

Beethovens Küche

> **Einladung**
>
> zu Museumsnachmittagen (2 1/2 Stunden)
> anlässlich der Sonderaustellung „Joseph Beuys – Beethovens Küche"
> (vom 2. September bis zum 18. November 2006)
>
> Ein Gulli, der brennt, ein Schinkenknochen auf dem Kopfkissen und ein Notenbuch im Herd ...
> War das Beethovens Küche?
> Nein, diese Dinge hat der bekannte moderne Künstler Joseph Beuys zum Thema „Beethovens
> Küche" zusammengetragen.
> Bei einem Kindernachmittag im Beethoven-Haus wollen wir uns in diese ungewöhnliche Küche
> wagen und außerdem mit euch singen und kreativ sein.

Zum Thema

Für den Film „Ludwig van" des argentinischen Künstlers Mauricio Kagel hat Joseph Beuys Beethovens Küche nach seinen künstlerischen Vorstellungen installiert. Sie existierte nur für einen Tag. In der Sonderausstellung „Joseph Beuys – Beethovens Küche" waren die Fotos der Rauminstallation zu sehen, die Beuys zu diesem Thema gestaltet hatte. Sicher eine der ungewöhnlichsten Ausstellungen, die je im Beethoven-Haus gezeigt wurden.

Bei unserer Arbeit mit den Kindern wollen wir uns die Einzelheiten der Rauminstallation genauer ansehen, denn in der Beuysschen Küche finden sich viele Dinge, die mit Beethovens Leben und Musik assoziiert werden können.

Zielsetzung

Nach der Begrüßung der Kinder im Hof muss nicht nur geklärt werden, wer Beethoven eigentlich war, sondern auch, wer Joseph Beuys war. Aber was hat ein moderner Künstler, der 200 Jahre nach Beethoven lebte, der mit Filz, Fett und Honig gearbeitet hat, der Schinkenknochen auf Kopfkissen legte und Notenbücher in den Herd steckte, mit Beethoven zu tun? Das wollen wir an unserm Museumsnachmittag herausfinden.

Verlauf

Die Schwarz-Weiß-Fotos, die obskure Dinge in einem Raum zeigen, der eine Küche sein soll, indem sich aber dennoch ein Bett befindet, wirken zunächst sehr befremdlich auf die Kinder. Bei näherer Betrachtung entdecken wir jedoch einiges, was auf eine Küche hinweist: einen Herd, verschiedene Nahrungsmittel, einige Küchenutensilien.

Auch einiges, was auf Beethoven hinweist, ist zu finden: die Hörner an der Wand, die zweifellos eine entfremdete Version von Beethovens Hörrohren sein sollen, und natürlich das Notenbuch im Herd, das bei genauem Hinschauen Beethovens Klaviersonate D-Dur op. 10 Nr. 3 ist.

Dass Beethovens Küche „in echt" natürlich ganz anders ausgesehen hat, ist allen Kindern sofort klar. Zum Vergleich schauen wir uns eine zeitgenössische Küche mit offener Feuerstelle und gusseisernen Töpfen an.

Wir überlegen, warum Beuys seine Küche ganz anders gestaltet hat. Dass er mit seiner Kunst etwas ausdrücken und die Menschen zum Nachdenken bewegen wollte, so wie Beethoven es mit seiner Musik auch getan hat, ist schnell gefunden. Außerdem sollte die Beuys'sche Küche ja in einem modernen Film mitspielen, also wäre eine altmodische Küche wohl auch nicht angebracht.

So kommen wir auf Maurico Kagel, der die Idee zu diesem Film hatte, und auf die moderne Musik, die er komponiert hat. Wir wollen jetzt selbst moderne Musik machen, lassen Schinkenknochen und Hörner im Museum zurück und begeben uns in den Kammermusiksaal.

Um den direkten Vergleich zu klassischer Musik zu haben, hören wir uns zunächst einen Teil der D-Dur Klaviersonate an, die wir im Herd von Beethovens Küche gefunden hatten. Das klingt wunderschön. Auch Beuys hat Beethoven verehrt und seine Musik geliebt. Da sind sich die Kinder sicher. Warum sonst hat er sich so viel mit Beethoven beschäftigt?

Auch wir beschäftigen uns jetzt mit Musik, aber nicht mit klassischer Musik, sondern mit moderner Musik. Mal sehen, ob unser „Sprechkonzert" (s. unten) genauso schön klingt wie die Klaviersonate.

Danach wollen wir noch ein eigenes modernes Kunstwerk schaffen, so wie Beuys es getan hat. Wir verwenden die gleichen Materialien wie er. Auch unser Thema heißt „Beethovens Küche".

Aus einer Din-A3-Pappe, Papptellern, Plastikbesteck, Filzresten, Honigwachs, ungekochten Spaghetti und Erbsen, gemischt mit ein paar Beethoven-Bildern und Notenpapier, entsteht ein leckeres modernes Menu. Ob Beethoven das geschmeckt hätte?

Text: UVB
Konzept und Durchführung: CK, S.SF, GSS, UVB

„Maulwerke"

Joseph Beuys' Collagentechnik hat uns dazu inspiriert, gemeinsam mit den Kindern eine Art „Klang-Collage" aufzuführen. Dafür bedarf es keinerlei Instrumente, sondern einzig und alleine unserer „Sprechwerkzeuge".

Der Titel des Museumsnachmittags „Beethovens Küche" brachte uns auf die Idee, den lustigen Text von „ein Mops kam in die Küche" damit zu verarbeiten.

> Ein Mops kam in die Küche und stahl dem Koch ein Ei.
> Da nahm der Koch den Löffel und schlug den Mops zu Brei.
> Da kamen viele Möpse und gruben ihm ein Grab.
> Und setzten drauf 'nen Grabstein, worauf geschrieben stand: (wieder von vorne)

Der Text wird von uns auf mehrere Kärtchen verteilt aufgeschrieben. Die Kärtchen werden völlig willkürlich an die Kinder verteilt. So hat ein Kind zum Beispiel den Text „und stahl dem Koch", ein anderes Kind hat das Textkärtchen „da kamen viele Möpse" usw.

Die Klang-Collage soll sich zusammensetzen aus Textbausteinen dieses Liedes und Geräuschen und Tönen, welche die Kinder selbst produzieren.

Gemeinsam mit den Kindern wird überlegt, welches Symbol wir für verschiedene Geräusche wie z. B. Gurgeln, Schmatzen, Knurren, Pfeifen, Trillern usw. zeichnen können. Auf mehreren Din-A4-Blättern malen wir mit dickem Filzstift Symbole für Geräusche und Töne auf (s. Geräuschekonzert W 2.3.5).

Die Blätter werden nun nebeneinander aufgehängt, und zunächst proben wir die Geräusche und Töne mit den Kindern. Auch die Textbausteine werden auf völlig unterschiedliche Art gesprochen, nämlich mal geflüstert, mal geschrien, gedehnt oder abgehackt.

Abwechselnd darf dann jedes Kind einmal Regisseur dieser Collage sein, indem es auf einzelne Blätter oder Kinder zeigt, wonach die Aktionen mit grossem Temperament ausgeführt werden.

GSS

Beethoven zieht um

> **Einladung**
> zu Museumsnachmittagen (2 1/2 Stunden)
> anlässlich der Sonderausstellung „Von der Bonngasse ins Schwarzspanierhaus.
> Bonner und Wiener Beethoven-Häuser in alten Ansichten"
> (vom 21. September 2001 bis zum 7. Januar 2002)
>
> Bist du schon einmal umgezogen? Von einem Haus in ein anderes Haus, mit Sack und Pack? Ganz schön anstrengend die Packerei, oder? Der berühmte Komponist Ludwig van Beethoven ist in seinem Leben nicht nur ein Mal umgezogen, sondern ... 70 Mal! Der sperrige Flügel musste mit, außerdem die dicken Notenhefte und natürlich das Bild von seinem geliebten Großvater. Beim Museumsnachmittag im Beethoven-Haus wollen wir uns auf eine spannende Spurensuche durch Wiens Straßen machen, um herauszufinden, wo Beethoven überall gewohnt hat, wie seine Häuser aussahen und warum er immer wieder die Umzugskisten gepackt hat. Keine Angst! Bei uns wird nichts gepackt, sondern geschaut, gewerkelt, gesungen und gestaunt.

Zum Thema

Zum Ende des 18. Jahrhunderts war die Haupt- und Residenzstadt Wien zu einer Großstadt mit 200.000 bis 300.000 Einwohnern angewachsen. Vor allem während der Sommermonate entflohen deshalb der Adel und auch das gehobene Bürgertum aufs Land, in die reizvollere Landschaft der Vororte, um dem schlechten Klima der Innenstadt (enge Wohnverhältnisse, noch keine Kanalisation) in den Sommerquartieren zu entgehen. Auch Beethoven hegte diese Vorliebe. Der unverheiratete, mit Haushälterinnen (oft in Spannung) lebende Komponist war, wie wir aus Berichten der Zeitgenossen wissen, ein schwieriger Mieter. Er zeigte allerlei Empfindlichkeiten, z.B. gegenüber Geräuschbelästigungen (auch ein Vorwurf der Gegenseite) oder neugierigen Blicken. In seinen Wohnungen herrschte stets große Unordnung, und mit der Einrichtung bzw. Ausstattung der Wohnung ging er nicht sonderlich sorgsam um. Wegen seiner Schwerhörigkeit vertraute er auf die positive Wirkung von Luft und Stille auf dem Land. So tauschte er denn oftmals kurz entschlossen die Stadtwohnung gegen eine Zweitwohnung auf dem Land ein. Alte Gemälde, Zeichnungen, Graphiken und Photos von Beethovens Wiener Wohnungen vermittelten in dieser Ausstellung Einblick in äußere Lebensumstände des Komponisten von 1792 bis zu seinem Tod 1827.

Zielsetzung

Das vollständig erhaltene Geburtshaus Beethovens, eingerichtet als Gedenkstätte, nehmen wir zum Ausgangspunkt, Kindern den Zugang zu einer authentischen Wohnstätte zu eröffnen. So können sie etwas von der Aura der Zeit, als Familie Beethoven hier wohnte, erspüren. Auf alten Bonner und Wiener Stadtplänen werden die wichtigsten Wohnungen Beethovens markiert und Informationen über seine jeweiligen Lebensumstände und dort entstandene Kompositionen gegeben. Dabei erfahren die Kinder auch die Gründe der häufigen Wohnungswechsel des unsteten Privatmanns Beethoven. Die Unterschiede zwischen Umzügen damals und heute werden verdeutlicht. Die meisten Wohnungen (auch Beethovens) waren klein und sogar möbliert.

Verlauf

Zur Einstimmung fragen wir die Kinder im Workshopraum nach Unterschieden zwischen einem Umzug zu Beethovens Zeit und einem Umzug heute. Welche Dinge sind für sie so wichtig, dass sie unter allen Umständen eingepackt werden müssen? Eigene Umzugserlebnisse der Kinder, damit verbunden aber auch der Verlust von Freunden, Gewohnheiten, Schulen, Vereinen, Musik- oder Sportlehrern bringen ihnen Beethovens Probleme nahe. Die von uns bestückte „Umzugskiste Beethovens" wird von ihnen neugierig in Raum 1 (den ehemaligen Vorratsraum) geschleppt und dort ausgepackt.

Auf dem Bonner Stadtplan (s. S. 100) lassen wir die Kinder die Wohnungen der Beethovens suchen und forschen nach Gründen für die Umzüge. Diese sind u.a. Rheinhochwasser, Feuersbrunst und die wachsende Kinderschar.

1792 zieht Beethoven dann nach Wien. Die Kinder staunen, dass er in Wien tatsächlich 70 Mal den Umzugswagen packen ließ. Sie haben viele Ideen für die Gründe, und wir ergänzen:

Innerhalb des Rings war der Wohnraum knapp und teuer – Beethoven wollte eine Zweitwohnung, da er wohlhabend war - zu lautes Klavierspiel – lärmende Nachbarskinder – Mietrückstand – Flucht vor Verehrerinnen – wechselnde Aufführungsorte – Einladung eines Mäzens auf dessen Schloss – modernere Wohnung – Nähe zu seinem Arzt – Kauf eines größeren Flügels – „schwieriger Künstler" – teurere Miete in der Innenstadt – Liebe zur Natur und Ruhe wegen der Taubheit – Sommer/Winterwohnung – keine Verantwortung für eine Familie (zeitweise Neffe Karl) – Unordnung in der Wohnung führt zu Ärger mit Vermietern oder Mitmietern – einfachere Umzüge damals – Umzüge waren gesetzlich geregelt und nur an zwei Terminen im Jahr möglich: Georgi (= 24.4.) und Michaeli (=29.9.)

Die beiden historischen Stadtpläne von Bonn und Wien verdeutlichen den Kindern die unterschiedlichen Größen und Einwohnerzahlen (Bonn 10.000, Wien 200.000 bis 300.000).

Nun locken wir die Kinder ins Studio an die Computer-Arbeitsplätze zu einem virtuellen Rundgang durch das letzte Wohnhaus Beethovens, das so genannte „Schwarzspanierhaus". Die Einweisung am Computer ist problemlos. Drei Gruppen machen sich mit ihrem Suchblatt nach Instrumenten, Bildern, Gebrauchsgegenständen und Möbeln an die Arbeit. Am liebsten wären sie weiter an den Computern geblieben, doch jetzt steht ein Museumsrundgang an: Finden wir dort die persönlichen Gegenstände Beethovens wieder, die wir bereits am Computer gesehen haben?

Die Räume 2 und 8 und das Bodmer-Zimmer werden danach überprüft. Dabei packen die Kinder die „Umzugskiste" aus und stellen sich mit dem von ihnen ausgepackten Gegenstand vor das entsprechende Exponat. So entdecken sie für Beethoven wichtige Gegenstände, die unbedingt zur nächsten Wohnung mitgenommen werden mussten: das Bild des Großvaters (in allen Wohnungen erhielt es einen Ehrenplatz), Violine, Flügel, Notenpapier, Feder, Tintenfass, Schere, Brille, Partituren, und ein Hörrohr.

Ignaz von Seyfrieds Beschreibung eines Beethovenschen Umzugs nach Mödling auf „turmhohem vierspännigem Lastwagen mit wenig Mobiliar und ungeheurer Wucht an Musikalien" in „Schneckenfahrt" rundet das Bild ab und amüsiert die Kinder, besonders der Umstand, dass Beethoven unterwegs beim Komponieren die Zeit vergessen hatte und erst Stunden nach dem Kutscher eintraf. Inzwischen war der gesamte Transport auf dem Marktplatz abgeladen worden, und der verärgerte Meister ließ mit Hilfe von Straßenjungen Hab und Gut in die neue Wohnung bringen.

Im Sonderausstellungsraum erhalten die Kinder jetzt ein Suchblatt mit ausgewählten Darstellungen Beethoven'scher Wohnungen. Die Abbildungen finden sie in den Vitrinen wieder.

Danach kehren wir über unsere „Geheimtreppe" (für übrige Besucher abgesperrter Teil) in den Workshopraum zurück. Während der Arbeiten am Werkblatt „Herr van Beethoven zieht schon wieder um" (s. W 1.3.1) singen wir die Kanons „Bester Herr Graf, Sie sind ein Schaf" und „Esel aller Esel" (W 2.1.1) um zu zeigen, dass Beethoven trotz aller Widrigkeiten im täglichen Leben viel Humor besessen haben muss, denn sonst hätte er solch lustige Kompositionen nicht geschrieben. Froh gelaunt verlassen die Kinder mit dem Ohrwurm „auf den Lippen" das Beethoven-Haus.

Text: CK
Konzept und Durchführung: CK, S.SF, GSS, UV

DenkMal! – Ludwig und Robert in Bonn

Einladung

zum Ferienworkshop für Kinder ab 8 Jahren
26.- 30. Juni 2006, jeweils 10-13 Uhr

Dass Ludwig van Beethoven in Bonn geboren wurde, weißt du natürlich. In Bonn stehen sein Geburtshaus und einige Denkmäler für ihn. Aber weißt du auch, dass noch ein anderer auch sehr bekannter Komponist eng mit Bonn verbunden war? Allerdings lebte er nicht, wie Beethoven, am Anfang seines Lebens in Bonn, sondern in seinen letzten beiden Lebensjahren. Auch das Haus, in dem er lebte, steht heute noch in unserer Stadt. Der Vorname des Komponisten ist Robert und er starb vor genau 150 Jahren. Weisst du nun, wer gemeint ist? Wir laden dich ein, auch sein Haus, seine Familie und seine Kinder kennen zu lernen. Und du wirst beiden Komponisten, Ludwig und Robert, dein eigenes Denkmal setzen, das am Ende des Workshops – wie es sich gehört – feierlich eingeweiht wird.

Gemeinsam mit dem Schumannhaus Bonn

Zielsetzung

Abgesehen vom Beethoven-Haus existiert in Bonn noch eine zweite Gedenkstätte für einen Komponisten des 19. Jahrhunderts: das Robert-Schumann-Haus in Endenich. Daneben erinnert eine ganze Reihe von Denkmälern für Beethoven und Schumann an verschiedenen Orten in der Stadt an die beiden Musiker. Der Ferienworkshop, der im Jahr des 150. Todestags von Robert Schuman angeboten wird und eine Gemeinschaftsveranstaltung zwischen Beethoven-Haus und Schumannhaus ist, stellt das Leben und Werk der beiden sehr unterschiedlichen Komponisten vor und bietet zugleich die Möglichkeit zur Auseinandersetzung mit verschiedenen Formen der Denkmalskunst.

Verlauf

Unser Ausgangspunkt, **das Beethoven-Haus**, ist selbst ein (Bau-)Denkmal. Es steht daher an unserem ersten Workshoptag im Mittelpunkt. Seine wechselvolle Geschichte und die damit verbundenen kleinen Veränderungen, die es im Laufe seines fast 200-jährigen Bestehens erfahren hat, bilden einen ganz besonderen Aspekt beim Gang durch die Museumsräume. Nach diesen Einblicken können die Kinder am Ende des Vormittags ihr eigenes Beethoven-Haus aus Papier zusammenkleben.

In Bonn gibt es aber auch „richtige" **Beethoven-Denkmäler**, und zwar nicht weniger als vier, dazu mehrere im öffentlichen Raum aufgestellte Gedenkbüsten für den Komponisten sowie zwei Denkmäler für Robert Schumann. Alle zeichnen sich durch eine sehr unterschiedliche Auffassung aus, weshalb am ersten Tag des Workshops zunächst einmal an Modellen aus der Sammlung des Beethoven-Hauses die Vielfalt in der Erscheinungsform der verschiedenen Monumente erkundet wird. Dabei versuchen wir gemeinsam der Frage auf den Grund zu gehen, warum die Denkmäler eigentlich so verschiedenartig aussehen.

Wir finden heraus, dass die meisten Denkmäler erst errichtet wurden, als die zu ehrenden Komponisten bereits gestorben waren, und dass keiner der Künstler, der ein Denkmal entwarf, genau wissen konnte, wie Beethoven oder Schumann wirklich aussahen. Zudem war es nicht so sehr das Anliegen der Bildhauer, ein wirklichkeitsgetreues plastisches Portrait der Musiker zu gestalten, sondern man wollte vor allem ihre künstlerische Größe zum Ausdruck bringen. So ist das Aussehen der verschiedenen Monumente immer stark geprägt von persönlichen Vorstellungen der bildenden Künstler und von ihrer individuellen Sicht auf die Komponisten und ihre Musik.

Ausgerüstet mit diesem Vorwissen beginnt die Beschäftigung mit den **Denkmälern**, **in Bonn** zu sehen sind. Beim Beethoven-Denkmal auf dem Bonner Münsterplatz wird zunächst einmal geklärt, wie die allegorischen Darstellungen an Monumenten des 19. Jahrhunderts zu deuten sind. Nachdem jeder ein Detail des Denkmals gezeichnet hat, geht es weiter auf den Alten Friedhof, wo uns eine „Engels-Rallye" (an Grabmälern mit Engelsdarstellungen entlang) zum Grab von Robert Schumann führt. Bei einem Spiel („10 Unterschiede zwischen Original und Entwurf") wird das Grabmal genau studiert und dann mit den anderen Gräbern der gleichen Zeit verglichen.

Ein Workshoptag ist **Robert Schumann** gewidmet. Mit einer Rallye führt die Leiterin des Schumannhauses, Kathrin Reinhold, die Kinder durch die ehemalige Heilanstalt und gleichzeitig auch zu den wichtigsten Lebensstationen des Komponisten. Der Lebensweg wird durch musikalische Exkurse ergänzt. Die Kinder hören ausgewählte Stücke aus Schumanns „Album für die Jugend" und sollen zunächst deren Gemütsausdruck und Aussage erraten. Beim „Jägerliedchen", dem „Wilden Reiter" oder dem „Ersten Verlust" fällt dies auch nicht schwer. Die danach bekannt gegebenen Titel der Stücke, die dazu gehörigen schönen Vignetten aus der ersten gedruckten Notenausgabe sowie Clara Schumanns Anweisungen bestätigen und vertiefen das Gehörte. Das „Ländliche Lied" können die Kinder dann sogar mitsingen - mit einem neu unterlegten Text (zur Einweihung der „Workshopdenkmäler" am letzten Tag) als „Denkmal-Kantate" – und nach Clara Schumanns Vorstellung in Soli (kleinere Gruppe) und Tutti-Teile aufgeteilt.

Der vierte Tag steht ganz im Zeichen der eigenen Kreativität. Im Atelier des Rudolf-Steiner-Hauses Bonn werden aus Ton **neue Denkmäler** modelliert, die an beide Komponisten - Ludwig van Beethoven und Robert Schumann - erinnern sollen. Nach einigen Vorüberlegungen und zeichnerischen Studien geht es ans Werk, und es entstehen die unterschiedlichsten Denkmäler - von der naturnahen Büste bis hin zur abstrakten Komposition.

Da zu einer Denkmalserrichtung immer auch eine feierliche Enthüllung des Monuments gehört, wird am letzten Workshop-Tag alles für die **festliche Präsentation** der am Vortag gestalteten Modelle vorbereitet. Die zum Festakt in den Kammermusiksaal des Beethoven-Hauses geladenen Gäste hören zunächst eine Ansprache und die eigens für diese Gelegenheit einstudierte „Denkmal-Kantate", die gemeinsam von allen Workshop-Teilnehmern gesungen wird. Danach werden die Denkmäler für Beethoven und Schumann enthüllt. Und damit auch die Gäste erfahren, was alles zu einem echten Musiker-Denkmal gehört, stellen wir zur allgemeinen Freude der Zuschauer ein lebendes Denkmal-Bild. Dabei übernimmt jedes Kind den Part einer Figur, wie wir sie an den verschiedenen Monumenten in Bonn kennengelernt haben. So sieht man Robert Schumann und Ludwig van Beethoven im Zentrum, umgeben von den verschiedenen Allegorien der Musik, des Ruhms, der Geschichtsschrei-bung und der Bildhauerkunst. Ganz zum Schluss wird noch die Schrifttafel hinzugefügt – und das erste lebende Denkmal für Schumann und Beethoven ist fertig.

Kunstpädagogisches Konzept und Text: SB
Musikalisches Konzept: MGD
Gemeinsam mit Katrin Reinhold vom Schumannhaus Bonn

Einem Schweizer Beethoven-Schatz auf der Spur

Einladung

zum Ferienworkshop für neugierige Jung-Forscher ab 10 Jahren
31. Juli - 4. August 2006, jeweils 10-13 Uhr

Was verbirgt sich wohl hinter der Abkürzung HCB?
Warum steht auf der dicken Tresortür im Beethoven-Haus „Sammlung"?
Kann eine Stichvorlage stechen? Hat ein Autograph vier Räder?
Und was fangen Musikforscher damit an?
Wenn Ihr euch einmal im Beethoven-Haus umseht, kommen euch bestimmt noch viele andere Fragen zu den Dingen, die dort zu sehen sind. Und sicher wollt ihr wissen, was in den anderen Räumen des Hauses noch verborgen ist und was dort gemacht wird.
Nicht alles soll jetzt schon verraten werden. Aber zumindest so viel: hier verfolgen Musikdetektive Spuren zu Beethovens Musik und zu seinem Leben. Und dabei hilft unter anderem HCB.

Zielsetzung

Der Schweizer Arzt Hans Conrad Bodmer hat im Laufe seines Lebens eine bedeutende Beethoven-Sammlung zusammengetragen, die nach Bodmers Tod 1956 an das Beethoven-Haus ging. Der 50. Todestag des Mäzens war Anlass für das Beethoven-Haus, ihm eine Sonderausstellung zu widmen. Diese wiederum bietet eine gute Gelegenheit, Kindern die Bedeutung einer solchen Sammlung im Allgemeinen und für die Musikforschung im Besonderen nahezubringen. Über ausgewählte Sammlungsobjekte sollen sie zudem einige Bereiche aus Beethovens Leben und Werk intensiver kennenlernen.

Verlauf

Am ersten Workshoptag wird **der Mensch und Sammler Bodmer** kurz vorgestellt. Gemeinsam wird überlegt, was man alles sammeln kann, wie man an seine Sammelobjekte gelangt und wie Bodmer an seine Sammlungsstücke gelangte, nämlich überwiegend über Auktionen. Daraufhin wird eine kleine Auktion im Kammermusiksaal veranstaltet, bei der die Workshopteilnehmer alte Noten und Bücher ersteigern können, auf der Basis eines „echten" Auktionskataloges, mit einem Auktionserfahrenen Auktionator (mit Hammer), mit Anmeldeformularen, Bieternummern und Schecks.

Die „Variationen über ein Schweizer Lied" (WoO 64) sind eine ideale Verbindung zwischen der Herkunft Bodmers, aus dessen Sammlung das Autograph dieses Werkes auch ins Beethoven-Haus gelangte, und der Musik Beethovens. Das den Variationen zugrunde liegende Schweizer Lied (Es hätt' e' Buur e' Töchterli ...) ist gut singbar, und an den Klaviervariationen sind verschiedene Veränderungsmöglichkeiten schön erklär- und hörbar. Die Teilnehmer lernen das Lied kennen und singen es auf die Variationen.

Der zweite Workshoptag widmet sich dann der **Bodmer-Sammlung**. Das Kürzel HCB wird als Abkürzung für „Hans Conrad Bodmer" aufgelöst. Es steht jeder Nummerierung/Kennzeichnung (= Signatur) eines Sammlungsstücks vor. Jeder Workshopteilnehmer kann nun ein Kärtchen ziehen, auf dem eine HCB-Signatur steht, die zu einem speziellen Objekt und damit auch zu einer dazu gehörigen Fragebogen-Rallye durch das Museum, in die Bibliothek und in das Digitale Studio

(Digitale-Archiv) führt. Auf diese Weise hat jeder Teilnehmer „sein" Objekt, das er sich etwas intensiver erschliessen kann. Ein anschließender gemeinsamer Austausch lässt die Teilnehmer auch an den Erkenntnissen der anderen teilhaben. Ein auf einem Skizzenblatt aus der Bodmer-Sammlung geradezu verstecktes, nicht vollständig ausgeführtes Beethoven-Liedchen bildet das musikalische Intermezzo. Es gewährt nicht nur Einblick in Beethovens Arbeitsmethoden (Notizen auf Skizzenblätter), sondern zeigt Beethoven auch von einer sehr humorvollen Seite, von der aus er sich selbst musikalisch betrachtet: als „armer Componist", „armes Genie", dem gar nichts einfällt, den jede Note zwanzig Schweisstropfen kostet.

Schließlich erfährt man noch ganz nah am „Ort des Geschehens", nämlich am Tresor, wie solch wertvolle Sammlungsstücke verwahrt und geschützt werden.

Der dritte Workshoptag gewährt den Teilnehmern Einblick in das, was die **Wissenschaftler im Beethoven-Haus** (zum Beispiel) mit den Objekten einer solchen Sammlung so machen. Selbst können sie versuchen, verschiedene Teile eines Briefes zusammen zu puzzeln und eine Wissenschaftlerin zu den Problemen befragen, die bei der Vorbereitung des „richtigen" Notentextes des Beethoven-Goethe-Liedes „Kennst Du das Land" zu lösen sind. Das Lied lernen sie an diesem Vormittag auch live gesungen und gespielt kennen.

Dass manches alte Notenblatt oder manches alte Buch aus einer Sammlung wie der von H.C. Bodmer im Laufe der Zeit gelitten hat und dementsprechend behandelt werden muss, ist Thematik des vierten Workshoptages. Nach der Inspektion einiger schadhafter Bücher und Noten in der Bibliothek begeben sich die Workshopteilnehmer in die **„Werkstatt" des Restaurators**, die dieser in den Räumen des Beethoven-Hauses vorbereitet hat. Die Teilnehmer dürfen sich selbst daran versuchen, Risse an alten Notenblättern fachmännisch zu schließen.

Der letzte Workshoptag stellt noch einmal den **Mäzen H.C. Bodmer** in den Mittelpunkt, der seine Sammlung dem Beethoven-Haus vermacht hat. Die Kinder werden ermuntert, selbst eine Sammlung zusammenzustellen und dafür zu Hause nach musik-bezogenen Objekten zu suchen, die sie mitbringen dürfen. Jedes mitgebrachte Objekt wird zunächst einmal mit seinem familiären und auch persönlichen Hintergrund vorgestellt, erhält dann eine Signatur und einen auszufüllenden Katalogzettel.

Alle Katalogzettel werden zu einem gemeinsamen Sammlungskatalog zusammengefügt und die Sammlung wird dem Kustos (Leiter der Sammlungen) des Beethoven-Hauses übergeben, der sie im Bodmer-Tresor deponiert und den Teilnehmern im Gegenzug eine „Schenker-Urkunde" überreicht.

Text: MGD
Konzept und Durchführung zusammen mit SB, GSS, CK, S.SF
sowie mit Beteiligung von Kollegen des Beethoven-Hauses

Vom Glück des Sammelns

Einladung

zu Museumsnachmittagen (2 1/2 Stunden)
anlässlich der Sonderausstellung „Auf den Spuren Beethovens – Hans Conrad Bodmer und seine Sammlung"
(vom 29. Mai bis zum 3. September 2006)

Viele Menschen sammeln etwas: Briefmarken, Gemälde, Steine, Muscheln, Kronkorken und vieles mehr. Sammelst du auch etwas? Im Beethoven-Haus wird alles über Beethoven gesammelt. Viele Menschen haben dabei schon geholfen, so wie Hans Conrad Bodmer aus der Schweiz. Beim Museumsnachmittag lernst du ein paar seiner besonders schönen und spannenden Sammlungsstücke kennen. Außerdem kannst du dir ein Schatzkästchen für deine eigene Sammlung machen und natürlich lernst du auch Musik von Beethoven kennen.

Zum Thema

Im Mittelpunkt des Museumsnachmittages steht die Sonderausstellung „Auf den Spuren Beethovens – Hans Conrad Bodmer und seine Sammlung", mit der daran erinnert wurde, dass vor genau 50 Jahren der Schweizer Beethoven-Sammler Hans Conrad Bodmer seine Beethoven-Sammlung dem Beethoven-Haus vererbt hat. Damals hat sich die Bonner Sammlung auf einen Schlag verdreifacht und wurde so die größte private Beethoven-Sammlung weltweit. Die Ausstellung verdeutlicht mit einer großen Auswahl an Originalhandschriften, Beethoven-Darstellungen und persönlichen Gegenständen die Vielfältigkeit und den enormen Wert der Bodmer-Sammlung.

Zielsetzung

Sammeln ist für die meisten Kinder ein Begriff. Oft sammeln sie selbst etwas oder kennen jemanden, der sammelt. Hier knüpft der Museumsnachmittag an, um zu vermitteln, wie wichtig Sammeltätigkeit für das Beethoven-Haus und andere Museen ist. Viele Fragen sind hiermit verbunden: Wie entsteht die Sammlung eines Museums? Wo werden die Sammlungsstücke aufbewahrt? Wie muss man mit ihnen umgehen? Wie wertvoll sind sie? Anhand der Sammlung Bodmer gehen wir diesen Fragen nach. Und vielleicht wird bei dem ein oder anderen die Lust am Sammeln ja auch erst durch den Nachmittag geweckt...

Verlauf

Nach der Begrüßung der Kinder möchten wir wissen, was die Kinder mit dem Thema Sammeln verbinden. Wer sammelt etwas und was sammeln die Kinder? Wo bekommen sie diese Dinge her? Wie bewahren sie ihre Sammelobjekte auf? Haben sie vielleicht sogar eine kleine Bestandsliste? Warum wird gesammelt? Dann überlegen wir, was man in Bezug auf Beethoven sammeln könnte. Im Museum zeigen wir den Kindern ein Foto von **Hans Conrad Bodmer** und erzählen von ihm. Dann schauen wir uns seine Sammlung an. In einer Vitrine liegt das Autograph der Coda des 2. Satzes aus der 9. Sinfonie. Die meisten der Kinder verbinden mit der 9. Sinfonie direkt die „Ode an die Freude". Den Text haben wir mitgebracht. Nachdem wir seine Bedeutung geklärt haben, und auch der Bezug zur Hymne der Europäischen Union hergestellt ist, wird zu Ehren der Originalhandschrift die „Ode an die Freude" gesungen.

Neben den Notenhandschriften stellen **Beethoven-Briefe** einen wichtigen Teil der Bodmer-Sammlung dar. Auf großes Interesse der Kinder stoßen hier die dreizehn Liebesbriefe Beethovens an Gräfin Josephine Deym. Dass die verwitwete Gräfin trotz Beethovens intensiven Werbens einen anderen Mann geheiratet hat, kommentieren die Kinder mit einem teilnehmenden „der arme Beethoven". Ein Zitat des zu Jähzorn neigenden Beethoven aus einem Brief an die Klavierbauerin Nannette Streicher, in dem er vom Ärger mit seiner Haushälterin berichtet, hingegen finden sie lustig: „Ich machte kurzen spaß u. warf der B. [das Küchenmädchen Baberl] meinen schweren sessel am bette auf den Leib, dafür hatte ich den ganzen Tag ruhe".

Auf den gemeinsamen Rundgang folgt ein Suchspiel, mit dem die Kinder **ausgewählte Exponate** wiederfinden sollen. Im Anschluss daran möchten wir von den Kindern wissen, welche der Sammlungsstücke ihnen am besten gefallen. Einige sind sehr beeindruckt von dem prächtigen Einband der Erstausgabe der Kantate „Der glorreiche Augenblick"; kein Wunder, gehören die u.a. König Friedrich Wilhelm III. gewidmeten Exemplare doch zu den schönsten Musikdrucken des 19. Jahrhunderts. Ein Junge mag besonders zwei posthum entstandene (Fantasie-) Darstellungen von Johann Peter Lyser und Franz Hegi, die Beethoven beim Komponieren zeigen. Das Selbstbewusstsein, das ein handschriftlicher Kommentar Beethovens am Rande eines seine Musik kritisierenden Zeitungsartikels ausdrückt, „ach du erbärmlicher Schuft, was ich scheiße ist beßer, als was du je gedacht", gefällt allen; ebenso die persönlichen Gegenstände Beethovens, die teilweise einen ständigen Platz im Museum haben. Ganz besonderen Anklang findet hiervon Beethovens Klappschreib-tisch. Es kommt die Frage auf, warum die meisten dieser schönen Dinge nur für so kurze Zeit ausgestellt werden. Die Kinder äußern ihre Vermutungen: Angst vor Dieben oder die Sachen könnten kaputt gehen. Wir sprechen über den materiellen Wert der Exponate, über ihre Unersetzbarkeit und über die Empfindlichkeit der jeweiligen Materialien. Um den Kindern zu zeigen, wie empfindlich beispielsweise Papier und Tinte auf Luft und Licht reagieren, haben wir eine Zeitung mitgebracht, die drei Wochen draußen in der Feuchtigkeit und in der Sonne gelegen hat. Dann überlegen die Kinder, dass es ja vielleicht auch einfach nicht genug Platz im Museum gibt, um immer alles aus der Sammlung zu zeigen. Und sie wollen wissen, wo sich die übrigen Sammlungsstücke befinden. Für uns das Stichwort, um mit den Kindern zur Tür des Tresorraumes zu gehen, in dem die Sammlung des Beethoven-Hauses aufbewahrt wird. Hineingehen dürfen wir leider nicht...

Im Werkraum werden kleine Pappkartons in **Schatzkästchen für die Lieblingsstücke** der eigenen Sammlung zu Hause verwandelt: Rotes Seidenpapier als Innenauskleidung, rote Kordel für die Seitengriffe und durch ein Loch in der Vorderseite vom Ober- und Unterteil des Kästchens wird ein Holzdübel als Verschluss gesteckt. Die Außenseiten nach Herzens Lust noch mit Beethoven-Motiven, Buntstiften und Glitzersteinchen verzieren. Fertig ist das Schatzkästchen und kann zu Hause bestückt werden!

Im Museum haben die Kinder Beethovens eigenhändige Reinschrift der „Sechs Variationen über ein Schweizer Lied", eine Komposition aus seiner Bonner Zeit, gesehen. Wir suchen nun auf einer Landkarte, wo die Schweiz eigentlich genau liegt, um dann im Kammermusiksaal mit Klavierbegleitung das **„Schweizer Lied"** zu singen: „es hätt e' Buur e' Töchterli, mit Name heißt es Babeli, sie hätt' e' paar Zöpfli..."

Zum Abschluss des Nachmittags schreiben die Kinder in Briefen an die Familie Bodmer, was ihnen in der Ausstellung am besten gefallen hat. (Die Briefe wurden nach dem Ende der Ausstellung der Familie Bodmer übergeben.)

Text: S.SF
Konzept und Durchführung: CK, S.SF, GSS, UVB

KidsKompo
Musik-Erfinden mit Kindern im Grundschulalter

Einladung

zum Musik-Pfingstkurs für Kinder der 2. und 3. Schuljahre
2. Juni - 5. Juni 2006, insgesamt 16 Stunden

Vielleicht wolltest du immer schon Musik machen – hast aber wenig Gelegenheit dazu.
Dann komm zu KidsKompo ins Beethoven-Haus.
Hier findest du Klänge, solche, die dir vertraut sind, aber auch neue und verrückte.
Du kannst mit den Klängen spielen, verschiedenes ausprobieren.
Du wirst schließlich deine eigene Musik erfinden und in einem kleinen Konzert sogar aufführen. Wenn du neugierig geworden bist und Lust und Zeit hast, dann melde dich – möglichst schnell – bei uns an.

Gefördert von der PwC-Stiftung für Jugend und Kultur

Zielsetzung

Die im Beethoven-Haus gemachte Erfahrung, dass Kinder (und auch Erwachsene) sich kaum vorstellen können, dass Musik im Innern (im Kopf, im Herzen, im inneren Ohr...) eines tauben Komponisten entstehen kann, wenn der „Musikspeicher" bereits vorher gefüllt werden konnte, gab den Anstoß, Kinder kreative musikalische Prozesse einmal selbst erleben und umsetzen zu lassen, also Musik zu erfinden, zu „komponieren".

Wichtige Elemente des Projekts sind: • zeitlich kompakt, also an aufeinander folgenden Tagen, damit die kreativen Prozesse in Gang kommen können • Arbeit in kleinen Gruppen, wodurch Individualität und Ensemblearbeit gleichermaßen gefördert werden • Beginn mit einem Hörparcours (kurze Ausschnitte aus Musikstücken verschiedener Herkunft, auch Geräusche) um den „Musik-Erfahrungsspeicher" zu füllen und differenziert hören zu lernen • Abschluss mit einem Konzert, in dem die Kinder ihre „Kompositionen" selbst aufführen; stärkt die verantwortungsvolle Teamarbeit und das Selbstvertrauen • die Kurse werden von einem Profi (= Komponisten) und einem/r musikalischen Assistenten/in (Student Grundschulpädagogik Musik) durchgeführt.

Verlauf

Als Erstes durchlaufen die Kinder in möglichst kleinen Gruppen einen **Hörparcours**, also verschiedene Stationen in verschiedenen Räumen, an denen sie kurze Musikausschnitte hören. Sie tauschen sich darüber aus und versuchen, das Gehörte graphisch festzuhalten (ihre eigene Notenschrift für die spätere Komposition). In der darauf folgenden Phase des **Experimentierens** versuchen die Kinder bestimmte Klangsituationen auf „echten" oder unkonventionellen Instrumenten zu erzeugen. Im dritten Schritt, beim **Erfinden**, überlegen sich kleine Teams je eine Geschichte, die mit den eigenen Klängen erzählt werden soll. Dabei können auch die Parcours-Klänge über einen Sampler genutzt werden. Der klangliche Verlauf der Geschichte wird graphisch festgehalten und dient als Partitur. Im letzten Schritt werden die Stücke geprobt und in einem kleinen **Konzert** vorgeführt. Dabei wird jedes Stück zweimal gespielt um klar zu machen, dass es nicht improvisiert, sondern organisiert und notiert ist.

Weitere Kurse fanden zwischen 2006 und 2008 an Grundschulen in Bonn und Umgebung statt.

Text: MGD; Konzeption: MGD und David Graham
Durchführung: David Graham, Elena Mendoza-Lopez und Assistentinnen

Kommt mit Beethoven zu Minka nach Russland!

Einladung
zum Sing- und Tanz-Nachmittag für Kinder ab 8 Jahren
Sonntag, 16. September 2006, 15-18 Uhr

In Wirklichkeit war Beethoven nie in Russland. Aber er hatte einige russische Freunde, und über diese kannte er viele russische Volkslieder.
Die „schöne Minka" scheint es ihm besonders angetan zu haben. Für ihr Lied hat er sogar zwei Mal eine Instrumentalbegleitung geschrieben. Aber auch andere Lieder haben ihm so gut gefallen, dass er dazu Musik für Klavier, Geige und Cello geschrieben hat. Und zwei russische Volkslieder findet man sogar in zwei seiner großen Streichquartette.
Diese Lieder wurden früher und werden auch heute noch von Kindern und Familien in Russland gesungen. Und sie klingen zusammen mit der Musik, die Beethoven dazu geschrieben hat, ganz besonders schön.
Einige dieser Lieder wollen wir mit euch, mit Musikern und mit der russischen Chorleiterin Irina Brochin gemeinsam singen. Aber die russischen Familien haben nicht nur gesungen. Sie haben getanzt und hatten ihre Spiele und Bräuche. Auch davon sollt ihr erfahren, vielleicht das eine oder andere selbst ausprobieren und einen bunten russischen Nachmittag mit uns im Beethoven-Haus verbringen.

Zum Thema

Der russische Graf Andreas Rasumofsky, russischer Botschafter am Wiener Hof, zählte zu Beethovens adeligen Freunden und Förderern. Auf ihn ging der Auftrag an Beethoven zurück, drei Streichquartette zu schreiben. Und er war es höchstwahrscheinlich auch, der Beethoven auf die Liedersammlung von Iwan Pratsch aufmerksam machte, der Beethoven Liedthemen für die Auftrags-Quartette entnahm. Im Zuge seiner Arbeiten für den schottischen Volksliedsammler George Thomson (siehe S. 61) erweiterte Beethoven seine Bearbeitung von Volksliedern auch auf Lieder anderer Völker und schrieb unter anderem für einige russische Volkslieder Klaviertrio-Begleitungen. Auch hierzu diente ihm die Liedersammlung von Pratsch.

Zielsetzung

Das Länder-Motto des Beethovenfestes 2006, Russland, bietet einen willkommenen Anlass, Kindern einmal eine ganz andere musikalische Seite Beethovens zu zeigen. Dass Beethoven sich nämlich intensiv mit Volksliedern verschiedener Völker befasst hat und für viele Lieder eine feine, kammermusikalische Umrahmung und Begleitung für Klaviertrio geschrieben hat, ist wenig bekannt. Auch soll dieser Nachmittag den Kindern bewusst machen, dass in vielen Ländern noch heute eine lebendige Volksmusiktradition gepflegt wird, denn viele der von Beethoven bearbeiteten Lieder werden auch heute noch in ihren Ländern gesungen. Zum Singen – und Tanzen – soll der Nachmittag also einladen und damit den Kindern eine ganz neue, musikalische (von Beethoven begleitete) Welt öffnen.

Verlauf

Begrüßt werden die Teilnehmer mit einem „Seid-willkommen"-Text auf das russische Volkslied „Singt der goldenen Sonne ein Lied", das sich in der Sammlung russischer Volkslieder von Iwan Pratsch findet. Nachdem die Kinder erfahren haben, in welcher Beziehung Beethoven zu Russland stand, werden sie von der Chorleiterin Irina Brochin eingesungen, um dann das zu Anfang gehörte Lied mit dem richtigen (deutschen) Text anzustimmen. Danach ist es nicht schwer, die Lied-Melodie in dem eingespielten Musikausschnitt aus dem 3. Satz aus Beethovens Streichquartett op. 59 Nr. 2 wieder zu erkennen. Während Beethoven dieses Lied in seinem Streichquartett nur kurz zitiert, stehen nun vier russische, für Kinder singbare Lieder auf dem Programm, für die Beethoven eine Bearbeitung für

Klaviertrio mit Singstimme geschrieben hat. Irina Brochin führt kurz in die Thematiken und Stimmungen russischer Volkslieder, speziell auch der ausgewählten Lieder ein, und dann werden die Lieder „Schöne Minka, ich muss leiden" (WoO 158 Nr. 16; als ukrainisches Lied nicht in der Pratsch-Sammlung enthalten), „Uns're lieben Mädchen gingen" (WoO 158 Nr. 15), „In dem Wald, dem grünen Walde" (WoO 158 Nr. 13) und „Ach, ihr Bächlein kühlen Wassers" (WoO 158 Nr. 14) jeweils gehört, eingeübt und mit der Klaviertrio-Umrahmung und -begleitung chorisch gesungen. Jedes der vier gelernten Lieder wird schnell zum Ohrwurm, und doch entwickeln sich unterschiedliche Vorlieben. Jeder Teilnehmer soll nun sein Lieblingslied auf einem Zettel notieren.

Während anschließend zu zwei Liedern mit der bulgarischen Ballettmeisterin Iskra Zankova russische Gruppentänze einstudiert werden, findet die Auszählung der Lieblingslieder statt.

Für die letzte Viertelstunde des Nachmittags sind die Eltern zu einer kleinen Aufführung in den Kammermusiksaal geladen. Sie hören und sehen die gelernten Lieder und Tänze, und – als Überraschung für alle – erklingen zudem noch Beethovens Variationen über das Lied „Schöne Minka" für Flöte und Klavier (op. 107 Nr. 7). Schließlich singt der Teilnehmer-Chor als Zugabe noch die beiden Lieblingslieder: „Schöne Minka" und „Ach, ihr Bächlein"(s. W 2.1.4).

Sehr deutlich wird an diesem Nachmittag der überwiegend melancholische Charakter russischer Volkslieder. Das melancholischste der vier Lieder, „Ach, ihr Bächlein", gehört zu den Lieblingsliedern und hat eine junge Teilnehmerin sogar zu Tränen gerührt...

Konzeption und Text: MGD
Durchführung zusammen mit Irina Brochin, Iskra Zankova und jungen Musikern

Mit dem Herzen komponiert - mit dem Herzen gehört

Einladung

zu Museumsnachmittagen (2 1/2 Stunden)
anlässlich der Sonderaustellung „Von Herzen – Möge es wieder – Zu Herzen gehen!"
Beethovens Missa solemnis
(vom 8. September bis zum 13. Dezember 2006)

Kennt ihr das berühmte Beethoven-Portrait – das mit dem roten Schal – und habt ihr es schon einmal genau betrachtet? Beethoven hält ein Notenheft in der Hand mit der Aufschrift: MISSA SOLEMNIS. Was das bedeuten soll, wollt ihr wissen? Die Antwort erhaltet ihr bei einem bunten Museumsnachmittag im Beethoven-Haus, bei dem dieses und andere musikalische Geheimnisse gelüftet werden sollen.

Zum Thema

„Aufhänger" für unseren Museumsnachmittag war Joseph Karl Stielers berühmtes Beethoven-Portrait von 1820. „Aus welchem Ton geht Ihre Messe - ich möchte blos auf das Blatt schreiben: Messe aus..." so kann man in einem Konversationsheft vom 10. April des Jahres 1820 die Frage Stielers an Beethoven nachlesen. „Missa solemnis aus D" antwortet Beethoven, und so steht es auch auf dem Notenheft, in das Beethoven auf dem bekannten Bild gerade schreibt. Das Ehepaar Franz und Antonie Brentano aus Frankfurt, mit dem Beethoven seit etwa 1810 befreundet war, hatte das Bild bei Stieler bestellt.
Im Februar 1819 erfuhr Beethoven von der Ernennung seines Schülers und Patrons Erzherzog Rudolf von Österreich zum Erzbischof von Olmütz. Zum feierlichen Hochamt sollte Beethoven eine Messe komponieren. Das Autograph der Messe hat Beethoven mit dem Motto überschrieben: „von Herzen – Möge es wieder – Zu Herzen gehen!"
In der Sonderausstellung wurden Skizzenhefte mit den frühesten Skizzen zur Missa gezeigt, Abschriften und deren Verbreitung, die jüngst vom Beethoven-Haus erworbene Stichvorlage und eine Reproduktion des Anschlagzettels von Beethovens Akademie im Kärntnertortheater. Dort erklangen am 7. Mai 1824 u.a. Teile aus der Missa sowie die 9. Sinfonie zum ersten Mal. Die Messe wurde erst 1824 in St. Petersburg uraufgeführt, da sie zum Hochamt nicht rechtzeitig fertig wurde.

Zielsetzung

Neben der Vermittlung von Beethovens Leben und Werk sollen einige Begriffe, die im Zusammenhang mit seinem Schaffen immer wieder auftauchen, erläutert werden: z.B. Stichvorlage, Autograph, Partitur, Skizze, Stimmen, Messe, Klavierauszug...
Wir wollen den Kindern vermitteln, dass Beethoven bei keinem anderen Werk so mit sich gerungen hat, und seine Skizzen immer wieder verworfen hat, wie bei der Missa. Außerdem soll anhand des Konversationsheftes bei den Kindern ein Bewusstsein für Beethovens Schwerhörigkeit/ Taubheit geschaffen werden.

Verlauf

Im Garten des Beethoven-Hauses haben wir eine Wäscheleine aufgehängt. Die Kinder ziehen nun nacheinander bunte Papierkarten, auf denen jeweils ein Buchstabe geschrieben steht. Zusammengesetzt ergeben sie die Worte „Missa solemnis". Mit Wäscheklammern werden nun die Buchstaben aufgehängt.

Dieses schwierige Wort übersetzen wir mit „feierlicher Messe" – das klingt für die Kinder schon nicht mehr ganz so fremd.

Was ist eine Messe?
Beim gemeinsamen Durchblättern des Klavierauszugs finden die Kinder heraus, wie die einzelnen Messeteile heißen: Kyrie, Gloria, Credo, Sanctus (mit Benedictus) und Agnus Dei.

Wir erläutern, aus welcher Sprache diese Begriffe kommen, was sie bedeuten und bei welchen Anlässen Messen in der Kirche aufgeführt werden.

In der Ausstellung sehen wir auf einem Bild (ein Stich von Knut Ekwall) Musiker während der Aufführung von Beethovens Missa. Der große Chor steht rechts und links vom Orchester, der Geiger (Joseph Joachim(?)) steht als Solist rechts vom Dirigenten – anscheinend befindet sich der Betrachter mitten im Benedictus, in welchem das überirdisch schöne Violinsolo zu hören ist. Wir hören uns dieses Violinsolo an.

Knut Ekwall (1843-1912), Beethovenfest Bonn 1871
Ferdinand Hiller dirigiert Beethovens Missa solemnis (Beethoven-Haus Bonn)

Beim Rundgang durch das Museum sehen wir unter anderem eine Karikatur von Beethoven, auf der er einen Mantel mit großen Taschen für sein Skizzenheft trägt. Wir erklären, was eine Skizze ist, und sehen in der Ausstellung auch ein Skizzenheft, das uns zeigt, wie er darin gearbeitet und Einfälle immer wieder verworfen hat.

Eine Seite seines Konversationsheftes zeigt den Kindern, wie der taube Beethoven kommunizieren konnte. Beim Lesen des Konversationsheftes stellt sich ein Gefühl der Unmittelbarkeit ein, da die Einträge Beethovens ganz normales Leben zeigen: das alltägliche Musikleben in Wien, Ärger mit den Dienstboten, auch von anderen Komponisten ist die Rede, aber auch Sorgen, Klatsch, kleine Boshaftigkeiten und Humorvolles sind zu lesen.

Selbstverständlich kennen alle Kinder das berühmte „Bild mit dem roten Schal" (s. W 1.4.1), das wir einmal genauer betrachten. Das Bild stellt Beethoven im Augenblick der Inspiration dar. Er schaut am Betrachter vorbei – voll konzentriert und gleichzeitig entrückt. Er trägt einen blauen Hausmantel, ein locker gebundenes rotes Halstuch, die Haare sind nicht frisiert. In der Hand hält er einen Stift, und scheint gerade am Credo seiner Messe zu schreiben, was man auf dem Bild erkennen kann. Im Hintergrund des Bildes führt der Blick in eine Waldlandschaft. Die Missa erscheint als wahrhaftige Schöpfung, die von der Natur inspiriert ist und ihr sozusagen gleichgesetzt ist.

Beethoven konnte seine Musik zur Messe nie hören – er hatte sie in seiner Vorstellung „mit dem Herzen komponiert und mit dem Herzen gehört".

Im Kreativteil fabrizieren wir ein eigenes Skizzenbuch aus Notenpapier mit Fadenheftung. Und wir singen an dem Nachmittag Teile aus einer Kindermesse sowie den Anfang des Credos aus der Missa solemnis.

Text: GSS
Konzept und Durchführung: CK, S.SF, GSS, UVB

Für Kindergarten- und Vorschulkinder: Beethoven entdecken

Seit 2006 haben wir unser Angebot erweitert auf Kindergarten- und Vorschulkinder ab 4 Jahren. Eine Altersklasse, der häufig das Vorurteil anhaftet, dass „man mit denen ja im Museum noch gar nichts machen kann". Die Erfahrungen bei Führungen hatten aber gezeigt, dass das Gegenteil der Fall ist und uns gereizt, mit diesen wissbegierigen und aufgeschlossenen Museumsbesuchern, die voller Ideen stecken, das Thema Beethoven weiterführend zu entdecken. Bei der Planung waren vor allem folgende altersspezifische Aspekte zu berücksichtigen: noch keine oder nur geringe Lesekompetenz, Dauer der Konzentrationsfähigkeit und die Tendenz, alles in der Gruppe machen zu wollen. Der museumspädagogische Ansatz sollte daher noch mehr als bei den älteren Kindern spielerische, haptische, visuelle und auditive Elemente enthalten.

> **Einladung**
>
> zu Museumsnachmittagen für Kindergarten- und Vorschulkinder ab 4 Jahren
> (2 1/2 Stunden)
>
> Beim Museumsnachmittag „Beethoven entdecken" erkunden kleine Beethovenfreunde gemeinsam das Museum. Viele Fragen geben Rätsel auf: Gab es zwei Ludwig van Beethoven? Und was genau haben sie eigentlich gemacht? Was ist ein Maskenball und in welchem Schloss fand er statt? Wie heißen die Instrumente im Museum und wie klingen sie? Kann man Musik erfinden, wenn man taub ist und wie könnte das funktionieren? Nachdem diese und andere Fragen geklärt sind, wird eine tolle Augenmaske angefertigt. Außerdem geht es natürlich um Beethovens Musik, und kleine Sänger kommen auch zum Zuge.

Zielsetzung

„Beethoven entdecken" ist das Motto des Museumsnachmittages. Spielerisch möchten wir die Kinder im Sinne eines Themeneinstiegs an Ludwig van Beethoven und „sein" Museum heranführen. Wichtig ist uns hierbei, dass sie etwas über sein Leben und seine Zeit erfahren und Musik von ihm kennen lernen. Nicht zuletzt geht es auch darum, die Freude an Musik zu vermitteln und Museum als etwas Schönes erfahrbar zu machen.

Verlauf

Zu Beginn steht nach der Begrüßung der Kinder ein kleines Gespräch: „Wer war schon einmal in einem Museum und was gab es dort zu sehen? Warum ist dieses Haus hier ein Museum? Der berühmte Musik-Erfinder Ludwig van Beethoven wurde hier geboren. Lebt er noch oder ist er schon tot? Kennt jemand schon Musik von ihm? Wer weiß, wie man sich in einem Museum verhält? Nichts anfassen! Warum? Weil die Sachen so wertvoll sind". Dieses Gespräch hilft den Kindern über die erste Fremdheit hinweg und verschafft uns einen Eindruck von ihnen und ihrem Wissensstand. Nachdem wir das Haus von außen angeschaut und überlegt haben, ob es groß oder klein ist, ob es früher ein Haus von armen oder von reichen Leuten war, und wir geraten haben, hinter welchem Fenster das Zimmer ist, in dem Beethoven geboren wurde, gehen wir ins Museum.

Den Weg durch die Ausstellung finden wir mit Hilfe des „Sachensucherkorbes" (s. W 1.1.1). Schön verpackte Gegenstände, die von den Kindern ausgepackt werden, führen uns zu den Exponaten, die von Beethoven und seinem Leben erzählen. In einem Holzkästchen verbirgt sich zum Beispiel ein Spielzeug-Plastikeimer, den die Gruppe schnell auf dem Guckkastenbild des Bonner Schlossbrandes 1777 ausmacht. Sie erfahren, dass Beethoven damals als Sechsjähriger sicherlich bei den Löscharbeiten dabei war. Der Miniatur-Holztisch, verpackt in einer hübschen Teedose, führt die

Kinder zu Beethovens besten Freunden: der Familie von Breuning. Der kleine Tisch sieht genauso aus, wie der auf dem Schattenriss „Teestunde bei Familie von Breuning". Durch die Verbindung der Exponate mit einem kindgerechten Gegenstand können die inhaltlichen Informationen leichter aufgenommen werden und in Erinnerung bleiben. Während des Rundganges lernen die Kinder auch Beethovens Instrumente (Bratsche, Orgel, Flügel, Streichquartett) und ihren Klang kennen; Orgelpfeifen werden der Größe nach sortiert und ihre Öffnungen geben das Geheimnis der Orgel preis: sie benötigt Luft, um zu erklingen. Und an dem alten Orgelspieltisch hat Beethoven schon als zehnjähriger Junge gespielt. In einer weiteren Dose aus dem Sachensucher-Korb kommt ein roter Schal zum Vorschein. Zu welchem Bild der wohl gehört? Auch die berühmte Beethoven-Darstellung von Joseph Karl Stieler wird rasch gefunden. Wir sprechen mit den Kindern über Schwerhörigkeit und Taubheit; beeindruckt und entsprechend zaghaft probieren die Kinder dann Beethovens Hörrohre aus. Und sie funktionieren tatsächlich! Eine kleine Schublade aus unserem Korb wird schnell als Hinweis auf Beethovens schönen Schreibtisch verstanden. Und der Zylinder, der fünfjährigen Jungen umwerfend gut steht, ist auf dem Aquarell von Beethovens Leichenzug zu finden. Nach einem Blick ins Geburtszimmer geht es dann in den Werkraum.

Spielerisch werden dort die im Museum erworbenen Kenntnisse aufgegriffen, so dass sie sich besser einprägen können. Ein kleines Instrumenten-Rätsel macht den Anfang (s. W 3.1). Die Kinder erhalten ein Rätselblatt und Abbildungen der Instrumente von Beethoven, die sie im Museum bereits gesehen und gehört haben. Jeweils ein Instrument wird auf CD angespielt und die Kinder suchen das Bild mit dem passenden Instrument, um es in ihr Rätselblatt einzukleben.

Und das Werkeln kommt auch nicht zu kurz: Jedes Kind baut eine kleine Guckkasten-Bühne mit beweglichen Figuren (s. W 1.2.2). Dargestellt wird eine Szene, die für die Kinder bereits aus dem Museum bekannt ist: der Brand des Bonner Schlosses 1777.

Zum Abschluss gehen wir in den Kammermusiksaal. Dort lernen die Kinder zwei Kanons von Beethoven kennen: „Bester Herr Graf" und „Esel, aller Esel" (s. W 2.1.1). Beethoven hat sie für seine beiden Freunde Fürst Lichnowsky und Ignaz Schuppanzigh geschrieben, die er mit den frechen Texten ein wenig necken wollte. Wir singen diese einfachen und lustigen Texte erst als normales Lied, das dann zum Kanon weiterentwickelt werden kann. Aufwärmübungen stimmen auf das Singen ein und geben gleichzeitig den Kindern die Gelegenheit sich zu bewegen. Auch das Singen im Kreis wird mit spielerischen Elementen verbunden: dem Takt entsprechend nach links, dann wieder nach rechts, in die Mitte des Kreises, wieder nach außen, einmal leise und einmal ganz laut singen und dann alles miteinander kombiniert. Danach probieren wir das Singen im Kanon und wenn es noch nicht so richtig gelingt, ist das gar nicht schlimm.

Ohne dass wir die Kinder dazu anhalten, werden am Ende des Nachmittages regelmäßig die im Museumsshop bereits wartenden Eltern zur allgemeinen Erheiterung mit einem lautstarken „Bester Herr Graf, sie sind ein Schaf" begrüßt.

Konzept und Text: S.SF
Durchführung: S.SF und UVB

Denken und Malen
... rund um Beethoven-Denkmäler von Bonn bis Shanghai

Einladung

zu Museumsnachmittagen (2 1/2 Stunden)
anlässlich der Sonderaustellung „Von Bonn bis Shanghai.
Die schönsten Beethoven-Denkmäler des 19. und 20. Jahrhunderts"
(vom 15. Dezember 2006 bis zum 20. Mai 2007)

In Bonn gibt es mehrere Beethoven-Denkmäler. Aber was ist ein Denkmal eigentlich? Hat es etwas mit denken und malen zu tun? Ist es vielleicht eine Aufforderung mal nachzudenken? Oder erst zu denken und dann zu malen? Oder hat es am Ende weder mit dem einen noch dem anderen zu tun? In unserer neuen Sonderausstellung sind ganz viele Beethoven-Denkmäler aus allen möglichen Städten versammelt. Vielleicht geben sie ja Antwort auf diese Frage. Und dann kann jedes Kind ein klitzekleines Denkmal für seinen Beethoven bauen. Zum Abschluss des Museumsnachmittags werden die neuen Denkmäler mit Musik – natürlich von Beethoven – eingeweiht.

Zum Thema

Der Wunsch, durch Denkmäler an herausragende Persönlichkeiten, Ereignisse und Leistungen zu erinnern, ist so alt wie die Kultur. Seit dem 19. Jahrhundert nahm das Bedürfnis zu, Persönlichkeiten aus Politik, Kunst und Wissenschaft durch Monumente zu ehren. Während in früheren Jahrhunderten meist Staatsmännern und Monarchen durch die Aufstellung von Denkmälern gehuldigt worden war, waren es nun immer häufiger Dichter, bildende Künstler, Musiker und Wissenschaftler, die auf diese Weise geehrt werden. Schon kurz nach Beethovens Tod (bis in die Gegenwart hinein) begannen bildende Künstler, dem berühmten Komponisten Denkmäler zu errichten mit Büsten, ganzfigurigen Plastiken und großen Anlagen.
Die Ausstellung zeigte eine Auswahl von Darstellungen der wichtigsten Beethoven-Denkmäler aus aller Welt. Sehr eindrücklich wurde hier die Vielfalt der Formen und Ansätze präsentiert, die Künstler entwickelten, um an Ludwig van Beethoven und seine Musik zu erinnern.

Zielsetzung

Die Kinder sollen die Absicht, die Funktion, eines Denkmals erkennen. Sie werden dabei die verschiedenen Materialien und Gestaltungsweisen der Denkmäler unterscheiden lernen. Sie erkennen so die weltweite Bedeutung von Beethovens Musik, ihre ungebrochene Ausstrahlung und Verbreitung. Und sie sollen den Glücksfall schätzen, dass sie hier in Bonn das Geburtshaus des Komponisten besuchen können.

Typische Gesten, Haltungen einer allgemein bekannten Person oder ihre eigenen sollen sie zum Ausdruck bringen, wenn sie selbst auf einem Sockel stehen. Sie werden ihr persönliches Beethoven-Denkmal basteln und es mit Musik einweihen. Und vielleicht finden wir gemeinsam sogar die Antwort auf unsere Einladungsfrage: zuerst denken, dann malen (gestalten) oder einfach „mal" nachdenken über Beethoven-Denkmäler?

Verlauf

Im Werkraum erfolgt die Einstimmung auf das Thema „Denkmal" mit der Frage: „Welche Denkmäler sind euch bekannt? Kennt ihr vielleicht sogar eines in Bonn?" Einige Beethoven-Denkmäler in Bonn sind ihnen bekannt: im Museum, Museumsgarten, auf dem Münsterplatz, vor der Beethovenhalle, in der Rheinaue ... Auch Denkmäler anderer Personen (z.B. auf Friedhöfen) werden genannt.

Um unser eigenes Beethoven-Denkmal zu errichten, brauchen wir natürlich ausreichend Informationen zu Leben und Werk Beethovens. Deshalb beginnen wir mit dem Rundgang durchs Museum.

Das Urteil der Kinder über die beiden Denkmäler von Naoum Aronson und Max Klinger in unserem Garten steht sofort fest. Der „in Gedanken verlorene, in sich versunkene, von den Mitmenschen isolierte Beethoven" von Aronson gefällt ihnen. Die Vorstudie von Klinger irritiert sie (wegen des nackten Körpers).

In den beiden Sonderausstellungsräumen betrachten wir dann (weiterhin kritisch) die ausgestellten Denkmäler unter folgenden Fragestellungen: Wie wird Beethoven dargestellt? Was könnten typische Posen für ihn sein, an denen jeder ihn erkennen kann? Was erscheint euch besonders geeignet, um etwas über Beethoven zu erfahren bzw. ihn darzustellen, zu charakterisieren?

Wir beginnen in Raum 7 mit Denkmälern aus Deutschland und Österreich. Bei der Betrachtung kristallisiert sich schnell heraus, wie unterschiedlich Beethoven gesehen wird:

Mythos Beethoven:

unsterbliches Genie, antiker Gott, durch Stufen (Thron) vom Betrachter entrückt, abgewendet, in Wolken gehüllt.

Menschliche Darstellung Beethovens:

komponierend, sinnend, normale Kleidung, als Karikatur verfremdet.

Das Denkmal auf dem Bonner Münsterplatz von Julius Hähnel kennen die Kinder, und wir informieren sie nun über Einzelheiten der Entstehung. Die Entrüstung der illustren Gäste, als das Denkmal ihnen unhöflich die Rückenpartie zeigt, mildert Alexander von Humboldt durch seine Bemerkung, dass Beethoven schon immer ein grober Kerl gewesen sei! Die Anekdote ruft viel Gelächter bei den Kindern hervor und bringt Beethoven etwas „auf die Erde zurück". Sie erzählen ihrerseits nun von den Tauben auf dem Münsterplatz, die auf dem Kopf des Komponisten landen ...

Als nächstes Denkmal wird das Modell des „Beethon" von Klaus Kammerichs vor der Beethovenhalle in seiner unterschiedlichen Wirkung aus Ferne und Nähe betrachtet.

In Raum 12 notieren die Kinder auf einem Blatt die weiteren Länder, in denen Beethoven durch Denkmäler verehrt wird. Ungarn, Tschechien, Japan, Shanghai. Das Erstaunen über die fernen Länder ist nicht groß, denn die Besucher um uns herum sind Beethoven-Verehrer aus der ganzen Welt. Da nimmt es auch nicht Wunder, dass 1977 die amerikanischen Weltraumfähren Voyager 1 und 2, die Auszüge von Musik verschiedener Kulturen auf einer vergoldeten Kupferschallplatte mit ins All genommen haben, von Beethoven den 1. Satz der 5. Sinfonie und die Cavatina aus dem Streichquartett op. 130 dorthin geschickt haben.

Abschließend diskutieren wir intensiv über einige Darstellungen, in denen die Kinder Beethoven gar nicht wieder erkennen. Dabei kommt die persönliche Freiheit des jeweiligen Künstlers zur Sprache. Den meisten Kindern gefällt z.B. das Bild von Joseph Karl Stieler besser als das von Andy Warhol.

Jetzt wollen wir im Vortragssaal ausprobieren, wie man sich als Denkmal „fühlt". Auf einem Podest stellen wir Personen in Denkmal-Pose vor: z.B. Musiker, Sportler, uns selbst und auch Beethoven (mit Hörrohr).

Im Werkraum wagen wir uns an unser eigenes Beethoven-Denkmal. Aus Papier-Küchenrollen, ausgeschnittenen Bildern, Noten, Hörrohren und selbst Gemaltem bauen wir eine kleine „Litfasssäule". Gekrönt wird dieses Denkmal durch kleine, zu Bruch gegangene, unverkäufliche Souvenirs aus dem Shop (Geigenhälse, abgebrochene Stifte ...).

Und eingeweiht werden unsere Denkmäler natürlich auch: wir singen gemeinsam die „Ode an die Freude". Stolz tragen alle Kinder ihr persönliches Denkmal nach Hause.

Text: CK; Konzept und Durchführung: CK, S.SF, GSS, UVB

Ludwigs englische Liederreise

Einladung

zum Sing- und Tanz-Nachmittag für Kinder ab 8 Jahren
26. August 2007, 15-18 Uhr

Wusstet ihr, dass Beethoven auch zu Liedern mit englischen Texten Musik geschrieben hat? Ein schottischer Freund hat sie ihm geschickt, damit er für sie eine ganz besondere Begleitung komponiert. Das hat Beethoven für mehr als 100 solcher Lieder getan. Es waren Lieder, von denen viele noch heute gesungen werden: in den Pubs und Familien in England, Schottland oder Irland. Allerdings werden sie dort nicht vom Klavier oder anderen klassischen Instrumenten begleitet, sondern von Volksinstrumenten wie der keltischen Harfe, der Fiddle oder dem irischen Dudelsack. Einige dieser Instrumente sollt auch ihr an diesem Nachmittag kennen lernen, und natürlich einige der britischen Lieder, die Beethoven bearbeitet hat. Ihr werdet sehen, dass diese Lieder, wenn ihr sie zu den Volksinstrumenten singt, ganz anders klingen als zu Beethovens Klaviertrio-Begleitung. In den Pubs und Familien hat man zu den Liedern auch gerne getanzt. Habt ihr Lust, das selbst auszuprobieren? Dann seid ihr herzlich zu einer kleinen Lieder-Reise auf die britischen Inseln eingeladen. Mal sehen, welches Lieblingslied ihr am Ende als Ohrwurm mit nach Hause nehmt.

Zum Thema

Der schottische Volksliedsammler George Thomson wollte die Lieder seiner Heimat vor dem Vergessen bewahren und regte namhafte Komponisten seiner Zeit dazu an, diese Melodien für die damals beliebte Besetzung Violine, Cello und Klavier (= Klaviertrio) zu verarbeiten. Auch Beethoven nahm diese gut bezahlten Aufträge an und schrieb im Laufe von etwa 10 Jahren instrumentale Einleitungen und Begleitungen für Klaviertrio zu rund 150 irischen, walisischen und schottischen Liedern. Entstanden sind kleine, fein gearbeitete Kammermusiken, einige davon auch für zwei oder drei Singstimmen, deren Komplexität einen großen Absatz erschwerten und Thomson immer wieder dazu veranlassten, Beethoven um größere Einfachheit zu bitten – bis Beethoven seinerseits das Auftrags-Verhältnis beendete.

Zielsetzung

Das Länder-Motto des Beethovenfestes 2007, England, bietet den Anlass und Rahmen, auf ein weniger bekanntes musikalisches Betätigungsfeld Beethovens hinzuweisen: seine Bearbeitungen von britischen Volksliedern. Solche Lieder selbst zu singen oder zu tanzen ist die naheliegende Möglichkeit, die Kinder aktiv an die Thematik heranzuführen. Zusätzlich bietet die britische Ausrichtung die Gelegenheit, den Teilnehmern zu vermitteln, auf welche Art, mit welchem typischen Instrumentarium diese Lieder (tunes) damals wie heute gesungen wurden/werden. Der klangliche Kontrast zwischen der klassischen Klaviertriobesetzung Beethovens und der freieren Begleitung der gleichen Lieder mit Folk-Instrumenten führt gleichzeitig die beiden Welten „Kunstmusik" und „Volksmusik" deutlich vor Ohren.

Für den Nachmittag konnte der Folk-Musiker Thomas Kannmacher mit zwei Mitspielerinnen gewonnen werden. Dadurch ist man nicht allein auf die Originaltonart der Beethovenschen Lied-Versionen angewiesen, die zum Singen für Kinder teilweise zu hoch sind, sondern die Kinder können, je nach stimmlicher Möglichkeit, entweder auf die Begleitung der Folk-Instrumente oder des Klaviertrios von Beethoven singen.

Aus den zahlreichen von Beethoven berabeiteten britischen Liedern wurden solche Lieder für den Nachmittag ausgewählt, deren musikalische Fraktur für Kinder überschaubar und umsetzbar ist.

Verlauf

Eröffnet wird der Nachmittag mit dem munteren schottischen Lied „Duncan Gray" in der Folk-Version. Nach diesem „Ohrenöffner" lernen die Kinder zunächst das Instrumentarium genauer kennen: die Uilleann pipes (ein irischer Dudelsack), eine keltische Harfe und eine Fiddle (Geige). Nun kann die Melodie von „Duncan Gray" gelernt werden. Gesungen wird sie dann auf den deutschen Text (nach Robert Burns) und zur Folk-Begleitung. Die Beethovensche Version wird der Gruppe anschließend von einem Sänger und dem Klaviertrio vorgespielt. Auch das aparte walisische Lied „The Dairy House", das von einer Molkerei handelt, die von der Feen-Königin Mab beschützt wird, lässt sich besser mit den Folk-Instrumenten singen. Ebenfalls walisisch ist das Lied „Good night". Die Iren singen diese Melodie allerdings auch, mit einem Text über „die rothaarige Molly". Dieses Lied können die Kinder auf die Beethovensche Trio-Version singen. Allerdings nicht mit dem originalen, etwas altertümlichen Gute-Nacht-Text. Da auch Beethoven die Texte der Lieder, die er zur Bearbeitung erhielt, in den seltensten Fällen erfuhr, und da in der Volksmusik sehr häufig eine Melodie mit verschiedenen Texten überliefert wird, ist es legitim, die Melodie von „Good night" mit einem Text zu versehen, der den Kindern vertrauter ist – und natürlich rhythmisch passt. Als solcher scheint der Text des Liedes „Die Blümelein sie schlafen" wie dafür geschaffen. Als nächstes lernen alle zusammen zwei irische Lieder: „Save me from the grave", über die weise Nora Creina, und „The pulse of an Irishman", das auch heute noch am irischen Nationalfeiertag, St. Patricks Day, erklingt. Beide Lieder eignen sich auch gut, um darauf zu tanzen, was an späterer Stelle des Nachmittages auch getan wird.

Um das Lied „Save me" mit Beethovens Begleitung zu singen, wird wieder der kleine Kniff des Textaustauschs angewandt; unter diese Melodie passt Schillers Text „Freude schöner Götterfunken" geradezu ideal.

Den Abschluss unserer Liedergruppe bildet das schottische Lied „Auld lang syne", das auch heute noch in England an Silvester gesungen wird, um den Toten des abgelaufenen Jahres zu gedenken. Bei uns ist es als Pfadpfinderlied „Nehmt Abschied, Brüder, ungewiss ist alle Wiederkehr" bekannt geblieben. Es lässt sich sowohl auf Beethovens Version als auch zur Begleitung der Folk-Instrumente singen.

Zum Ausklang des Nachmittages werden die gelernten Lieder (s. auch W 2.1.3) und die beiden Tänze dem Eltern-Publikum vorgeführt.

Konzeption und Text: MGD
Durchführung zusammen mit Thomas Kannmacher, Iskra Zankova und jungen Musikern

Beethovens Weg zum Bach
Ein kleiner Einblick in große Forschung

Einladung

zum Nachmittag für Musik-Spürnasen ab 12 Jahren
17. März 2007, 15-18 Uhr
anlässlich der Ausstellung „Klingende Denkmäler – Musikwissenschaftliche Gesamtausgaben in Deutschland"
im Kammermusiksaal

In nur fünf Monaten hat Beethoven seine sechste Sinfonie, die so genannte „Pastorale"
geschrieben. Aber bis das Werk so war, wie Beethoven es sich wirklich vorgestellt hatte, verging noch einige Zeit. Noch heute bemühen sich Musikforscher darum, den „richtigen Notentext" des Werkes zu finden. Was hilft ihnen dabei? Und was nützt uns das heute?
Du kannst selbst ein wenig Musikforscher spielen und dabei einige Stolpersteine auf Beethovens Weg zur „Szene am Bach" beseitigen – und unterwegs noch drei musikalischen Überraschungen begegnen.

Zielsetzung

Die Tafelausstellung „Klingende Denkmäler", die über die Tätigkeit von Musikerforschungsstätten in Deutschland informierte, bietet eine gute Möglichkeit, älteren Kindern bzw. Jugendlichen einen Einblick in das zu gewähren, was in der Musikforschung, also auch in der Forschungsabteilung des Beethoven-Hauses gemacht wird. Auf diese Art werden die Teilnehmer an diesem Nachmittag mit verschiedenen Begriffen der Musikforschung vertraut gemacht.

Verlauf

Die 16 Tafeln zu deutschen Komponisten wie Schütz, Bach, Händel, Haydn, Schubert, Schumann etc. werden zu einem Einstiegsspiel genutzt, das gleichzeitig ein wenig in die Musikgeschichte einführt. Zu jedem Komponisten gibt es eine Textkarte, die charakteristische Informationen, die auf den Tafeln leicht zu finden sind, zu der zu erratenden Person aufführt. Zu Beethoven zeigt die Ausstellung u.a. eine Tafel zu seiner 6. Sinfonie (Pastorale). Aus dieser Tafel sollen die Teilnehmer nun alle ihnen nicht bekannten Fremdwörter notieren. Diese Begriffe – Entwurf, Skizze, Autograph, Kopistenabschrift, Stichvorlage, Originalausgabe – werden erläutert, bevor das Autograph (in Form von Faksimile bzw. Fotokopie) genauer unter die Lupe genommen wird. Besonders am Schluss des zweiten Satzes hat Beethoven lange gefeilt, was die diversen Streichungen zeigen. Dennoch lässt sich seine „letzte Fassung" mit Hilfe der Kopistenabschrift aus dem Gewirr herauslesen.
So gerüstet können die Teilnehmer sich an der „Vogelstelle" selbst als Kopisten betätigen. Das Ergebnis können sie dann mit der Originalausgabe vergleichen. Und sie erfahren, dass sich auch nach der Drucklegung noch Korrekturwünsche ergeben können. Zu diesen Aktionen siehe auch das Werkblatt 2.3.4.
Abschließend führt ihnen ein kurzer Film vor, wie Noten damals – und bis vor nicht allzu langer Zeit – gestochen, also in Metallplatten geschlagen und geritzt wurden.

Konzeption, Durchführung und Text: MGD

Stadtstreicher und Ritterfest

Viele Kinder, die ihr Instrument noch nicht sehr lange spielen (oder deren Eltern) hatten sich für die Orchesterworkshops in den Herbstferien (siehe S. 34) interessiert. Da diese Workshops trotz der sehr „reduzierten" Partituren für dieses Spielniveau noch zu anspruchsvoll waren, und da eine junge Geigerin, Aglaja Schwarz, gerade im Beethoven-Haus ihr „Freiwilliges soziales Jahr Kultur" absolvierte, konnten 2007/2008 Musiknachmittage für Streicher-Anfänger angeboten werden. Anhand von Beethoven-Liedern, einigen ausgewählten zweistimmigen Deutschen Tänzen (mit unterstützendem und füllendem Klavier) sowie den vereinfachten Sätzen aus Beethovens Musik zu einem Ritterballett konnten auch junge Streicher (ab 7 Jahren) Musik von Beethoven kennen lernen und spielen und gleichzeitig ihre ersten Erfahrungen im gemeinsamen Musizieren machen. Natürlich wurde auch an diesen Nachmittagen die Pause genutzt, um im Museum den Spuren von Instrumenten und dem Ritterballett zu folgen – oder Kopf-Kronen für die Burgfräulein herzustellen.

Stadtstreicher
Lieder und Stücke von Beethoven für junge Streicher
1. April und 12. Mai 2007, 15-18 Uhr im Kammermusiksaal

Bestimmt kennst du Beethoven und einige seiner Werke. Vielleicht „Freude schöner Götterfunken" oder „Für Elise"? Aber hast du auch schon einmal selbst ein Stück von Beethoven gespielt? Als „Stadtstreicher" hast du die Gelegenheit dazu. Wir treffen uns im Kammermusiksaal des Beethoven-Hauses zum Üben. Aber wir werden auch das Museum, Beethovens Geburtshaus besuchen.

Da Beethovens „Musik zu einem Ritterballett" von der Thematik (Szenen aus dem Ritterleben) und von der musikalischen Fraktur (sehr liedhafte kurze Sätze) gut für kindliches Musizieren geeignet erscheint, sollten nicht nur Kinder, die ein Streichinstrument spielen, sondern auch junge Blockflötisten diese Musik kennen lernen und selbst spielen können (Notenmaterial siehe Werkblatt 2.3.3). Die Musiknachmittage werden mit einer Abschlussaufführung vor den Eltern gekrönt.

Beethovens musikalisches Ritterfest
Ein Musiknachmittag für junge Streicher/für Blockflötenkinder im Grundschulalter
Samstag, 8. März 2008 und 14. Juni 2008, 15-18 Uhr im Kammermusiksaal

Spielst du auch gerne Ritter oder Burgfräulein? Schon zu Beethovens Zeit hat man das gerne getan. Beethoven hat sogar eine Musik dafür geschrieben, eine „Musik zu einem Ritterballett". Einige Stücke daraus sollst du an diesem Nachmittag selber spielen. Die Noten dafür werden dir vorher zugeschickt.

Text: MGD
Konzept und Durchführung: Aglaja Schwarz und MGD

Wer ist Fidelio?

Einladung
zum Ferienworkshop für Teilnehmer von 8 bis 11 Jahren
1. Sommerferienwoche 2007 und 2008, jeweils 10-13 Uhr

Vorhang auf! 5 Vormittage lang lüftet die Welt der Oper ihre Geheimnisse!
Alles dreht sich dabei um Beethovens Oper „Fidelio" und die aufregende Geschichte von Florestan, der unschuldig im Kerker sitzt. Angehende Bühnenbauer und Regisseure bauen ihre eigene kleine Bühne und inszenieren ihre Lieblingsszene. Und keine Oper ohne Gesang!
Mehr wird aber noch nicht verraten...

Zielsetzung

Der Workshop führt mit der Oper Fidelio an eines der berühmtesten Werke Beethovens heran. Die Kinder werden nicht nur mit der Handlung und der Musik der Oper vertraut, sondern erfahren auch etwas über ihren historisch-politischen Hintergrund. Beethovens Lebenssituation zur Zeit der Entstehung des Fidelio sowie seine Arbeitsweise sind weitere Themen des Workshops.

Verlauf

Nach der Begrüßung der Kinder und der Klärung der Fragen „Was ist eine Oper?" „Wer ist schon in einer Oper gewesen?" und „In welcher?" werden bei einem kleinen Rätsel berühmte Opern dem richtigen Komponisten zugeordnet. Beim anschließenden Museumsrundgang steht die Zeit Beethovens in Wien, wo er den Fidelio komponiert hat, im Mittelpunkt. Über eine abgesperrte Treppe (höchst aufregend...) geht es dann auf den sonst nicht zugänglichen Dachboden des Museums. Dort lauschen die Kinder gebannt einer altersgerechten Version der **Fideliogeschichte** – mit Musikeinspielung. Als ein zentrales Element des Workshops steht der Bau einer **Miniaturbühne** (s. W 2.2.2) auf dem Programm, mit der die Kinder zu Hause „ihren Fidelio" aufführen können. Im Werkraum beginnen sie mit der Konstruktion ihres Bühnengebäudes sowie dessen Außengestaltung mit Buntstiften und Kopien von historischen Abbildungen. Musikalisch sollen die Kinder die Fidelio-Charaktere anhand ausgewählter Szenen in mehreren Schritten kennen lernen. Zum Ausklang des ersten Tages singen sie im Kammermusiksaal das Quartett Marzelline, Jaquino, Rocco, Leonore als Strophenlied mit Klavierbegleitung (s. W 2.1.6).

Am zweiten Tag hat der Museumsleiter einige Exponate extra für den Workshop aus dem Tresor geholt, was die Kinder sehr beeindruckt. Groß ist die Überraschung, als sie feststellen, dass es sich um die **Originale der historischen Abbildungen** handelt, die sie am vorherigen Tag in ihrer Bühne verarbeitet haben: die kolorierten Stiche des Theaters an der Wien und des Zuschauerraumes vom Wiener Hofburgtheater sowie den Ankündigungszettel der Uraufführung. Anhand dieser Exponate überlegen wir mit den Kindern, wer zu Beethovens Zeit die Möglichkeit hatte, eine Oper zu besuchen und in welchem Rahmen überhaupt Musik gehört und gespielt wurde. Hier lässt sich gut ein – altersgerechter – Bogen zu den Ideen der Aufklärung und den Idealen der Französischen Revolution schlagen. Außerdem nutzen wir die Gelegenheit, den Kindern etwas von der bewegten Entstehungsgeschichte der Oper Fidelio zu erzählen. Im Werkraum ist mittlerweile der Leim der Bühnenkonstruktion getrocknet. Nun geht es an die Gestaltung des roten Vorhangs.

In der Einheit **„Warum schreien die eigentlich so?"** spielen wir Auszüge aus einigen Gesangsszenen des Fidelio vor. Die Kinder empfinden den Gesang als fremd und bemängeln, dass sie den Text nicht richtig verstehen. Wir sprechen mit ihnen über die einzelnen Stimmlagen und gehen auf die Geschichte der Oper an sich ein. Dann geht es weiter mit eigenem Gesang: Die Kinder singen den ersten Gefangenenchor „O welche Lust... sprecht leise" und sprechen den Text von Florestans Arie „Gott welch Dunkel hier" auf die Musik. Zum Abschluss des Vormittags stellen wir ein weiteres zentrales Element des Workshops vor, das auf große Freude bei den Kindern stößt: eine Aufführung einer Kurzfassung des Fidelios (s. W 2.2.3). Nach der Rollenverteilung erhalten die Kinder ihre Texte und ein erster Lesedurchgang erfolgt.

Der dritte Vormittag beginnt in Anknüpfung an das Gespräch des Vortages mit dem Thema „Freiheit". Auf einem Werkblatt sortieren die Kinder vorgegebene Begriffe und Situationen nach den Kriterien Freiheit/Unfreiheit, und wir sprechen über die Bedeutung der **Freiheit im Fidelio**. Dann geht es weiter im Kammermusiksaal, wo die Kinder von gedämpftem Licht empfangen werden. Sie erhalten schwarze T-Shirts und dürfen sich auf den Boden legen. Das vom Vortag bereits bekannte „Gott, welch Dunkel hier" wirkt in dieser Atmosphäre ungleich eindrucksvoller, genauso wie das Melodram; 15 gesprochene Stellen werden hier auf die Kinder verteilt (s. W 2.2.4). So sind sie schon bestens eingestimmt auf die Fortführung der Proben für die eigene Aufführung - nun schon mit Requisiten. Zum Abschluss wird im Werkraum mit der Gestaltung der fünf Szenenbilder für die Miniaturbühnen begonnen.

Am folgenden Tag steht ein Interview mit einer „echten" **Fidelio-Forscherin** auf dem Programm. Die Kinder bereiten einige Fragen vor. Im Interview zeigen sie sich bereits bestens mit der Oper vertraut. Neben einigen Fragen zur Person, haben sie eine ganze Reihe konkreter inhaltlicher Fragen zur Oper selbst, zu Beethoven sowie zur Arbeit einer Fidelio-Forscherin. Entsprechend großes Interesse zeigen sie an den Erläuterungen über Beethovens Arbeitsweise am Beispiel der Stelle, an der das erlösende, die Ankunft des Ministers ankündigende Trompetensignal erklingt. Dann geht es noch einmal an die Szenenbilder, und die Miniaturbühnen werden fertig. Musikalisch ist heute das Finale an der Reihe. Die Kinder schlendern beim Orchestervorspiel winkend auf die Bühne und beginnen „Heil! Heil sei dem Tag!" zu singen. Und dann heißt es wieder proben.

Höhepunkt des Abschlusstages ist die eigene **Aufführung des „Fidelio"** im Kammermusiksaal vor den Eltern und den Mitarbeitern des Beethoven-Hauses. Thematisch passend, beginnen wir mit einem kleinen Rätsel in dem Abbildungen von berühmten Opernhäusern den richtigen Städten zugeordnet werden müssen. Zur Ablenkung vom allmählich einsetzenden Lampenfieber besuchen die Kinder dann die virtuelle 3D-Inszenierung „Fidelio 21. Jahrhundert", wo sie noch einmal ganz entspannt in die Musik und die Handlung eintauchen können, bevor sie selbst auf die Bühne müssen. Die Generalprobe verläuft mit kleineren Patzern, aber das muss ja bekanntlich so sein, damit die richtige Aufführung gelingt. Und die gelingt! Das Publikum geht bei jeder Szene mit und ist begeistert. Erst Minuten nachdem die Kinder „Heil sei dem Tag" singend und die Trikolore schwenkend, aus dem Saal gezogen sind, hört das Klatschen auf.

Text: S.SF ; Konzept und Durchführung: CK und S.SF
Musikalischer Teil: MGD + GSS; Regie: Nino Müntnich
mit Beteiligung von Kollegen des Beethoven-Hauses

Extrapost!
Beethoven-Haus sucht Nachwuchsredakteure

Einladung

zum Ferienworkshop für Zeitungsmacher ab 12 Jahren
30. Juli-3. August 2007, jeweils 10-13 Uhr

Habt ihr Lust, einmal Zeitungsredakteur zu sein? Einmal selbst zu recherchieren, Interviews zu führen, zu fotografieren, Artikel zu schreiben und in einer Redaktionssitzung zu sitzen?
Eure Ergebnisse werden dann in einer richtigen Zeitung veröffentlicht: im Bonner General-Anzeiger. Dort schaut ihr am Ende der Woche den Profis ein wenig über die Schulter und liefert euer Material ab.
Aber zunächst hat eure Redaktion ihren Sitz im Beethoven-Haus. Reserviert euch also euren Presseausweis und meldet euch an!

Zielsetzung

Mit diesem Workshop sind etwas ältere Kinder angesprochen. Sie sollen Beethoven-relevante Themen in einer für ihre Altersgenossen interessanten Form hinterfragen und transportieren. Ein solcher „Transport" erfolgt idealerweise über einen großen Multiplikator, z.B. eine Tageszeitung. Daher stand eine intensive (geleitete) Recherche in Kleingruppen (Redaktionsteams) und als deren Ziel ein eigenständiges Ergebnis (Artikel) im Vordergrund des Workshops. Über die Artikel sollten wiederum andere jugendliche Leser der Zeitung im Vorfeld eines Musikfestivals (Beethovenfest) erfahren können, dass es durchaus gegenwartsnahe und für die Jugend interessante Aspekte rundum Beethoven gibt.

Verlauf

Vier Themenkomplexe wurden im Vorfeld des Workshops angeboten, aus denen die Jungredakteure sich für das von ihnen an erster und an zweiter Stelle bevorzugte Thema entscheiden sollten, so dass die Zusammensetzung der einzelnen Teams bereits vor dem ersten Workshoptag vorgenommen werden konnte. Es haben sich vier Redaktionsteams (Betreuer in Klammern) gebildet:

Team A: Was trieb Beethoven als Teenager in Bonn? Fährtenlesen (nicht nur) im Blätterwald (MGD)
Team B: „Das ist doch nur was für alte Leute", oder: Wer kommt eigentlich ins Beethoven-Haus? (S.SF)
Team C: Sagen Sie mal Frau Intendatin: Wie cool ist klassische Musik? (GSS)
Team D: Der Meister und die Massen. Beethoven in der Popkultur (als Gast: Johannes Zink)

In der ersten gemeinsamen Redaktionssitzung lernen sich die Redaktionsteams und ihre „Chefs" kennen. Nach einer allgemeinen Einführung in die Grundlagen des Zeitungswesens (unterstützt mit Material von der Initiative „Klasse! Schüler machen Zeitung" des Bonner General-Anzeigers) erhält jeder Jungredakteur einen Presseausweis mit Foto. Jedes Team lernt seine Arbeitsplätze kennen – und die Recherchen können beginnen.

Die Mitglieder des **Redaktionsteams A** erhalten für ihre Recherchen Wegweiser-Karten zu relevanten Exponaten im Museum, zu entsprechend vorbereiteter Literatur in der Bibliothek, Artikeln im Internet (Digitales Archiv und Wikipedia) und zu entsprechenden Klang-Beispielen. Ausschnitte aus dem WDR-Film „Der junge Beethoven" sowie eine Exkursion auf den Spuren von Beethovens Jugend in Bonn lockern die Textrecherchen des Teams auf. Ein besonderes Interesse des Teams fällt auf die freiheitliche Gesinnung des jungen Beethoven, seine Nähe zu Geheimbünden, was bei den jungen Redakteuren eine Assoziation zu dem Bestseller-Roman „Sakrileg" auslöst.

Beethoven als Teenie in Bonn

Der Roman Sakrileg von Dan Brown erzählt von einem Geheimbund, der einen riesigen Skandal in der Geschichte der Kirche allgemein vertuschen wollte. Solche Geheimbünde gab es früher sehr oft. Zur Zeit der französischen Revolution gab es in Bonn den Illuminaten Bund „Minervalkirche Stagira". Sehr aktiv in diesem Bund waren zum Beispiel Christian Gottlob Neefe, Franz Anton Ries, beide Musiklehrer Beethovens, und Johann Peter

Vor den Recherchen wird von **Redaktionsteam B** ein Fragenkatalog erstellt und die Zielgruppen (Museumsführerin, Gästeführerin der Stadt Bonn, Museumsbesucher, Passanten, Gästebuch, Informationsbroschüren) werden bestimmt. Vor dem Interview mit der Museumsführerin findet ein kurzer Gang zu den Bonn-relevanten Exponaten im Museum statt. Zusammengefasst ergeben die Befragungen, dass das Beethoven-Haus im Bewusstsein der Allgemeinheit nicht nur eine große Touristenattraktion ist, sondern auch für junge Leute einiges anzubieten hat.

Cool, dieses Beethoven-Haus

Was kann man eigentlich im Beethoven-Haus machen? Wir haben nachgefragt bei einer Museumsführerin im Beethoven-Haus, einer Stadtführerin und bei Passanten in der Stadt. Im Museum wurde uns berichtet, dass Museumsführungen und der digitale Rundgang nur einige von vielen Aktionen sind, die das Beethoven-Haus zu bieten hat. Auch Kinder und Ju-

Sagen Sie mal, Frau Intendantin...

Ilona Schmiel, die Intendantin des Be

Auch für **Redaktionsteam C** steht das Interview im Mittelpunkt der Recherche. Um auf ein Musikfest wie das Beethovenfest und die Frage, was an klassischer Musik „cool" sei, eingestimmt zu sein, beginnt es für Team C mit konzentriertem und bewusstem Hören von Beethovens Musik. Derart vorbereitet ergeben sich die Fragen, die Jugendliche an die Intendantin stellen wollen, leichter, zum Beispiel: „Sind Sie als Kind gerne in ein klassisches Konzert gegangen? Spielen Sie selbst ein Instrument? Was würden Sie gerne spielen können?" Die Intendantin des Beethovenfestes, Ilona Schmiel, hat sich für das Interview freundlicherweise Zeit genommen und ist ins Beethoven-Haus gekommen.

War Beethoven ein Rockstar?

Redaktionsteam D muss für seine Recherchen sehr unterschiedliche Wege beschreiten. Es sucht und findet Beethoven in gedruckten und verfilmten Comics (Peanuts, Walt Disney, Manga-Video), in mancher Werbung, in vielen Produkten des Museums-Shops (Beethoven-Stäbchen, -Schneekugeln, -Krawatten, -Hampelmänner etc.), und Beethovens Musik in verschiedenen Pop-Versionen sowie im Jazz. Der Bonner Jazzpianist Markus Schinkel stellt sich zu einem kurzen Interview zur Verfügung. Die Auswertung der Recherchen zeigt, dass Popkultur vornehmlich mit Klischees, also in den Köpfen festgesetzten Kurzbildern, arbeitet. Abschließend hat sich beim Redaktionsteam die Meinung gebildet, dass Beethoven aus heutiger Sicht wohl ein Rockstar wäre.

Die meisten Menschen meinen, dass Beethoven eine ernste Angelegenheit ist. Sie meinen, dass man mit ihm keinen Spaß machen sollte. Beethoven ist für sie nichts Lustiges – haben sie damit Recht? Nicht unbedingt. Manchmal wird seine Musik sogar in internationalen Werbungen gebraucht. Ein großes schwedisches Möbelhaus warb einmal mit einem Mann, der ein Regal aufbaut und dazu die „Pastorale" hört. Als es fertig ist, beginnt er, die Platte zu „scratchen", so wie es ein DJ in der Disco macht. Es

Nach den intensiven Einzelrecherchen findet am Ende des zweiten Workshop-Vormittages in einer gemeinsamen Redaktionssitzung ein gegenseitiger Austausch über die bisher gewonnenen Erkenntnisse der vier Redaktionsteams statt. Der dritte Workshop-Vormittag ist mit der Ausarbeitung der Artikel am PC sowie dem Besuch der digitalen Bühne (Fidelio 3D) gefüllt.

Der vierte Workshop-Vormittag ist zunächst dem vergnüglichen Aspekt der Zeitungs-Karikatur gewidmet. **Beethoven-Karikaturen** sowie **Zeitungs-Karikaturen** musikalischen Inhalts stimmen in die Thematik ein. Dann stößt als Gast der Karikaturist des Bonner General-Anzeigers, Burkhard Mohr, hinzu. Er beantwortet Fragen zu seiner Tätigkeit und malt mit schnellen Strichen einige Politiker auf das Papier des Flipchart. Nachdem ihm ein wenig von den Recherchen der Redaktionsteams berichtet wurde, lässt er einen sehr dynamischen Beethoven entstehen und leitet die Teilnehmer dazu an, selbst eine Beethoven-Karikatur aufs Papier zu bringen.

Die restliche Zeit des Vormittages dient der Fertigstellung der Artikel, die dann von den anderen Redaktionsteams gegengelesen werden. In der letzten gemeinsamen Reaktionssitzung werden Fragen und Korrekturanregungen ausgetauscht. Die daraufhin fertig gestellten Artikel können nun mit einem Gruppenbild des Redaktionsteams für den General-Anzeiger auf CD gebrannt werden.

Der gemeinsame Besuch der Räumlichkeiten des Bonner General-Anzeigers am letzten Workshoptag bildet den Abschluss des Zeitungsworkshops. Wenige Wochen später erscheinen in der Beilage zum Bonner Beethovenfest 2007 die vier entstandenen Artikel.

Text: MGD; Konzept und Durchführung zusammen mit S.SF, GSS und Gästen

Dear Mr. Beethoven
Beethoven und sein Fanclub in England

Einladung

zu Museumsnachmittagen (2 1/2 Stunden)
anlässlich der Sonderaustellung „Wo man Ihre Kompositionen allen andern vorzieht"
Beethoven und England
(vom 22. August bis zum 18. November 2007)

Zu Beethovens Zeit war die englische Hauptstadt London ein wichtiges Musikzentrum, so dass viele berühmte Musiker und Komponisten dort lebten und arbeiteten. Zum Beispiel der Komponist Joseph Haydn. Beethoven selbst hatte viele Fans in England. Wir wollen in unserem Museumsnachmittag herausfinden, was damals in London so alles los war und was Beethoven mit England verband. Wir singen einige seiner englischen, schottischen und irischen Lieder und natürlich wird auch wieder etwas gewerkelt...

um Thema

Die Musik Beethovens war in England schon seit dem Beginn des 19. Jahrhunderts außerordentlich beliebt. Die 1813 gegründete Royal Philharmonic Society stellte Beethovens Sinfonien sogar in den Mittelpunkt ihrer Konzertprogramme. Es gab mehrere Einladungen aus London an Beethoven, denen er jedoch nicht nachkommen konnte. Englische Verleger gaben über 500 Musikdrucke von Beethovens Werken zu seinen Lebzeiten heraus. Da sich zu dieser Zeit die Hausmusik zu entwickeln begann, gab es vor allem Klavier- und Kammermusikbearbeitungen, die natürlich auch leicht spielbar sein sollten.

Zwei von der Royal Philharmonic Society bestellte Sinfonien sollten in England uraufgeführt werden. Die 9. Sinfonie wurde dann jedoch in Wien uraufgeführt, und erst 9 Monate später in London. Die andere folgende Sinfonie konnte Beethoven nicht mehr fertig stellen. Der Pianist Ignaz Moscheles sorgte aber dafür, dass die Philharmonic Society trotz der Enttäuschung über die nicht zustande gekommene Uraufführung der 9. Sinfonie Beethoven kurz vor seinem Tod eine Spende von 100 Pfund zukommen ließ. Es sollte Beethovens letzte große Freude sein.
Ein schottischer Beamter und leidenschaftlicher Volksliedsammler namens George Thomson bestellte bei Beethoven (und auch bei anderen renommierten Komponisten aus der Zeit) schottische, irische und walisische Volksliedbearbeitungen und bezahlte ein sehr gutes Honorar dafür. Beethoven bearbeitete die Lieder, ohne den Text zu kennen.

Zielsetzung

Wir wollen den Kindern bewusst machen, wie sehr Beethoven im Ausland, vor allem in England, geschätzt und bekannt war. Wir wollen Schwierigkeiten mit ausländischen Verlegern darstellen und Zeitbezüge zu anderen Komponisten und Musikern im Allgemeinen herstellen.

Verlauf

Das gegenseitige Vorstellen der Kinder erfolgt natürlich diesmal auf englisch: „My name is...."
Danach sammeln wir, was den Kindern spontan zu dem Thema England einfällt: Höflichkeit, Teetrinken, Königin, Dudelsack, Sportarten, Big Ben...

Wir finden Großbritannien auf der Karte, benennen die Länder, die zu Großbritannien gehören und die Währung, die damals wie heute in Grossbritannien benutzt wird. Im Museum gibt es dann eine kurze Führung mit Schwerpunkt Salomon, Haydn, Ries, welche die Brücke Beethovens zu England gebildet haben. Durch Johann Peter Salomon (1745-1815), der als Kind im Vorderhaus des heutigen Beethoven-Hauses aufgewachsen war, hatte Beethoven ein ganz spezielles Verhältnis zu London.

Salomon lebte seit ca. 1770 als Geiger und Dirigent in London und spielte dort eine sehr wichtige Rolle als Konzertveranstalter. Er war derjenige, der einst Joseph Haydn nach London einlud. Sowohl auf der Hin- wie auch auf der Rückreise legte Haydn, der von Salomon begleitet wurde, einen Zwischenaufenthalt in Bonn ein, und der junge Beethoven wurde ihm vorgestellt. Haydns Eintrag ins Gästebuch der noch heute existierenden Bonner Lesegesellschaft ist permanent im Museum des Beethoven-Hauses zu sehen.

Ein anderer Bonner Jugendfreund - Ferdinand Ries - kümmerte sich von London aus um Beethovens Angelegenheiten. Er war 1801 nach Wien gekommen, war dort Beethovens Schüler und Sekretär und verließ Wien etwa 1805. Seit 1813 ließ er sich in London nieder, kümmerte sich dort auch um Beethovens Anliegen mit den dortigen Verlegern, und versuchte nachdrücklich, Beethoven zu einer Reise nach England zu überreden. Einer seiner Brüder arbeitete bei dem Londoner Klavierbauer Thomas Broadwood, der 1817 Beethoven einen seiner Flügel zum Geschenk machte. Dazu lud Broadwood fünf der wichtigsten Musiker in seine Werkstatt und bat sie, das ihrer Meinung nach beste Instrument für Beethoven auszusuchen. Ein baugleicher Hammerflügel aus demselben Quartal des Jahres 1817 befindet sich im Museum in der Dauerausstellung.

Wir erzählen den Kindern, dass Beethoven nie in England war und auch nie englisch gesprochen hat. Dass es aber immer Pläne gab, dorthin zu fahren, was auch in einer Eintragung in sein Stammbuch durch Stephan von Breuning deutlich wird: „Sieh! Es winket Freund lange dir Albion .....", wobei Albion die historische Bezeichnung für Großbritannien war.

Vor dem Broadwoodflügel sprechen wir über Material (Holz, Elfenbein....) und Mechanik.

Danach lesen wir die Kinder-Geschichte „Eine grosse Kiste aus England" vor, in der u.a. der lange Seeweg des Instruments beschrieben wird. Die Kinder dürfen mit Rotstift die Route, welche das Schiff genommen hat, auf einer Karte nachzeichnen.

Und dann: „it's teatime...". In Ermangelung eines Butlers servieren wir selbst den Kindern englischen Tee und Scones. So gerüstet machen wir uns an die Fabrikation einer Pop-up-Karte mit dem Broadwood-Flügel.

Im Musikteil singen wir zusammen „Auld lang Syne" (W 2.1.4) und „Duncan Gray" – wohl wissend, dass diese Lieder eigentlich nicht von Beethoven sind, er sie nur bearbeitet hat.

Text: GSS
Konzept und Durchführung: CK, S.SF, GSS, UVB

Bild zur Geschichte „Eine grosse Kiste aus England",
gemalt von Hanna Köhn, aus: Geschichten aus dem Beethoven-Haus (2004)

Beethoven entdecken
Eine spannende Reise in Beethovens Zeit

Einladung
zum Workshop für Kindergarten und Vorschulkinder ab 4 Jahren
3 Vormittage, jeweils 3 Stunden

An drei Tagen wollen wir uns mit euch zusammen auf eine spannende Entdeckungsreise durch die Welt des berühmten Musik-Erfinders Ludwig van Beethoven begeben. Auf dieser Reise gibt es viel Erstaunliches zu sehen - zum Beispiel den Hund, der auf einem Maskenball tanzen darf - und zu singen - zum Beispiel das Lied vom Graf, der ein Schaf ist - und zu basteln - zum Beispiel ein Beethoven-Büchlein. Beim Geräuschekonzert könnt ihr dirigieren und beim Waldkonzert musizieren. Aber mehr wird noch nicht verraten...

Zielsetzung

Mit dem Workshop werden die Kinder spielerisch und auf vielfältige Weise an die Person Beethoven, sein Leben, seine Zeit und seine Musik herangeführt. Sie lernen zwei zentrale Bereiche des Beethoven-Hauses kennen, das Museum und den Kammermusiksaal, und werden so mit dem Beethoven-Haus vertraut. Der Workshop ist auch geeignet für Beethoven-Haus erfahrene Kinder, die bereits an den Museumsnachmittagen „Beethoven entdecken" und „Beethoven im Schloss" teilgenommen haben. Ihre dort erworbenen Kenntnisse werden aufgefrischt und erweitert.

Verlauf

Am ersten Tag erhalten die Kinder unter dem Motto „Was gibt es alles in Ludwigs Haus" einen ersten Eindruck vom Museum. Damit dies nicht zuviel wird, werden nur die Räume, in denen die Familie van Beethoven gelebt hat besucht, d.h., es geht um **Beethovens Zeit in Bonn**. In den einzelnen Räumen erhalten jeweils 1 bis 3 Kinder eine Exponatkarte. Diesen laminierten Din-A4-Karten folgt unsere Entdeckungstour durch die Ausstellung. Alle zusammen suchen die darauf abgebildeten Ausstellungsstücke im jeweiligen Raum. Die Kinder bekommen so einen ersten Bezug zu einem bestimmten, nämlich „ihrem" Exponat. Gemeinsam entdecken wir dann die Geschichten der Exponate: erst werden die Beobachtungen und Vermutungen der Kinder gesammelt und dann erfahren die Kinder von uns etwas über das jeweilige Ausstellungsstück.

Die Entdeckungstour im Museum erfordert viel Konzentration von den Kindern, daher steht im Anschluss ein **Rhythmusspiel** im Kammermusiksaal auf dem Programm, das den Kindern Gelegenheit zur Bewegung bietet und ihr Rhythmusempfinden fördert. Im Museum haben die Kinder schon von Beethovens Vater, dem Hofsänger Johann van Beethoven gehört. Das können wir doch auch! Also **singen** wir einen Kanon von Beethoven, den einige der Kinder schon vom Museumsnachmittag „Beethoven entdecken" kennen. Der leichte und lustige Text „Bester Herr Graf, sie sind ein Schaf" lässt sich gut als normales Lied singen und kann dann am nächsten Tag noch zum Kanon weiterentwickelt werden (W 2.1.1).

Wie gewohnt, wird auch in diesem Workshop gemalt und gewerkelt. Im Laufe der drei Tage entsteht ein **selbstgebundenes Beethoven-Büchlein**, das einen Teil dessen enthält, was die Kinder im Beethoven-Haus kennen gelernt haben. Als erstes steht die Titelseite mit dem Beethoven-Haus zum Aufklappen an. Aus mehreren Abbildungen von Exponaten aus dem Museum können die Kinder sich ein Lieblingsstück zum Ausschneiden aussuchen, das sie dann in das aufgeklappte Haus einkleben. Das Haus selber kann buntgemalt werden und natürlich kann man seinen Namen darauf schreiben – manchmal ist hier noch ein klein wenig Hilfe notwendig.

Nun geht es wieder in den Kammermusiksaal. Dort steht ein **Geräuschekonzert** auf dem Programm (W 2.3.5). Die Kinder hängen hierfür Blätter mit Symbolen für einzelne Geräusche (z.B. schnalzen, fiepen, stampfen, klatschen etc.) auf eine Wäscheleine. Zwei Kinder dirigieren nun: sie zeigen abwechselnd mit einem Stab auf die Symbole und die anderen machen die entsprechenden Geräusche. Auf spielerische Weise wird so der Begriff des Dirigierens vermittelt und gleichzeitig besteht auch ein Bezug zum Museumsrundgang: die Kinder kennen bereits die kurfürstliche Hofkapelle und Beethovens Großvater, den Hofkapellmeister.

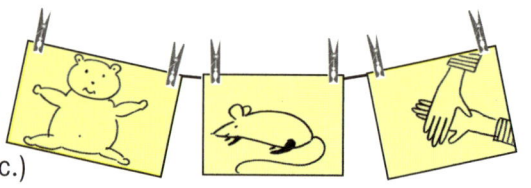

Der zweite Tag beginnt im Kammermusiksaal mit Gesang. Das nun schon allseits bekannte „Bester Herr Graf" wird noch einmal als Lied gesungen und dann behutsam zu einem Kanon ausgebaut. Gar nicht so einfach, wenn man vier oder fünf Jahre alt ist, aber mit ein wenig stimmlicher Unterstützung von uns ist schnell ein Anfang gemacht.

Im Museum geht es dann weiter. Die **Wiener Zeit Beethovens** erkunden wir wie am Vortag mit einem Suchspiel. Besonders das Bild von Beethoven mit dem roten Schal (von Joseph Karl Stieler), Beethovens Flügel, sein Streichquartett und seine Hörrohre stehen dabei im Mittelpunkt. Beim Thema **„Taubheit"** stellt sich erst einmal die Frage, was das eigentlich bedeutet. Kennt eines der Kinder vielleicht jemanden der schwerhörig oder taub ist? Was kann man dann alles nicht hören? Wie kann man trotzdem miteinander sprechen? Kann der Arzt einem helfen? Gibt es irgendwelche Geräte? Was hat Beethoven gemacht? Im Kreis sitzend werden die beeindruckenden und etwas unheimlich aussehenden Hörrohre vorsichtig ausprobiert, von manchen Kindern erst nach einigem Zögern.

Nach einer kleinen Pause entsteht im Werkraum die zweite und dritte Seite vom Beethoven-Büchlein. Mit Schere, Buntstiften, Stoff, Kordel und Klebstoff werden Exponate aus dem Museum darin verewigt.

Durch das „Geräuschekonzert" vom ersten Tag sind die Kinder ja bereits erprobte Musiker. Und nun folgt ein weiterer Einsatz der „Workshop-Hofkapelle": ein **„Waldkonzert"** in 2 Sätzen mit einfachen Instrumenten (Orffsche Instrumente, Tannenzapfen, Glöckchen etc.) Wir erzählen die Geschichte des 1. Satzes „Sonnenaufgang und aufwachende Tiere" und des 2. Satzes „Ein Gewitter bricht los". Jedes Kind erhält nun ein Instrument, zusammen wird festgelegt, welches Tier und welches Geräusch damit jeweils dargestellt werden soll. Dann wird der 1. Satz vorgelesen und an den Stellen, an denen die jeweiligen Tiere auftreten und die Geräusche erklingen, spielen die Kinder das dazugehörige Instrument. Hilfreich ist es hierbei, wenn von unserer Seite unterstützend dirigiert wird. Entsprechend kann dann der 2. Satz folgen. Hat Beethoven vielleicht so etwas ähnliches gemacht? Wir sammeln mit den Kindern noch einmal Geräusche der Natur, die man mit Musikinstrumenten imitieren kann. Dann hören wir Ausschnitte aus dem 2. Satz von Beethovens **6. Sinfonie (Pastorale)** und fragen die Kinder nach ihren Eindrücken. Wie empfinden sie die Musik? Traurig oder fröhlich? Ändert sich die Stimmung? Hat jemand die Vögel gehört? Die entsprechende Stelle wird vorgespielt. Ebenso der Aufbruch der fröhlichen Ausflugsgesellschaft aufs Land, das Bachplätschern und das nahende Unwetter. Die Kinder erfahren, dass die Natur für Beethoven eine große Bedeutung hatte: als Inspiration für seine Arbeit und mit zunehmender Schwerhörigkeit als Rückzugsraum. Zum Abschluss des Vormittages klingt unser Graf-Kanon nun schon fast perfekt.

Der dritte Tag des Workshops beginnt mit einer kleinen Tanzeinlage im Kammermusiksaal. Mit einem Stopptanz („Tanz und still") lassen sich die musikalischen Teile von Beethovens „Ecossaise" D-Dur WoO 83 Nr. 1 spielerisch entdecken.

Im Werkraum steht dann eine zuerst etwas knifflig erscheinende Angelegenheit auf dem Plan: die bisher angefertigten Buchseiten müssen gebunden werden. Aber es geht dann doch leichter als gedacht; die Löcher werden mit einem Bürolocher gemacht und eine dicke Kordel können auch kleine Hände hier durchziehen. Beim Knoten ist dann zumeist noch etwas Hilfe nötig. Zwei leere Seiten werden so eingebunden, dass sie in der Mitte eine Doppelseite ergeben. Die Neugierde der Kinder ist geweckt. Was soll auf diese Seite kommen? Hat es vielleicht etwas mit der Überraschung zu tun, die wir immer mal wieder zwischendrin angekündigt haben? Wir verraten jedoch noch nichts!

Nach einer kleinen Pausenstärkung sind wir wieder im Kammermusiksaal. Und hier wartet endlich die angekündigte Überraschung: ein Puppentheater. Begeisterte Reaktion! Die Kinder werden gebeten Platz zu nehmen, zu einer Aufführung des **Puppentheaters „Wer ist Fidelio?"** (W 2.2.1). Die Vorstellung beginnt, begleitet von den Kommentaren und Ausrufen der Kinder, die sofort erkennen, wer hier der Gute und wer der Böse ist. Schon bei der Entführung von Florestan durch seinen Widersacher Pizarro ist die Stimmung auf dem Siedepunkt: Die wutentbrannten Rufe „Lass ihn los, lass ihn los" können Pizarro jedoch nicht von seinem Tun abhalten. Der arme Florestan im Kerker wird aufrichtig bedauert und die Spannung bei Pizarros Mordversuch an Florestan ist kaum auszuhalten. Als Fidelio sich schützend vor Florestan wirft und sich als seine Ehefrau Leonore zu erkennen gibt, reißt er sich seine Mütze herunter und langes blondes Haar kommt zum Vorschein. Die Kinder sind außer sich und schreien „Zieh die Mütze wieder auf". Der abschließende Freudentanz von Leonore und Florestan führt zu Begeisterungsausbrüchen der Kinder, die von dem eingespielten „Heil sei dem Tag" nur noch leidlich übertönt werden. Nachdem wieder etwas Ruhe eingekehrt ist, möchten wir von den Kindern wissen, wer ihre Lieblingsperson in der Geschichte ist. Die Meinungen gehen hier etwas auseinander, aber die meisten votieren für Florestan.

Pizarro, Leonore und Florestan

Im Werkraum werden nun noch die beiden leeren Seiten des Beethoven-Büchleins mit einer Fidelio-Szene gefüllt. Die Figuren werden ausgeschnitten, ausgemalt und eingeklebt. Mächtig stolz sind alle, nachdem das Büchlein fertiggestellt wird und wir gemeinsam das Wort „Fidelio" hinein schreiben.

„Bester Herr Graf" ist mittlerweile zum Workshop-Lied geworden und wird auch ohne unser Zutun von den Kindern gesungen, während sie in den Museumsshop zu den wartenden Eltern gehen.

Das Waldkonzert ist entnommen aus:
Beate Quaas, Alles wird Musik. Eine spielerische Entdeckungsreise, Freiburg 2003

Text: S.SF
Konzept: S.SF + UVB
Durchführung: GSS, S.SF, UVB und Gäste

Beethoven im Schloss
Für Kindergarten- und Vorschulkinder

> **Einladung**
>
> zu Museumsnachmittagen für Kindergarten- und Vorschulkinder ab 4 Jahren
> (2 1/2 Stunden)
>
> An diesem Nachmittag dreht sich alles um einen prächtigen Maskenball im Bonner Schloss. Was haben wohl Beethoven und sein Großvater dort gemacht? Welche Musik wurde gespielt und welche Tänze wurden getanzt? Welche Instrumente gab es im Schloss? Wie waren die Gäste gekleidet? Und wer hat eigentlich zum Ball eingeladen? Nach einer kleinen Entdeckungsreise durchs Museum wird eine tolle Augenmaske angefertigt, gesungen und getanzt.

Zielsetzung

„Beethoven im Schloss" greift einen speziellen Aspekt aus Beethovens Leben heraus: seine Zeit als Hofmusiker im kurfürstlichen Bonn Ende des 18. Jahrhunderts. Das Programm eignet sich als Ergänzung zum Museumsnachmittag „Beethoven entdecken", aber auch für Kinder, die zum ersten Mal ins Beethoven-Haus kommen.

Verlauf

Nach der Begrüßung der Kinder beginnen wir ein kleines Gespräch, das uns einen ersten Eindruck von unserer Gruppe und ihrem Wissensstand vermittelt. Dann steht wieder eine kleine **Museumserkundung** auf dem Programm. Wir besuchen diesmal nur die Bonner Zeit Beethovens. Der Sachensucherkorb, gefüllt mit schönen Kästchen, die darauf warten, von den Kindern ausgepackt zu werden, hilft erneut, „unsere" Exponate zu finden. Als erstes kommt beim Auspacken ein kleiner Stoffhund zum Vorschein, den die Kinder nach einigem Suchen auf einem Gemälde entdecken. Dieses Ölgemälde bildet den thematischen Einstieg: das **„Bönnsche Ballstück"** (1754) von François Rousseau, auf dem ein Maskenball am Hofe des Kurfürsten Clemens August in seinem Bonner Schloss, dem heutigen Hauptgebäude der Universität, dargestellt ist. Deutlich zu erkennen sind auf dem Gemälde die prachtvolle Ausstattung des Ballsaales, die herrschaftliche Kleidung der Gäste, ihre Frisuren und Perücken, die Augenmasken (Larven) der Damen, die Hofmusiker und ihre Instrumente, der Kurfürst und die Tanzhaltung vieler Gäste. Diese fast märchenhafte Szenerie ist sehr kindgerecht und vermittelt viele Informationen. Weitere Exponate des Rundganges knüpfen dann unmittelbar an das „Bönnsche Ballstück" an: das Gemälde von Beethovens Großvater, dem Hofkapellmeister unter Clemens August, die Dienstbratsche, die Beethoven als Jugendlicher im Hoforchester gespielt hat, und der Schattenriss, der ihn als sechzehnjährigen Hofmusiker mit der Perücke des Hofes zeigt. Großes Interesse weckt regelmäßig das Guckkastenbild vom Schlossbrand 1777, und die Kinder sind beeindruckt, dass Beethoven als Sechsjähriger bestimmt beim Löschen geholfen hat. Und mit zehn Jahren hat er bereits in der Kirche Orgel gespielt. Für die Kinder entsteht allmählich eine genauere Vorstellung von Beethovens Leben als Kind und Jugendlicher und es wird deutlich, dass vieles für ihn ganz anders war als für die Kinder heute. Wichtiger Ansatzpunkt ist hierbei immer der konkrete Bezug zum Alter der Kinder oder zu jemandem, den sie kennen, z.B. ältere Geschwister.

Im Anschluss an den Museumsbesuch knüpfen wir im Werkraum an das „Bönnsche Ballstück" an. Die Kinder sehen das Gemälde noch einmal als Kopie und raten, welches Detail daraus sie sich nun anfertigen. Genau: **eine Augenmaske** (Larve) ! Alternativ kann hier auch eine kleine Bühne mit Schiebefiguren erstellt werden, auf der die Szenerie des Maskenballes (wahlweise Schlossbrand) zu sehen ist. In jedem Fall machen sie sich eifrig ans Werk.

Auch musikalisch spannen wir den Bogen zum „Bönnschen Ballstück": Im Kammermusiksaal wird zum Abschluss ein kleines Menuett mit einfachen Tanzschritten eingeübt. Hierfür eignet sich sehr gut Beethovens Ecossaise D-Dur WoO 83 Nr. 1.

Krönender Ausklang des Nachmittages ist dann die Vorführung des Menuetts – natürlich mit Augenmaske – für die Eltern der Kinder.

Konzept und Text: S.SF
Durchführung: S.SF, UVB und Gäste

Kopiervorlage

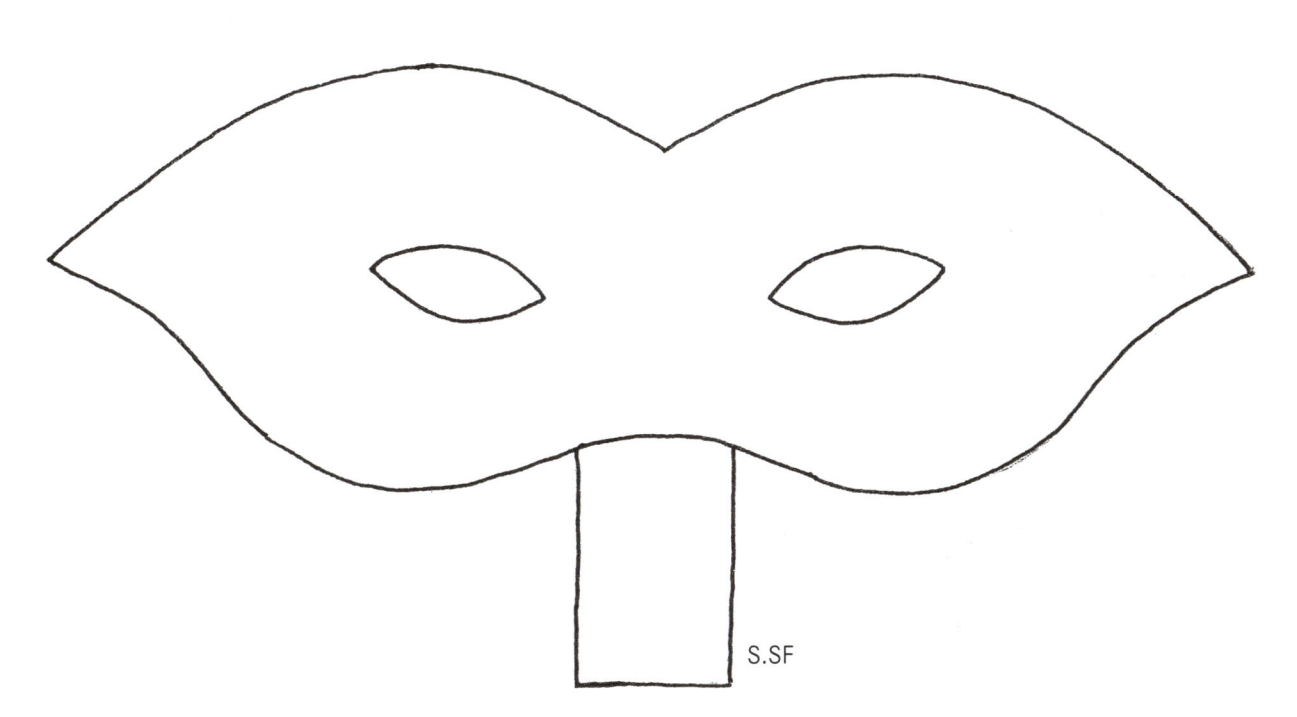

S.SF

Material: Kopien der Schablone auf bunter Pappe (160 g)
Zum Verzieren: Buntstifte, Pailletten und Federchen (im Kurzwarengeschäft in vielen Farben und Formen erhältlich), evtl. kleine Holzspachtel (Eisstiel, Zahnarztbedarf) zur Verlängerung des Griffes.

Ludwigs wundersame Weltreise
Eine Geschichte mit lustigen Liedern und Kanons von Beethoven

Einladung
zum Chorworkshop mit Irina Brochin
1.-5. Oktober 2007, jeweils 10-13 Uhr

An den fünf Vormittagen probt ihr mit Frau Brochin Lieder und Kanons von Beethoven. Aber nicht nur: Ihr werdet auch etwas über die Lieder erfahren und Spiele machen können. Am Ende der Woche wird dann eine CD für (andere) Kinder aufgenommen, die Lieder von Beethoven kennen lernen und mitsingen wollen.

Zielsetzung

Dieser Workshop ist auf zwei Zielgruppen ausgerichtet. Einerseits natürlich auf die Workshop-Teilnehmer, die Lieder und Kanons von Beethoven und deren Hintergründe kennen lernen sollen. Andererseits soll die CD, die in diesem Workshop entsteht, viele andere Kinder mit nicht so bekannten, aber gut singbaren Liedern und Kanons von Beethoven und deren Hintergründen bekannt machen und damit deren Beethoven-Repertoire über die „Ode an die Freude" hinaus (die ebenfalls auf der CD enthalten ist) erweitern. Die CD soll zum Nachsingen animieren (auf die Playbacks im zweiten Teil) – und sie möchte mit der 15-minütigen „Einsingschule" erreichen, dass andere singende Kinder einen pfleglichen Umgang mit ihrer Stimme lernen, bevor sie sie einsetzen.

Verlauf

Dementsprechend beginnt jeder Workshop-Vormittag mit einem ausgiebigen Einsingen. Im Anschluss an das Einsingen hören die Sänger einen Teil der Rahmengeschichte, in die die Lieder und Kanons auf der CD eingebettet sind, und erfahren die Hintergründe zu jenen Liedern und Kanons, die dann geprobt werden. Ab dem 2. Tag wird in der letzten Stunde schon einmal das aufgenommen, was fertig ist. So entfällt ein für Kinder eher stressiger Aufnahme-Marathon am Ende des Workshops.

Jeder Vormittag wird durch kleine Pausen aufgelockert. Lediglich in der Mitte der Woche steht als größere Pausen-Aktion eine Rallye zu dem Lied „Urians Reise um die Welt" auf dem Programm (s. W 2.1.2).

Die Kinder zeigen bei den Aufnahmen eine erstaunliche Ausdauer und Disziplin, die durch die pädagogisch und psychologisch geschickte Begleitung von Tonmeister und Chorleiterin getragen wird. Da für die Kinder die Freude an dem gemeinsam Gelernten und Produzierten im Vordergrund stehen soll, entsteht ein realitätsnahes Ergebnis (so wie es die intendierten Zielgruppen ebenfalls erreichen könnten) und keine ausgefeilte Chorproduktion.

Spätere Reaktionen zeigen, dass die Kinder die Chorwoche in schöner Erinnerung behalten und stolz auf ihr Ergebnis, die Lieder-CD, sind.

Konzept und Text: MGD
Durchführung zusammen mit der Chorleiterin Irina Brochin,
dem Tonmeister Ansgar Ballhorn und Gabriel Denhoff (Klavier)

Ein Bild geht um die Welt

Einladung

zu Museumsnachmittagen (2 1/2 Stunden)
anlässlich der Sonderaustellung „Ein Bild und seine Geschichte.
August v. Kloebers Beethoven-Portrait"
(vom 22. November 2007 bis zum 24. Mai 2008)

Obwohl Beethoven es nicht besonders mochte, für einen Maler Modell zu sitzen, ist er sehr häufig gemalt worden. Nur wenige Bilder fanden seine Zustimmung. Aber die Zeichnung des jungen Malers August von Kloeber hat Beethoven ausserordentlich gut gefallen. Was das Besondere an dieser Zeichnung ist, und welche Geschichten sich um dieses berühmte Bild ranken, erfahrt ihr an unserem Museumsnachmittag. Natürlich kommen die Musik und das Werkeln dabei nicht zu kurz.

zum Thema

Ludwig van Beethoven ist wie kaum ein anderer Musiker „Objekt" von Malern, Bildhauern und Graphikern geworden. Weltweit am bekanntesten ist das Ölgemälde von Joseph Karl Stieler aus dem Jahre 1820. Das Original hängt im Beethoven-Haus im 2. Stock. Zwei Jahre zuvor hatte der Historienmaler August von Kloeber eine Bleistiftzeichnung Beethovens angefertigt. Sie zeigt ein energisches und ernstes Gesicht, mit vom Kopf abstehender Haarmähne und einem vom Betrachter abgewendeten Blick in andere Sphären. So stellen wir uns bis heute den Komponisten Beethoven vor. Das Aussehen des in aller Welt gefeierten Musikers Beethoven wurde also nach „Vor-Bildern" verschiedener Maler in unsere Köpfe transportiert. Doch bereits zu Lebzeiten Beethovens bildeten die Künstler ihn nicht 1:1 ab, sondern versuchten auch seinen Charakter und sein musikalisches „Ringen" einzufangen. Und jede folgende Epoche kreiert seither ihre individuellen Beethoven-Darstellungen. In unserer Sonderausstellung wurde der Frage nachgegangen, wie spätere Künstler Kloebers Vorlage übernommen und sich mit ihr auseinandergesetzt haben. Der Bogen wurde dabei bis zur heutigen Vermarktung des Bildes in und auf Alltagsgegenständen und Souvenirs in aller Welt gespannt.

Zielsetzung

Die Kinder werden sich die Beethoven-Portraits unserer ständigen Ausstellung und der Sonderausstellung anschauen. Dabei soll auch die Entwicklung vom angestellten Musiker Beethoven in Bonn zum autonomen Künstler in Wien thematisiert werden. Zum Abschluss werden die Kinder ihr eigenes Beethoven-Bild gestalten, in realistischer oder frei verfremdender Darstellungsweise. Sie sollen erkennen, dass jede Darstellung von Beethoven (auf Briefmarken, Münzen, CD-Covers, Souvenirs, Bucheinbänden und anderswo) eine spezifische Absicht verfolgt: z.B. als Signalwirkung, romantisch verklärend, idealisierend, karikierend, satirisch, verfremdend, humorvoll... Die jungen Teilnehmer des Museumsnachmittags sollen auch das Warenangebot in unserem Shop im Beethoven-Haus (kritisch) einbeziehen und es im Werkteil nutzen.

Verlauf

Wir beginnen mit einem Rundgang durch die ständige Ausstellung im Museum. Gemeinsam tragen wir in jedem Zimmer das bereits vorhandene „Beethovenbild" der Kinder zusammen, korrigieren und vervollständigen es.

Im Bodmer-Zimmer machen wir Halt. Eine Zeitreise ins 18. Jahrhundert „Was gab es zu Beethovens Zeit noch nicht?" lädt die Kinder zum Vergleich mit der Gegenwart ein. Sie stellen fest, dass das Leben im 18. Jahrhundert viel anstrengender und beschwerlicher war als heute (z.B. keine Elektrizität, kein Fotoapparat, andere Transportmittel, mangelnde Hygiene, Krankheiten, Arbeitsbedingungen...).

Das Stichwort „Postkutsche" bringt uns zu Beethovens 70 Umzügen in Wien (vgl. hierzu Seite 44). Auch im täglichen Leben besaß Beethoven wenig „Sitzfleisch". Er war ein unruhiger Mensch, und für längere Portraitsitzungen bei einem Maler hatte er wenig Geduld.

Vor Beethovens Lebendmaske stellen wir uns vor, wie unangenehm der nasse Gipsbrei sich anfühlen muss. Beethoven riss ihn sich beim ersten Versuch des Malers, eine Lebendmaske zu erstellen, voller Ekel vom Gesicht. Die Kinder vermuten, dass daher vielleicht sein grimmiger Gesichtsausdruck kommt (s. auch W 1.4.3).

Wir begeben uns nun zum Kloeber-Portrait im Sonderausstellungsraum (in der ständigen Ausstellung in Raum 9 kann man eine Reproduktion betrachten). Die Kinder stellen das Typische des Bildes fest: viele Haare, energischer Gesichtsausdruck, Blick vom Betrachter abgewendet.

Wir lesen gemeinsam einige Textstellen aus einem Brief Kloebers an Friedrich Wilhelm Jähns, in dem er über die Entstehung des Bildes berichtet.

Jetzt werden die Kinder aufgefordert, in den einzelnen Vitrinen nach Beethovens Kopf Ausschau zu halten und die ihrer Meinung nach „lustigste Darstellung" zu suchen.

Zum Abschluss besuchen wir den Shop: „Wer findet die meisten Beethoven-Darstellungen im Shop-Angebot?" Dies ist immer ein besonders heiteres Unterfangen. Es macht den Kindern viel Spaß, der „Vermarktung Beethovens" (von der Praline bis zum T-Shirt) nachzuspüren.

Nach dem Museumsrundgang müssen wir uns etwas ausruhen. Deshalb unternehmen wir eine „kleine Reise" in den benachbarten Kammermusiksaal. Eine „Weltreise" mit dem Beethoven-Lied „Herr Urian" schließt sich an. Gemeinsam singen wir es, unterstützt von einer Pianistin, und verfolgen dabei auf einer Weltkarte die Reiseroute von Herrn Urian.

Der Titel des Workshops „Ein Bild geht um die Welt" bildet daraufhin die Überleitung zum Kreativteil. Jüngere Kinder basteln ein „Beethoven-Leporello" (= Ziehharmonika-Pappe) mit vorgegebenen Beethoven-Bildern aus Prospekten, Kalendern, Werbematerial, Postkarten, Notenlinien und selbst gemalten Beethoven-Darstellungen. Die angebotene Auswahl wird ausgeschnitten, lustig kombiniert und aufgeklebt, oder die eigenen Kreationen und Verzierungen werden direkt auf die „Ziehharmonika-Pappe" gebracht. Die Palette reicht von der realistischen Darstellung, über die Verfremdung, bis hin zur Karikatur. Stolz tragen die Kinder ihr Leporello nach Hause.

Ältere Kinder schreiben eine Postkarte an einen Brieffreund in einem Land, welches „Herr Urian" bereiste. Ein Beethoven-Portrait schmückt den Briefumschlag, bei manchen auch mit einem Hinweis auf „mein" Lieblingsstück von Beethoven.

Text: CK
Konzept und Durchführung: CK, S.SF, GSS, UVB

Wilde Haare, strenger Blick?
Wie malt man eigentlich Beethoven?

Einladung

zum Ferienworkshop für Kinder ab 10 Jahren
17.-20. März 2008, jeweils 10-13 Uhr

Viele Künstler haben Beethoven gemalt - aber wie so ein Beethoven-Bild wirklich entstand, wissen heute nur die wenigsten. In diesem Workshop kann man alles Wichtige dazu erfahren: was z.B. der junge Maler August von Kloeber anstellen musste, um Beethoven überhaupt zeichnen zu dürfen, wie sich Beethoven verhielt, wenn er Modell sitzen sollte, und wie es nach der ersten Skizze mit dem Gemälde weiterging. Und natürlich werden wir auch selbst ausprobieren, wie man ein Beethoven-Portrait anfertigt - und wie man aus einer alten Zeichnung ein modernes Bild macht. Dazu gibt's wie immer Musik und jede Menge spannende Informationen rund um Beethoven-Bilder. Wer also Spaß am Zeichnen und Basteln hat und sich für Beethoven interessiert, sollte in den Osterferien zu uns ins Beethoven-Haus kommen.

Zielsetzung

Der Workshop soll den Teilnehmern die Problematik der Gestaltung eines Künstler-Portraits in Vergangenheit und Gegenwart nahebringen. Dazu wird, ausgehend von zeitgenössischen Quellen und Dokumenten zu dem Bild, das August von Kloeber (1793-1864) im Jahr 1818 von Ludwig van Beethoven malte, aufgezeigt, wie ein Maler des 19. Jahrhunderts vorging, wenn er das Bild eines Komponisten schuf. Daneben werden Möglichkeiten der Gestaltung eines modernen Beethoven-Portraits erörtert, um deutlich zu machen, dass fast durchgehend auf bestimmte Vorstellungen zurückgegriffen wird, die mit dem Aussehen und dem Charakter Beethovens verbunden sind. Zwar wechseln die Schwerpunkte, die gesetzt werden, jedoch lassen sich in fast allen bildlichen Darstellungen Beethovens bis in die Gegenwart immer wieder solche schematisierten, fast zum Klischee gewordenen Elemente entdecken. Dass sich auch beim Umgang mit Beethovens Musik ganz ähnliche Verhaltensweisen beobachten lassen, wird im musikalischen Teil der Veranstaltung vorgeführt.

Zum Thema

Im Sommer 1818 besuchte der junge Maler August von Kloeber Ludwig van Beethoven in Mödling. Bei dieser Gelegenheit entstand ein Portrait, das wie nur wenige andere Bildnisse die Vorstellung prägte, die sich die Nachwelt vom Aussehen Beethovens machte und macht. Da der Maler später seine Erinnerungen an den Besuch bei Beethoven für einen Freund notierte, ist es noch heute möglich, nicht nur ein recht genaues Bild von Beethovens Lebensumständen in seiner Wohnung im Mödlinger „Hafner-Haus" zu gewinnen, sondern auch über sein Aussehen, seine Kleidung und seine Verhaltensweise dem jungen Maler gegenüber.

Verlauf

Diese Erinnerungen bilden den Ausgangspunkt für den Ferienworkshop, an dessen erstem Tag wir uns im Beethoven-Haus mit der **Wohnsituation Beethovens** in Bonn, Wien und Mödling beschäftigen. In einem Stegreifspiel rekonstruieren wir dann - natürlich ausgestattet mit den notwendigen Requisiten und Kostümen - den Besuch August von Kloebers bei Beethoven und erfahren dabei, dass Beethoven bei dieser Gelegenheit nicht nur recht freundlich gestimmt war, sondern sogar längere Zeit still saß, damit der Maler seine Skizze anfertigen konnte.

Am zweiten Workshop-Tag steht zunächst der Besuch einer Sonderausstellung im Beethoven-Haus auf dem Programm, die anhand originaler Dokumente und Zeichnungen die **Entstehung des Beethoven-Portraits von August von Kloeber** dokumentiert. Außerdem gibt es hier eine Auswahl aus der großen Gruppe der später entstandenen Bilder und Graphiken zu sehen, die Kloebers Bild weiterverwenden - sei es, um ein neues romantisches Portrait des Komponisten zu schaffen, oder um Alltagsgegenstände zu dekorieren. Anschließend werden Erfahrungen mit der traditionellen Art ein Portrait zu gestalten gesammelt. In einem Atelier des Rudolf-Steiner-Hauses erproben wir, wie es sich mit Bleistift, Graphit, Kohle und Kreide zeichnen lässt. Danach wird selbst ausprobiert, wie man ein Gesicht darstellen kann. Den Abschluss des Tages bildet Musik. Wir hören zwei Stücke, die Beethoven in Mödling komponiert hat: das Klavierstück WoO 60 und das Scherzo aus seiner „Hammerklavier-Sonate". Bei letzterem hören die Kinder zunächst die drei verschiedenen Themenkomplexe, beschreiben deren unterschiedliche Charaktere und denken sich beim zusammenhängenden Hören daraufhin eine kleine Geschichte aus – deren Protagonisten Beethoven, Kloeber und sein Neffe sind...

Der dritte Workshop-Tag steht ganz im Zeichen der Malerei. Zunächst versuchen wir gemeinsam, eine Rekonstruktion des heute verschollenen Gemäldes herzustellen, das August von Kloeber im Sommer 1818 malte. Wir benutzen dazu eine in der „Wiener Zeitschrift für Kunst, Literatur, Theater und Mode" 1818 veröffentlichte Beschreibung des Bildes und kommen zu erstaunlich vielfältigen Möglichkeiten, von denen wir die schönste auswählen. Einige grundlegende Überlegungen zur Geschichte der Portraitmalerei und die Auseinandersetzung mit verschiedenen modernen Darstellungen Beethovens bilden dann den Ausgangspunkt für die **Gestaltung eigener**, neuartiger **Beethoven-Portraits**. Nach einer kurzen Überlegung, was für einen Künstler bei der Darstellung Beethovens heute wichtig sein könnte, entstehen phantasievolle Bilder in Aquarell- und Aussparungstechniken (s. W 1.4.4). Dabei lassen sich einige der jungen Maler und Malerinnen von historischen Vorlagen anregen, während andere ganz freie, neuartige Interpretationen schaffen, wie etwa einen Beethoven-Kopf, der am Strand aus den Meereswel-len auftaucht.

Am letzten Tag steht die Auseinandersetzung mit der **Verwendung Beethovens in der Werbung** und den neuen Medien auf dem Programm, d.h. der Bereich, der im Alltag die Vorstellungen der Teilnehmer ganz besonders prägt. Um deutlich zu machen, wie sich diese Interpretationen im Kopf des heutigen Betrachters festsetzen und das allgemeine Beethoven-Bild prägen, werden zunächst Werbematerialien präsentiert, die Beethovens Portrait verwenden. Danach sehen wir gemeinsam einige besonders originelle Beethoven-Videos an und erörtern, welche Musikstücke hier verfremdet werden und ob wir finden, dass dies dem Charakter der Musik entspricht. Anschließend werden eigene Plakate gestaltet, die mit dem Bild Beethovens für ein neues erfundenes Produkt werben. Es entsteht eine äußerst vielfältige Produkt-Palette, die vom Beethoven-Lockenwickler und -Bonbon über den unverwüstlichen Beethoven-Hut bis zum selbsttätigen Hammerflügel alles enthält, was sich in Zusammenhang mit Beethoven ausdenken lässt.

Eine kleine **Ausstellung** der im Verlauf des Workshops entstandenen Kunstwerke rundet die Veranstaltung ab. Wirklich beendet wird sie aber - ganz im Sinne Beethovens, dessen Humor wir in diesen Tagen auch kennengelernt haben - mit dem Kanon „Hol euch der Teufel, b'hüt euch Gott" (s. W 2.1.1), der gemeinsam zur Verabschiedung der geladenen Gäste gesungen wird.

Kunstpädagogisches Konzept und Text: SB
Musikalisches Konzept: MGD
Durchführung gemeinsam mit UVB

Wem scheint der Mond?
Wie Beethovens bekannte Klaviersonate zu ihrem Namen kam

Einladung

zu einem Nachmittag für junge Musikforscher ab 11 Jahren
17. Mai 2008 (15-18 Uhr)

Ihr habt euch bestimmt schon einmal gefragt, wie Beethovens bekannte Klaviersonate an ihren Namen kam. Die Antwort ist sicher irgendwo im Beethoven-Haus zu finden, aber wo? Auf dem Weg zu der Antwort werdet ihr manch anderen kuriosen Geschichten begegnen, die sich um dieses Musikstück ranken.
Und natürlich wird auch die Sonate erklingen.

Zielsetzung

Die Mondscheinsonate gehört zu den bekanntesten Werken Beethovens, aber kaum einer weiß, dass der Beiname nicht von Beethoven selbst stammt, sondern auf die spätere Interpretation eines Musikschriftstellers zurückgeht. Auf dem Weg zu dieser Erkenntnis sollen die Teilnehmer mit Methoden der Musikforschung in Berührung kommen und dabei auch ein Gefühl für die Bedeutung von verschiedenen Notenarten (Autograph, Originalausgabe, spätere Notenausgabe) erhalten. Und natürlich sollen sie die Mondscheinsonate mit ihren drei Sätzen etwas näher kennen lernen.

Verlauf

Der Nachmittag beginnt in der kleinen Sitzecke im Kammermusiksaal. Als Einstimmung wird die **Erzählung „Beethoven und die Blinde"** aus dem Jahre 1856 vorgelesen, die den Beinamen darauf zurück führt, dass Beethoven sich durch ein Klavier spielendes blindes Mädchen zu der Sonate habe anregen lassen. An den gegenüberliegenden Säulen sind fünf **Bilder mit dem Titel „Mondscheinsonate"** und „Beethoven und die Blinde" zu sehen, die zwischen ca. 1890 und 1925 entstanden sind. Durch den Nachmittag ziehen sich „Zeitstreifen": Papierstreifen, auf die links eine Jahreszahl und rechts der dazu gehörige Fund geschrieben wird, wobei insbesondere das Vorkommen des Wortes „Mondschein/-schimmer oder –sonate" vermerkt werden soll. Die Informationen zu Entstehungszeit und Titel unter den Bildern sowie das Erscheinungsjahr der Geschichte werden auf solchen Zeitstreifen festgehalten.

Um den Themen-Komplex „Beethoven und die Blinde" einordnen zu können, soll aber zunächst einmal ein wenig **Grundwissen über die Sonate** erworben werden, was über einen kurzen Fragebogen im Studio/Digitalen Archiv geschieht. Die Entstehungszeit (1801) und das Jahr des ersten Druckes (Originalausgabe; 1802) werden auf Zeitstreifen festgehalten. Eine Frage im Studio gilt dem 2. Satz, der am Computer gehört und im Autograph – automatisch geblättert – mitgelesen werden kann (Klingendes Autograph). Über die Herkunft des Beinamens ist hier allerdings nichts zu finden.

Bevor nun verschiedene Notenausgaben daraufhin befragt werden sollen, animiert die Frage „Wer findet Giulietta?" zu einem kurzen Abstecher ins Museum, wo die Büste der **Widmungsträgerin** der Sonate, **Giulietta Guicciardi**, gefunden wird.

Für die **Suche in Notenausgaben** liegt in enem anderen Raum für jeden Teilnehmer ein jeweils anderes Exemplar der Sonate bereit. Es gilt, den Titel genau zu registrieren, natürlich ggf. den Beinamen, evtl. andere Besonderheiten sowie mithilfe des Katalogzettels die Entstehungszeit der jeweiligen Notenausgabe auf einem Kärtchen zu vermerken, Jahreszahl und Titel dann auch auf einem Zeitstreifen festzuhalten.

Es stellt sich heraus, dass die früheste mit dem Beinamen versehene Notenausgabe ungefähr aus dem Jahre 1897 stammt – also erst lange nach der Entstehungszeit der Sonate gedruckt wurde.

Die Überlegung, an die ersten, originalen Noten – die Handschrift Beethovens, also das **Autograph** – zu gehen, führt die Gruppe dann in den Keller vor den Tresor, in dem das Autograph lagert. Die Einsicht in das gedruckte Faksimile des Autographs (vor der Tresortür, s. Foto) zeigt, dass ausgerechnet der Anfang von Beethovens Handschrift fehlt. Zum Glück gibt es aber die **Originalausgabe**, also die erste mit Wissen des Komponisten gedruckte Notenausgabe. Der Vergleich der Kopien der ersten Seite der Orginalausgabe mit der ersten autographen Seite (s. auch W 2.3.2) zeigt, wie viele Takte verloren gegangen sind.

Da wir für den fehlenden Teil also nur die Orginalausgabe besitzen, stellt sich die Frage, wie sehr man dieser Ausgabe vertrauen kann. Zwei Stellen sind Indiz dafür. Zum Einen hat der Stecher der gedruckten Ausgabe tatsächlich einen Fehler von Beethoven übernommen (s. auch W 2.3.2). Er scheint also sehr genau gewesen zu sein. Andererseits war er hinsichtlich der rhythmischen Verteilung der Noten an anderen Stellen nicht ganz so genau. Auch für diese Stelle gibt es ein **Fehler-Such-Blatt**. Das Titelblatt der Originalausgabe schließlich gibt keinen Hinweis auf den Beinamen. Für diesen Punkt hat die Einsicht in die beiden frühesten und wichtigsten Quellen, also die der Entstehung zeitlich am nächsten stehenden Dokumente, nichts gebracht, wohl aber für die Erkenntnis, dass man auch mit solchen Quellen kritisch umgehen muss.

Die letzte Station der Suche führt dann zu **Textquellen** und somit in die Bibliothek. Hier ist für jeweils zwei Teilnehmer ein spezielles Bibliotheks-Kärtchen vorbereitet, das über die Signatur zu einem Buch oder Aufsatz führt. Eine vorbereitete, also an den entscheidenden Stellen markierte Kopie war hier zum Herausnehmen eingelegt. Besonders spannend finden es die Teilnehmer, die Signaturen in dem (sonst für Besucher nicht zugänglichen) Magazin in den Regalen der „Kompaktusanlage" zu suchen. Nachdem alle Texte gefunden sind, werden sie gemeinsam am Bibliothekstisch ausgewertet und die entsprechenden Zeitstreifen werden geschrieben. So zeigt es sich, dass die Sonate bereits 1837 unter ihrem Beinamen bekannt war und dass ihr erster Satz erstmalig 1824 von dem Musikschriftsteller Ludwig Rellstab mit „einem See, der in dämmerndem Mondenschimmer ruht" in Verbindung gebracht wurde.

Am Ende der Spurensuche werden alle **Zeitstreifen in chronologischer Reihenfolge** zu einem Zeitband untereinander gelegt. Die „Mond-Begriffe" werden rot markiert und so lässt sich leicht ablesen, wie spät sich der Beiname seit den ersten schriftlichen Registrierungen in Notendrucken und Bildern verbreitet hatte.

Bereits bei der Sichtung der späteren Notendrucke war man auf kuriose Bearbeitungen der Sonate gestoßen. Eine davon, die Textierung von Theodor von Zeynek aus dem frühen 20. Jahrhundert, ist Anstoß, die Sonate abschließend in Gänze im Kammermusiksaal live gespielt zu hören – und bei einem zweiten Durchgang auf den ersten und zweiten Satz die „schmachtenden" Liebestexte Zeyneks zu sprechen.

Konzept, Durchführung und Text: MGD

Was dir die Noten erzählen
Beethovens Musik aus der Nähe

Einladung

zum Ferienworkshop für neugierige Notenfüchse ab 10 Jahren
4.–7. August 2008, jeweils 10–13 Uhr

Noten sind natürlich in erster Linie „Musik", und Musikstücke können viele Geschichten erzählen. Noten sind aber auch „Papiere". Auch diese können Geschichten erzählen, aber ganz andere; zum Beispiel von langen Wanderschaften, unterschiedlichen – auch sehr berühmten – Besitzern und Benutzern, die alle irgendwie ihre Spuren hinterlassen haben. Hört mit uns die Geschichten hinter der Musik und verfolgt Spuren in Beethovens Notenpapieren!

Zielsetzung

Die Erfahrung, dass Kinder mit Musik auch oft Geschichten „hören", ist in diesem Workshop Ausgangspunkt für das Hören von Beethovens Musik. Aber nicht nur die Ohren, auch die Augen können die Aufnahme von Musik begleiten und tragen. Viele Maler haben diesen Zugang zu Beethovens Musik zum Ausdruck gebracht. Auch die Noten selbst können einem einiges über den Entstehungsprozess berichten. Und das Papier, der „Träger" der Musik, weist meistens Spuren auf, die aus der Geschichte dieser Objekte erzählen. Mit allen Sinnen also führt der Workshop durch/in Beethovens Musik und durch die Autographen-, Noten- und Bildersammlung des Beethoven-Hauses.

Verlauf

In der gemütlichen Sofaecke des Kammermusiksaales beginnt der erste Workshoptag. Wir hören gemeinsam jeweils einige Minuten der einzelnen Sätze von Beethovens Streichquartett op. 59 Nr. 3. **Während des Hörens** überlegt sich jeder, was für **Bilder bzw. Situationen** die Musik bei ihm auslöst. Das Träumerische der langsamen Einleitung und das daran anschließende „Aufspringen" vermitteln sich schnell, ebenso das „Umtriebige" des letzten Satzes, das zu Assoziationen mit Diskussionen mit Mitschülern oder den Eltern führt. Der Beethovenforscher Arnold Schering hat seine literarischen Assoziationen zu Beethoven-Werken 1934 niedergeschrieben. Dieses Quartett, so meint er, sei auf einige Episoden des Don Quijote von Cervantes komponiert. Wir hören die entsprechenden Stellen des Quijote und finden diese Assoziationen plausibel – wenngleich sie historisch haltlos sind. Sehr wohl auf Beethoven zurückgehend ist eine andere **Geschichten-Musik**: die 6. Sinfonie (**Pastorale**). Ohne die plastischen Satzüberschriften zu verraten, hören wir nun an einem anderen Ort die einzelnen Sätze. Das Offene, Heitere des ersten Satzes vermittelt sich schnell, und die Assoziation mit „draussen (in der Natur)" ist für Kinder offenbar nahe liegend. Dass es sich bei dem 4. Satz um einen „Wetter-Satz" handelt, lässt sich ebenfalls gemeinsam leicht erschliessen. Die einzelnen Wetter-Phänomene werden schriftlich oder zeichnerisch festgehalten.

Und was kann eine Partitur, die dem Ohr so viel zu erzählen hat, dem Auge berichten? Wie sieht **Beethovens Notenbild** dazu aus? Über Laptop und Beamer schauen wir gleichsam in unsere bedeutende Sammlung hinein und blättern in den von Beethoven geschriebenen Noten (= Autographen) der gehörten Werke. Ruhe oder Ausdrucksintensität sind auch optisch oft schon zu erkennen. Ein wenig sinnlicher als das Computerbild sind die Nachdrucke von Beethovens Handschriften (= Faksimile). Der Kustos und Leiter der Sammlungen zeigt uns einige ausgesuchte Exemplare. Die akkurate oder auch vehemente Schrift Beethovens, wüste Streichungen, Eintragungen mit Rotstift etc. sprechen ihre eigene Sprache (bzw. Musik). Nach diesen Einsichten und Eindrücken soll nun jeder **selbst ein „Autograph" erstellen**, das eine kleine Geschichte erzählt.

Zunächst wird eine Geschichte gemeinsam erdacht und es wird überlegt, welche musikalischen Symbole welche Gefühle ausdrücken können: Betonungen, (sehr) laut, (sehr) leise, hohe, tiefe, lange/langsame oder schnelle Noten, crescendo, tremolo, Fermate etc. So gerüstet kann jeder seinen Teil der Geschichte auf das Notenpapier bringen. Zu Beginn des nächsten Tages werden die so entstandenen Partituren einem Komponisten vorgelegt, der sie (in eigener „Harmonisierung") spielt und dabei die emotionale Aussage herausliest. Er trifft überwiegend die Intention des jeweiligen Komponisten. Nur hier und da muss eine Kleinigkeit ergänzt werden, damit der gewünschte Ausdruck (die „Geschichte") deutlicher herauskommt.

Auch gedruckte Noten können Geschichten erzählen, wenn auch ganz andere. Einen Eindruck davon erhalten wir in der Bibliothek, wo verschiedene **alte Notenausgaben von Beethovenwerken** ausgelegt sind, die von ihren vornehmen Besitzern erzählen, von sehr starker oder auch gar keiner Nutzung, von feuchten Aufbewahrungsorten, alten Verklebungen, ja selbst von Fliegen, die beim Passieren ihre Spuren hinterlassen haben...

Die meisten dieser Spuren lassen sich heute mit viel Aufwand beseitigen. Dies ist die **Arbeit eines Restaurators**, und derjenige, der die Bestände des Beethoven-Hauses pflegt, lässt die Kinder ein wenig in seine Arbeit blicken. Es wird mit einem besonderen Material radiert und es werden Risse so geklebt, dass nachher kaum mehr etwas davon zu sehen ist. Schließlich erhält jedes Kind einen Briefumschlag, dessen Verklebung es vorsichtig freilegen soll, um darunter Teile eines Textes zu finden. Zusammen gepuzzelt ergeben sie die diversen Namen und Titel sowie eine kurze Erläuterung von Beethovens Schüler, Freund und Förderer Erzherzog Rudolph. Dieser ist nämlich der Widmungsträger des nächsten Musikstücks, der **Sonate Les Adieux** (op. 81a), die Beethoven ihm schrieb, als dieser Wien wegen der Kriegswirren für einige Zeit verließ. Beim Hören jedes einzelnen der drei Sätze der Sonate werden die Satzüberschriften wieder nicht verraten, sondern anhand der **Gefühle und Stimmungen der Musik** im gemeinsamen Gespräch erschlossen.

Inzwischen sind die Kinder für Stimmungen sensibilisiert und weiten ihre musischen Assoziationsfähigkeiten auf die **bildende Kunst** aus. Viele Maler ließen sich nämlich durch **Musik von Beethoven** zu Bildern inspirieren. Einer Auswahl davon nähern sich die Kinder auf unterschiedliche Art und Weise an. Mal hören sie einen Musikausschnitt, beschreiben ihre bildliche Vorstellung dazu und lernen dann die Umsetzung des Malers kennen. Oder sie dürfen sich nach dem Hören Farbplättchen aussuchen, die ihnen für die gehörte Musik passend erscheinen, sehen dann die Umsetzung des Malers und stellen fest, ob ihre Farbwahl mit dessen Assoziation übereinstimmt. Oder sie beschreiben, wie sie sich ein Bild zu einem der bereits bekannten Werke (Pastorale und Les Adieux) vorstellen könnten und sehen dann, wie ein Maler diese Musik ausgedrückt hat.

Der Besuch des Papiermuseums „Alte Dombach" am vierten Workshoptag verstärkt noch einmal die Sensibilisierung für die damals kostbare Materie Papier, den Träger aller in den vergangenen Tagen wahrgenommenen Musik.

Konzept und Text: MGD; Kunstpädagogisches Konzept: SB
Durchführung mit Beteiligung von Kollegen des Beethoven-Hauses und Gästen

Beethovens Kindheitsträume

Einladung
zu einem Wochenendworkshop für Kinder von 8-10 Jahren
23.-24. August 2008, 10-13 Uhr und 10-16 Uhr

Beethoven war schon als Kind ein kleiner Notenfuchs und Schelm. Obwohl er es mit seinem strengen Vater nicht immer leicht hatte, war er oft zu Streichen aufgelegt und es gibt viele lustige Geschichten aus seiner Kindheit. Im Workshop lassen wir diese Geschichten mit selbsterstellten Figuren als Marionettentheater lebendig werden. Musik von Beethoven gehört natürlich auch dazu. Hast du Lust bekommen mitzumachen? Dann melde dich an.

Zielsetzung

Die Kinder sollen in diesem Wochenendworkshop Beethoven nicht nur als großartigen Künstler und Musiker kennenlernen, sondern in erster Linie einen persönlichen Bezug zu ihm entwickeln. Wie war Beethoven als Kind? Hatte Beethoven eine unbeschwerte Kindheit? Wie lebte man als Kind in Beethovens Zeit?

Verlauf

1. Tag: Mit den Kindern besuchen wir das Beethoven-Haus (Museum), das Geburtshaus des Komponisten. Wir sehen uns Exponate und Räumlichkeiten an. Wir stellen uns vor, wie die einzelnen Räume eingerichtet waren und zu welchem „Zweck" sie dienten. Anhand von ausgewählten Exponaten zeigen wir Persönlichkeiten, mit denen Beethoven befreundet war oder die ihm in seiner Kindheit nahe standen. Wir sehen uns Gemälde von Häusern an und Standorte, wo Beethoven als Kind früher gelebt hat. In einigen Räumen lassen wir, anhand kleiner Anekdoten, Beethovens Kindheit lebendig werden. Die Kinder bekommen Textkärtchen und lesen mit verteilten Rollen Anekdoten aus Beethovens Kindheit vor.

Nach einem kleinen Musikteil, in dem zwei Kanons für die Aufführung einstudiert werden, beginnen wir mit dem Grundgerüst für unsere eigene Marionettenpuppe. Körper, Kopf, Hände sowie Marionettenkreuz und Fäden werden angefertigt und befestigt.

2. Tag: Die Kinder gestalten ihre Marionettenpuppe fertig (Gesicht, Haare, Kleidung, Accessoires). Dann lassen sie die Marionettenpuppen lebendig werden, indem sie lernen, wie man eine Marionettenpuppe zum Gehen, Winken, Verbeugen und Laufen animieren kann. Anschließend sehen wir uns unsere Bühne an und überlegen, was man alles für eine Theater-/Marionettenaufführung benötigt: Bühne, Drehbuch, Marionetten und Kulissen. Gemeinsam erstellen wir drei eigene Kulissenbilder. Danach folgt der Hauptteil: Die Inszenierung von „Beethovens Kindheitsträume". Die Kinder übernehmen Rollen als Sprecher, Marionettenspieler, Regisseur, Tontechniker, etc. und inszenieren ihr eigenes Marionettentheater. Mit einer Aufführung für Familie, Freunde und Bekannte im Kammermusiksaal endet der Kinderworkshop.

Konzept und Text: Felizitas Ertelt (Abschlussprojekt ihres „Freiwilligen Sozialen Jahres Kultur")
Durchführung zusammen mit UVB

Ein Kindergeburtstag im Beethoven-Haus

Für einen fröhlichen und aufregenden Kindergeburtstag bietet das Beethoven-Haus einen besonderen Rahmen

Die Geburtstagsgesellschaft erkundet mit Rätseln und Suchspielen das Museum, dann wird gewerkelt, gesungen und getanzt. Beethoven und seine Musik stehen dabei natürlich immer im Mittelpunkt. Einen aufregenden Abschluss bildet der Besuch unserer virtuellen 3D-Inszenierung der Oper Fidelio.

So schön wie heutzutage wurde zu Beethovens Zeit sicher kein Kindergeburtstag gefeiert, weder der des kleinen Ludwig, noch der seiner jüngeren Brüder Karl und Johann. Man wusste ja nicht einmal an welchem Datum die Kinder genau geboren sind.

Heute kann man im Beethoven-Haus mit bis zu elf Freunden und Freundinnen seinen Geburtstag feiern. Und wir machen alles, was zu einer richtigen Party dazu gehört: singen, tanzen, spielen, basteln und Kuchen essen.

Da sich die Kinder untereinander meistens gut kennen, können wir nach einem Geburtstagslied im Garten gleich mit einem Rundgang durchs Museum starten. Die Kinder sollen den Ort, an den sie hier geraten sind, und dessen ehemalige Bewohner ein wenig kennen lernen. Dazu betrachten wir Bilder, lauschen alten Instrumenten, flüstern in Hörrohre, puzzeln ein Beethoven-Portrait zusammen oder suchen einen Schatz mit Schokoladen-Gulden.

Dann haben sich die Kinder eine Verschnaufpause verdient. Im geschmückten Workshopraum trinken wir Saft und essen den leckeren Kuchen, den die Eltern vorher im Museum abgegeben haben. Wenn die letzten Krümel vom Tisch gefegt sind, wird gebastelt. Eine Maske, ein Schattenbild, ein Leporello, ein Notenbüchlein, je nach Wunsch und Alter der Kinder.

Dann erklingt Musik und wir bitten die Kinder zu Gesang und Tanz in den Kammermusiksaal. Oder in den Keller…, denn dort liegt jemand unschuldig gefangen. Er heißt Florestan und singt eine furchtbar traurige Arie. Wir wollen seinen Klagen lauschen und gemeinsam versuchen, ihn zu befreien.

Wenn die Kinder dann 2 1/2 Stunden später wieder von ihren Eltern abgeholt werden und von den aufregenden Dingen erzählen, die die Geburtstagsgesellschaft erlebt hat, hört man nicht selten den Seufzer: „Ach, könnte ich doch auch noch einmal Kind sein…"

Text: UVB
Konzept und Durchführung: CK, S.SF, GSS, UVB

1. Ludwig van Beethoven – Sein Leben

Im Bewusstsein der Menschen, auch der Kinder, ist Beethoven ein genialer aber grimmig schauender, komplizierter, vielleicht auch chaotischer Künstler. Die Beethoven-Darstellungen und ein mythifiziertes Halbwissen transportieren dieses Bild schon seit über 100 Jahren bis in unsere Zeit. Uns liegt daran, dieses Bild bei Kindern auf fundierter Basis zurecht zu rücken, zu erweitern, zu differenzieren und zu vermenschlichen. Die nachfolgende kurze Übersicht über wichtige Stationen in Beethovens Leben berücksichtigt daher auch diesen Aspekt.

Beethovens Alter:

17. Dezember 1770: Ludwig van Beethoven wird in der Remigiuskirche in Bonn getauft. Sein genaues Geburtsdatum kennen wir nicht. Da es aber damals üblich war, ein Kind möglichst schnell nach der Geburt taufen zu lassen, wird der Geburtstag am 16. oder 17. Dezember gewesen sein. Beethovens Großvater Ludwig, ein angesehener Musiker am Hof, ist auch sein Pate. Beethoven verehrt ihn zeitlebens.

3 Jahre **24. Dezember 1773:** Beethovens Großvater stirbt.

4 Jahre **Ab 1775** („seit meinem vierten Jahre") erhält Beethoven Musikunterricht von seinem Vater Johann, einem Sänger am Hof. Der Vater ist sehr streng und holt ihn oft nachts, wenn er mit Musikerkollegen angeheitert aus dem Wirtshaus kommt, zum Spielen aus dem Bett.

5 Jahre **1776:** Die Familie van Beethoven zieht in die Rheingasse in das Haus der Familie Fischer. Als Spielkameraden haben Beethoven und seine jüngeren Brüder Karl und Johann hier die beiden Fischer-Kinder, mit denen sie eine vergnügliche Kindheit verbringen und manchen Schabernack aushecken.

7 Jahre **26. März 1778:** Beethoven tritt erstmals öffentlich auf. Obwohl er zu diesem Zeitpunkt bereits sieben Jahre alt ist, kündigt ihn sein Vater als 6-Jährigen an, um ihn nach dem Beispiel Mozarts als Wunderkind präsentieren zu können.

8 Jahre **Oktober 1779:** Der Komponist und Organist Christian Gottlob Neefe kommt nach Bonn und wird wenig später Beethovens Orgel- und Musiklehrer. Bald schon kann Beethoven seinen Lehrer an der Hoforgel vertreten.

11 Jahre **1782:** Die ersten gedruckten Noten des jungen Beethoven erscheinen. Beethoven wird von seinem Freund Wegeler mit der Familie von Breuning bekannt gemacht. Er wird Klavierlehrer der nur wenig jüngeren Kinder und wie ein weiteres Mitglied in die Familie integriert. Hier findet er Bildung und Wärme und verbringt viele unbeschwerte Jugendtage.

13 Jahre **Juni 1784:** Beethoven erhält eine feste Anstellung als zweiter Hoforganist.

16 Jahre **Ende 1786:** Beethoven reist nach Wien, um dort bei Mozart Unterricht zu nehmen. Nach wenigen Wochen tritt er jedoch die Rückreise nach Bonn an, da seine Mutter sterbenskrank ist. Bei seiner Rückkehr trifft er seine Mutter noch lebend an.

17. Juli 1787: Beethovens Mutter stirbt.

18 Jahre **Seit 1789:** Beethoven ist als Bratscher im Hoforchester angestellt.

21 Jahre **November 1792:** Beethoven verlässt Bonn ein zweites Mal, um in Wien zu studieren. Da Mozart bereits gestorben ist, wählt er Joseph Haydn zu seinem Lehrer. Zum Abschied von Bonn stellen Beethovens Freunde ihm ein „Stammbuch" mit Sprüchen und Wünschen zur Erinnerung zusammen. Nach Bonn kehrt Beethoven nie wieder zurück.

22 Jahre **18. Dezember 1792:** Beethovens Vater stirbt.

1793: Beethoven lernt in Wien den Cello spielenden ungarischen Kanzleisekretär Nikolaus Zmeskall kennen, der ihm in vielen Angelegenheiten des Alltags hilft und mit dem Beethoven ein sehr humorvolles Verhältnis hat. Auch die Geiger Karl Holz und Ignaz Schuppanzigh sowie der Verleger Tobias Haslinger gehören später zu den engen Wiener Freunden, mit denen Beethoven viel Spaß hatte.

31 Jahre **6. und 10. Oktober 1802:** Beethoven, der bereits seit einiger Zeit feststellen musste, dass sein Gehör nachlässt, gibt seiner Verzweiflung darüber in einem langen Brief an seine beiden Brüder Ausdruck. Da er diesen Brief in dem Wiener Vorort Heiligenstadt schrieb und darin auch seinen Nachlass regelt, wird das Dokument „Heiligenstädter Testament" genannt.

38 Jahre **1. März 1809:** Um Beethoven, der eine Anstellung am Hof in Kassel annehmen wollte, in Wien zu halten, stiften drei Adelige Beethoven bis an sein Lebensende eine Jahresrente von 4.000 Gulden.

39 Jahre **Mai 1810:** Beethoven hält um die Hand von Therese Malfatti an, für die er das berühmte Klavierstück „Für Elise" (meint: Therese) schreibt. Wegen des Standesunterschiedes wird die Werbung jedoch ausgeschlagen.

41 Jahre **1812:** Auf Bitten eines Freundes lässt Beethoven sich eine Gesichtsmaske abnehmen, auf deren Basis der Bildhauer Franz Klein eine Büste anfertigt (s. Abbildung auf der vorigen Seite). Wie unangenehm Beethoven diese Prozedur war, zeigt sich an Beethovens mürrischen Gesichtsausdruck. Die Maske und die daraus entstandene Bronzebüste galten aber seitdem als authentischste Darstellung von Beethoven.

6./7. Juli 1812: Beethoven schreibt einen langen Liebesbrief an eine nicht genannte Frau, seine „Unsterbliche Geliebte".

44 Jahre **22. November 1815:** Nach dem Tod seines Bruders Karl wird Beethoven Vormund von dessen Sohn, seinem Neffen Karl.

47 Jahre **1818:** Beethovens Gehör hat sich so sehr verschlechtert, dass er zur Verständigung Konversationshefte benutzen muss.

November 1826: Auf der Rückfahrt vom Gut seines Bruders Johann in Gneixendorf fährt Beethoven durch den feuchtkalten Winter in einer offenen Kutsche. Für seinen bereits seit Jahren schlechten körperlichen Zustand ist das zu viel.

56 Jahre **26. März 1827:** Beethoven stirbt. Seinem Trauerzug drei Tage später folgen 20.000 Menschen. Die Kinder haben an diesem Tag schulfrei.

MGD

1. Ludwig van Beethoven

1.1 Das Beethoven-Haus
Ein kleiner Museumsrundgang

Zentrum des Ensembles Beethoven-Haus ist das Geburtshaus Ludwig van Beethovens, in dem der Komponist am 16. oder 17. Dezember 1770 zur Welt gekommen ist. Das dort beherbergte Museum zeigt ausgewählte Exponate aus der größten privaten Beethoven-Sammlung der Welt, die einen Einblick in Leben und Werk des Komponisten geben: Beethovens Originalinstrumente, Darstellungen von Beethoven selbst und von Menschen aus seinem Umfeld, Realien aus seinem Besitz, zeitgenössische Ansichten von Bonn und Wien sowie Schriftdokumente. Die Räume des Museums erstrecken sich über zwei miteinander verbundene Gebäude: Vorderhaus und Hinterhaus. Das (damals separate) Hinterhaus wurde einige Jahre von der Familie van Beethoven bewohnt. Beide Gebäude sind weitgehend im Originalzustand erhalten. Die permanente Ausstellung führt den Besucher in vier Räumen im ersten Stock durch Beethovens Kindheit und Jugend im kurfürstlichen Bonn (1770–1792) und in drei Räumen im 2. Stock durch seine Wiener Zeit (1792–1827). Zwei weitere Räume werden für regelmäßige Sonderausstellungen genutzt, die speziellen Aspekten aus Beethovens Leben und Werk gewidmet sind.

Das Museum ist im Sinne einer Gedenkstätte gestaltet. Um die Exponate uneingeschränkt in den Mittelpunkt der Wahrnehmung zu stellen, wurde bewusst auf Medienstationen und andere haptische oder auditive Elemente verzichtet.

Der Museumsrundgang beginnt in den ehemaligen Wohnräumen der Familie van Beethoven mit der Kindheit und Jugend Beethovens in Bonn. Wunderschöne kolorierte Stiche erzählen von der damaligen Residenzstadt der Kölner Kurfürsten.

Von Beethovens musikalischem Schaffen berichten unter anderem die **Ankündigung von seinem erstem Konzert** 1778 („Avertissement") und die Erstausgabe seiner ersten Komposition von 1782 (Neun Variationen über einen Marsch von Ernst Christoph Dressler, WoO 63).

An seine Tätigkeit als Hofmusiker erinnert der historische Spieltisch der Orgel, an der er bereits als Zehnjähriger gespielt hat, sowie Beethovens Dienstbratsche (s. W 3.1). Eine Vorstellung seines Äußeren zu dieser Zeit vermittelt ein Schattenriss, der Beethoven als sechzehnjährigen Hofmusiker mit Perücke zeigt (s. W1.2.3). Andere Darstellungen erinnern an Personen aus Beethovens nächstem Umfeld, wie zum Beispiel das **Portrait seines Großvaters**, des Hofkapellmeisters Ludwig van Beethoven d.Ä. (1712-1773) und das seines wichtigsten Bonner Lehrers, des Hoforganisten und Komponisten Christian Gottlob Neefe (1748-1798). Zahlreiche Spuren von Beethovens Bonner Freundeskreis sind hier zu finden, unter anderem deren Abschiedsgeschenk, als Beethoven 1792 nach Wien geht: ein Stammbuch u.a. mit dem legendären Eintrag seines Förderers und Freundes Graf Waldstein, der ihm wünscht, dass er in Wien Mozart Geist aus Haydns Händen erhalten möge.

Die Ausstellungsräume im zweiten Stock des Museums führen dann in die Wiener Zeit Beethovens. Eine Vielzahl von Darstellungen vermittelt hier sehr unterschiedliche Eindrücke vom Aussehen des Komponisten, unter anderem das wohl berühmteste, wenn auch idealisierte Gemälde „mit dem roten Schal", 1820 von Joseph Karl Stieler gemalt (s. W1.4.1), sowie **August von Kloebers Bleistiftzeichnung** von 1818, die die Vorstellung von der wilden Haarmähne des Komponisten geprägt hat.

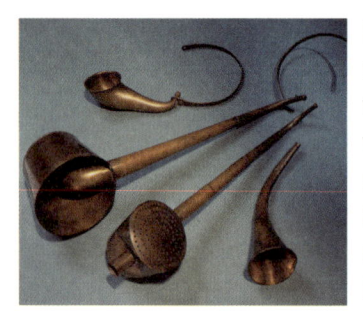

Mehrere Karikaturen zeigen den Spaziergänger Beethoven, mal elegant, mal verschroben, mal mit Spazierstock dirigierend. Eine Lithographie von Beethoven auf dem Totenbett von Joseph Danhauser und die auch von Danhauser abgenommene Totenmaske des Komponisten sind ebenso berührend wie mehrere Exponate, die Zeugnis ablegen von der Schwerhörigkeit und Taubheit Beethovens: **Beethovens Hörrohre** und ein von Beethoven in den letzten Jahren zur Verständigung genutztes Konversationsheft.

Realien wie Beethovens **Schreibtisch**, sein **Spazierstock** oder eine nach seinem Tod abgeschnittene Haarsträhne stellen einen sehr persönlichen Bezug zu dem Menschen Ludwig van Beethoven her.

Die Bronzebüste von Guilietta Guiccardi, Widmungsträgerin der so genannten „Mondscheinsonate" (op. 27 Nr. 2), zeigt eine der Damen aus Beethovens Umfeld, denen er sehr eng verbunden war. Beethovens Streichquartett, ein Geschenk seines ersten Mäzens, Fürst Karl von Lichnowsky (1756-1814) und sein letzter Flügel (von Conrad Graf, 1826) (s. W 3.1) gehören zu den Höhepunkten der Ausstellung. Im Vortragssaal des Museums steht ein weiterer historischer Flügel aus der Werkstatt von Conrad Graf, der spielbar ist. Das nebenstehende Tafelklavier dürfen die Kinder unter Anleitung auch selbst ausprobieren.

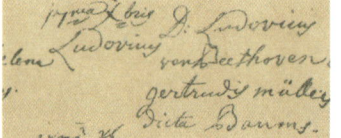

Den Abschluss des Museumsrundganges bildet das nur mit einer Beethoven-Büste bestückte Geburtszimmer des Komponisten, vor dem der Eintrag von Beethovens Taufe in das **Taufregister** ausgestellt ist.

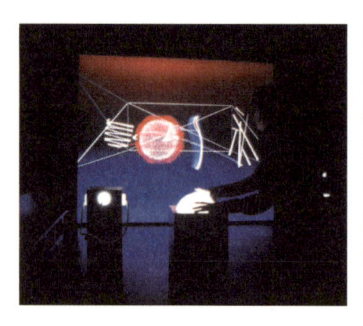

Einen Kontrast zur Atmosphäre des authentischen Ortes in den ehemaligen Wohnstuben des 18. Jahrhunderts stellen die multimedialen Angebote des Digitalen Beethoven-Hauses im ebenfalls historischen Nachbarhaus „Im Mohren" dar, die wir in unsere Vermittlungsarbeit mit einbeziehen. Es handelt sich hier um das „Studio", dessen Computerarbeitsplätze einen Zugang zur digitalisierten Sammlung des Beethoven-Hauses bieten, und um die „Bühne für Musikvisualisierung", auf der eine virtuelle, interaktive 3D-Inszenierung **„Fidelio 21. Jahrhundert"**, eine Schnittfassung des zweiten Aktes von Beethovens einziger Oper Fidelio, zu erleben ist.

Zum praktischen Arbeiten geht es in den **Werkraum**, wo wir ungestört sind. Hier muss man nicht so vorsichtig sein wie im Museum und es kann auch mal etwas lauter zugehen.

Auf unserer Webseite unter www.beethoven-haus-bonn.de sind viele Exponate aufrufbar. Hier können auch Abbildungen einzelner Exponate bestellt werden. Ein virtueller Rundgang führt durch die beschriebenen Museumsräumlichkeiten.

S.SF

1. Ludwig van Beethoven
1.1 Das Beethoven-Haus

W

1.1.1 Spielend beginnen
ab 4, 6 und 7 Jahren

Bei einem Museumsnachmittag oder Workshop im Beethoven-Haus ist für die teilnehmenden Kindern oft alles neu und fremd. Für manche ist es der erste Besuch dort, die anderen Kinder sind ihnen unbekannt, manche kommen zwar mit Freundin oder Freund, andere aber alleine, die Eltern bleiben nicht dabei etc. Für eine fröhliche und pädagogisch effektive Veranstaltung ist es wichtig, erst einmal warm zu werden und Vertrauen zu fassen, kurzum, sich wohl zu fühlen. Nach einem ersten Gespräch mit den Kindern nutzen wir deshalb gerne Spiele, um die Kinder mit uns, den anderen Kindern, der Umgebung und natürlich auch schon mit dem Thema Beethoven vertraut zu machen. Die Spiele lassen sich gut auch in anderen Museen anwenden.

Sachensucherkorb
ab 4 Jahren

Der Sachensucherkorb dient uns oft als Einstiegsspiel, um die Exponate unseres gemeinsamen Rundganges im Museum zu entdecken. Wir nehmen einen Korb, gefüllt mit mehreren schönen Kästchen und Dosen, die neugierig machen, mit ins Museum. Je nach Größe der Gruppe erhält entweder jedes Kind oder ein Kinderpaar ein Kästchen. Sie packen den darin befindlichen Gegenstand, bei dem es sich immer um ein Detail eines Ausstellungsstückes handelt, aus und zeigen ihn den anderen Kindern. Alle zusammen suchen nun das dazugehörige Exponat.
Die Kinder erhalten so einen Bezug zu „ihrem" Exponat; durch die Erschließung der Exponate mit einem kindgerechten Gegenstand und das haptische Erlebnis können die inhaltlichen Informationen leichter aufgenommen werden und in Erinnerung bleiben.

Bei jüngeren Kindern sollten immer nur die Kästchen mit den Gegenständen für den Raum ausgegeben werden, in dem die Gruppe sich gerade befindet. Mit größeren Kindern kann sich dieses Suchspiel auch auf mehrere Räume gleichzeitig erstrecken.

Wir nehmen u.a.:
Bild vom Schlossbrand / Spielzeugeimer
Schattenriss von Breuning / Miniaturtisch mit Teekanne
Maskenball / Stoffhund
Beethoven-Portrait von J.K. Stieler / roter Schal

Schnipselspiel
ab 6 Jahren

Dieses Suchspiel eignet sich sowohl zur Vertiefung eines vorherigen gemeinsamen Rundganges (ab 6 Jahren) als auch – bei etwas älteren Kindern - zum Einstieg in eine noch unbekannte Ausstellung. In einem schönen Gefäß befinden sich Schnipsel, d.h. laminierte Ausschnitte von Exponaten in unterschiedlicher Form und Größe.

Die Kinder ziehen paarweise oder auch zu dritt einen Schnipsel, machen sich auf die Suche nach dem dazugehörigen Exponat und legen den Schnipsel dort ab. Entweder kennen die Kinder ihr Ausstellungsstück bereits von einem vorherigen gemeinsamen Rundgang oder sie erhalten Informationen durch die Exponattexte. Älteren Kindern kann man vorbereitete Blätter ausgeben, auf denen die Kinder sich Notizen machen können.

Abschließend gibt es einen gemeinsamen Rundgang zu den Exponaten der Kinder.
Die Kinder stellen ihr Ausstellungsstück in ein oder mehreren Sätzen vor, wir ergänzen die Informationen.

Reise in Beethovens Zeit - Damals und Heute
ab 7 Jahren

Das Zeitreisespiel eignet sich gut als Einstieg zu einer Veranstaltung. Ein erstes Kennenlernen der Kinder untereinander findet statt. Es wird deutlich, dass Beethoven in einer Zeit gelebt hat, in der vieles anders war als heute.

Mehrere Gegenstände werden auf einem Tisch aufgebaut. Jeweils zwei oder drei Gegenstände gehören zusammen, wovon einer bereits zu Beethovens Zeit existierte und der andere aus der heutigen Zeit stammt: z.B. Kerze und Glühbirne. Jedes Kind darf sich einen Gegenstand nehmen und sucht dann das Kind mit dem passenden Gegenstand. Die Pärchen besprechen sich kurz und stellen ihre Gegenstände dann den anderen vor, indem sie kurz erklären, was in welche Zeit gehört und warum. Es bietet sich an, thematisch passende Objekte auszuwählen, die bereits Anlass für inhaltliche Informationen über Beethoven (das Thema) bieten.

Wir nehmen:
Laterne mit Kerze / Glühbirne
Federkiel / Kugelschreiber
Pinsel / Fotoapparat
Waschschüssel / Duschkopf
Blockflöte / CD / Kopfhörer
Spielzeugpferd oder Kutsche / Spielzeugauto

S.SF

1. Ludwig van Beethoven
1.1 Das Beethoven-Haus

W

1.1.2 Das Beethoven-Haus zum Ausmalen und Nachbauen
ab 7 Jahren

Im Dezember 1770 wurde Ludwig van Beethoven in Bonn geboren. Seine Eltern bewohnten damals die drei Etagen des hinteren Gartenhauses in der Bonngasse Nr. 20. Unterm Dach hatten sie ihre Schlafkammer, und dort kam auch Ludwig zur Welt.

Wenn man in die Bonngasse kommt, kann man nur den vorderen, rosa angestrichenen Teil dieses Hauses sehen. Hier wohnten damals andere Familien. Die beiden Hausteile waren zu Beethovens Zeit nicht miteinander verbunden. Heute kann man von allen drei Etagen des Hinterhauses in das Vorderhaus übergehen.

Der Eingang zum Hinterhaus führt über den Hof. Im Erdgeschoss des hinteren Häuschens befand sich links vom Hauseingang die Küche der Beethovens. Ihr gegenüber, also rechts vom Eingang, waren so genannte Wirtschaftsräume, wo der Vorrat aufbewahrt und auch Kleinvieh gehalten wurde.

Der erste Stock des Gebäudes war die Wohnetage mit drei Zimmern. Das größte von ihnen, ganz rechts, war wohl das Wohnzimmer der Familie. Es misst heute ungefähr 5 x 3 Meter. Im Dachgeschoss befanden sich zu Beethovens Zeit neben der Schlafkammer noch einige andere kleine Kammern.

Zwar kommt uns das Haus der Familie Beethoven heute klein vor. Damals war eine Familie aber schon besser gestellt, wenn sie ein Haus alleine bewohnen konnte. Später wohnten sogar bis zu fünf Familien gleichzeitig in beiden Haushälften.

Die Familie Beethoven wohnte jedoch nicht lange in der Bonngasse. Nach wenigen Jahren zog sie in ein Haus am Dreieck. Da war Ludwig ungefähr drei Jahre alt.

Heute sind sowohl die Räume des Gartenhauses als auch die des Vorderhauses von Beethovens Geburtshaus Museumsräume. Hier erfährt man vieles über Beethovens Leben, sieht viele Noten und Portraits von Beethoven, kann Beethovens Musikinstrumente und sogar seinen Schreibtisch bestaunen. Ein Besuch lohnt sich also!

So entsteht das Beethoven-Haus:

- Zunächst malt man es aus: die Fassade der Straßenseite in rosa, die Fassade der Gartenseite in dunkelgelb, die Fensterläden in dunkelgrün, die Fensterrahmen, die Fensterkreuze und den Rahmen der vorderen Eingangstüre (Straßenseite) in hellgrau, die vordere Eingangstür in dunkelgrün mit einigen dunkelroten Verzierungen; die beiden Türen auf der Gartenseite in hellgrau.
- Dann schneidet man das Haus rundherum aus.
- Man knickt die senkrechten Hauskanten und die vier waagerechten Dachlinien nach hinten.
- Ebenso knickt man die Klebelaschen nach hinten.
- Nun klebt man zunächst das gelbe Haus (Gartenseite) am Dach mit den Seitenteilen zusammen, dann die beiden Dachteile an der obersten Dachkante und zum Schluss das verbleibende Seitenteil.

MGD

Auf Din A3 vergrößern

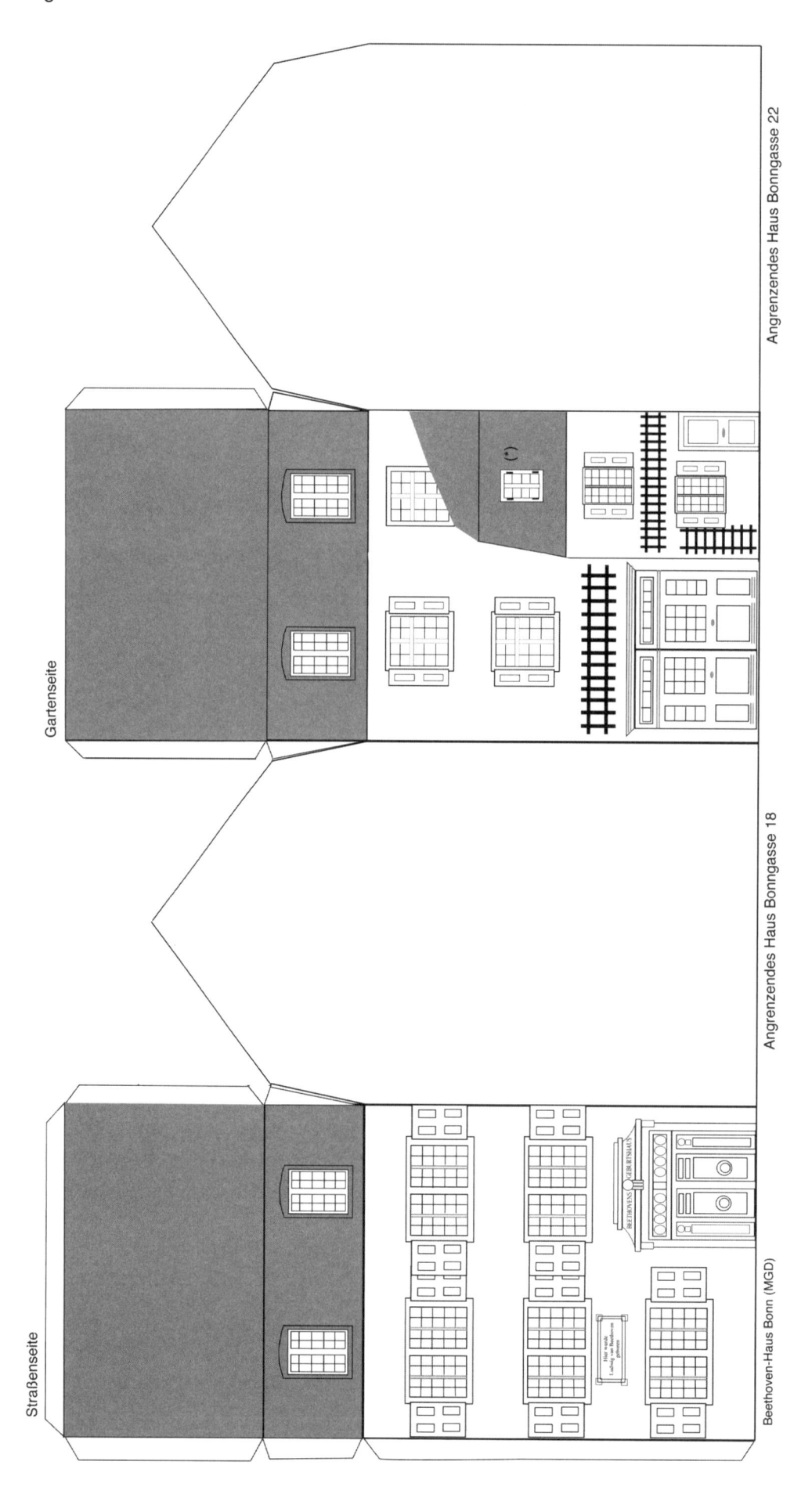

Kopiervorlage

Gartenseite

Straßenseite

Angrenzendes Haus Bonngasse 22

Angrenzendes Haus Bonngasse 18

Beethoven-Haus Bonn (MGD)

1. Ludwig van Beethoven
1.1 Das Beethoven-Haus

W

1.1.3 Das Beethoven-Haus als Martinslaterne

ab 7 Jahren

Und so wird das Beethoven-Haus zu einer Martins-Laterne:

- Man vergrößert den Schnittbogen (W 1.1.2) auf ein Din-A3-Papier.

- Man malt alle Seiten des Bastelhauses schön kräftig aus, am besten mit Buntstiften, die einen hohen Wachsanteil haben.

- Dann schneidet man das Haus rundherum aus und knickt die Teile, wie auf der Anleitung beschrieben, um.

- Nun klebt man das Haus zusammen – nur nicht den Dachgiebel! Der muss für die Laternenschnur offen gelassen werden. Der Kleber (am besten Flüssigkleber) muss gut getrocknet sein, bevor weiter gearbeitet wird.

- Um das Haus durchsichtig zu machen, damit es schön von innen leuchten kann, reibt man es nun mit Speiseöl ein, und zwar auf den nicht bemalten Rückseiten (sonst verschmieren die Farben).
Am besten lässt sich das mit Watte, Toilettenpapier oder Papiertaschentüchern machen. Man sollte allerdings nicht zu viel Öl einreiben, es verteilt sich ohnehin mit der Zeit von selbst.

- Nun nimmt man eine Nadel mit einem festen langen Faden (Zwirn, Baumwolle) und sticht sie von innen in die eine Ecke des Dachgiebels. Danach fädelt man die andere Seite des Fadens ein und sticht die Nadel ebenfalls von innen in die andere Ecke des Dachgiebels. Beide Fadenenden hängen nun oben aus dem Dachgiebel heraus.

- Nun kann man das Birnchen eines Laternenstabs vorsichtig durch den (nicht zusammen geklebten) Dachgiebel in das Innere des Hauses führen.

- Schließlich werden die beiden Fadenenden zusammengeknotet und in den Haken des Laternenstabs gehängt.

MGD

1.1.4 Eine „Beethoven-Haus Collage"
ab 9/10 Jahren

Die Führung durch ein Museum bietet den Besuchern in der Regel eine solche Fülle von Informationen und Eindrücken, dass nach Beendigung des Rundgangs vieles schnell wieder in Vergessenheit gerät. Um den Besuch in Beethovens Geburtshaus auf spielerische Art und Weise „nachzuarbeiten" und zu vertiefen, ist eine eigene kreative Tätigkeit besonders gut geeignet. Dafür bietet sich am besten die Gestaltung einer Collage aus vorgefundenen und selbst hergestellten Bildmaterialien an, da es hier weniger auf handwerkliches Geschick und Erfahrung mit Techniken des bildnerischen Gestaltens ankommt als beim Zeichnen und Malen. Stattdessen werden beim Auswählen und Montieren der einzelnen Abbildungen die im Museum gesehenen Exponate noch einmal wahrgenommen und in einen anderen Kontext gesetzt, so dass eine erneute, entspannte Auseinandersetzung mit dem Gesehenen, Gehörten und Erlebten erfolgt.

Für die Erstellung einer Collage werden den Kindern Abbildungen der unterschiedlichsten Objekte, die im Museum zu sehen sind, zur Verfügung gestellt, aber auch verschiedene fremde Motive aus Publikationen, Prospekten sowie alte Notendrucke. In dieser ersten Phase der kreativen Arbeit ist es wichtig, dass zwar ausreichend viel Material bereit liegt, dessen Menge aber dennoch überschaubar bleibt, damit sich die Aktivität der Kinder nicht zu sehr im Durchblättern der verschiedenen Abbildungen erschöpft. Die ausgewählten Bildmotive werden nun ausgeschnitten oder ausgerissen und auf kräftiges buntes Tonpapier geklebt. Je nach den Fähigkeiten und Ideen der Teilnehmer können die vorgefundenen Bildelemente anschließend auch durch eigene zeichnerische Zutaten oder Beschriftungen ergänzt und dekoriert werden.

Damit eine ausreichende Anzahl einzelner Motive auf dem Bild untergebracht werden kann, sollte die Trägerpappe für die Collage mindestens Din-A3-Format haben. Zudem sollten verschiedene Buntpapiere und Notenpapier sowie Filzstifte in verschiedenen Dicken und Farben bereitgestellt werden, um die phantasievoll dekorative Ausgestaltung der Bilder zu ermöglichen.

Zur Unterstützung der Formfindung kann den Kindern auch eine große stilisierte Darstellung Beethovens (z.B. die Silhouette des jungen Musikers von 1786, s. S. 108), eines Musikinstrumentes o.ä. zur Verfügung gestellt werden, die als Hauptform zur Gliederung der Collage benutzt werden kann.

Die Bandbreite der möglichen Themenstellungen für eine solche kreative Nachbereitung eines Museumsbesuchs ist ausgesprochen groß - sie reicht vom einfachen „mein Besuch im Beethoven-Haus" bis hin zu komplizierteren Fragestellungen, wie „Beethoven und seine Freunde" oder „Beethoven und das Geld", bei denen die erstellte Collage Züge einer dekorativ gestalteten Mindmap annehmen kann.

SB

1. Ludwig van Beethoven
1.2 Beethoven in Bonn

1.2.1 Stadtplanspiel
Ein kleiner Stadtrundgang auf Beethovens Spuren in Bonn
ab 7 Jahren

Ludwig van Beethoven hat 22 Jahre in seiner Geburtsstadt Bonn gelebt. Als Zehnjähriger hat er bereits seinen Lehrer Christian Neefe an der Orgel vertreten und wenig später die Kinder von Breuning im Klavierspiel unterrichtet. Später wird er Bratschist in der kurfürstlichen Hofkapelle. In der Bonner Zeit sind ca. 50 Kompositionen entstanden. Nicht zuletzt war die von den Ideen der Aufklärung geprägte politische Atmosphäre unter dem letzten Kölner Kurfürsten Max Franz prägend für Beethovens politische Haltung, die immer wieder auch in seiner Musik zum Ausdruck kommt. Das Stadtplanspiel ermöglicht einen Besuch von Beethovens Bonn und folgt diesen und anderen Spuren.

Material (s. Kopiervorlagen):
Stadtplan von Bonn (für jedes Kind) • Blatt mit Abbildungen von 10 historischen Gebäuden, die in Bezug zu Beethoven stehen (für jedes Kind) • ein Satz Gebäudekarten mit Informationen über das Gebäude auf der Rückseite.
Für die Gebäudekarten wird Kopiervorlage 1 auf festeres Papier kopiert. Die Gebäudekarten werden ausgeschnitten und auf ihre Rückseite wird die jeweils entsprechende Textkarte (Kopiervorlage 2) geklebt.

Anleitung:
Jedes Kind erhält eine Kopie (Din A3) vom historischen Bonner Stadtplan und ein Blatt mit Abbildungen von 10 Gebäuden. Je nach Alter benötigen die Kinder 10 bis 20 Minuten um die Gebäude auszuschneiden und an der richtigen Stelle einzukleben – zu erkennen an der Gebäudenummer, die jeweils an den Gebäuden und auf dem Stadtplan verzeichnet ist.

Danach zieht jedes Kind aus einem Korb jeweils eine Gebäudekarte.

Mit der Nummer 1 beginnend liest jeder den anderen die (Beethoven-)Geschichten der einzelnen Gebäude von der Rückseite der Gebäudekarte vor.

Zum Abschluss können die Gebäude auf dem Stadtplan bunt ausgemalt werden.

S.SF

Kopiervorlag

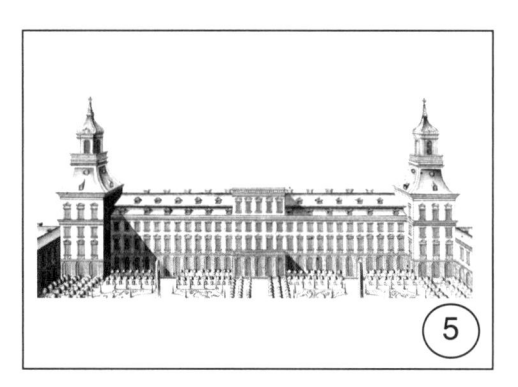

Die Münsterkirche ⑩

Die Münsterkirche ist eine sehr alte und große Kirche mitten in Bonn, die Beethoven auch schon gekannt hat.

St. Remigiuskirche (Minoritenkirche) ③

In dieser Kirche hat Beethoven schon als Zehnjähriger Orgel gespielt. Heute steht dort noch das Becken, über dem er getauft wurde.

Beethovens Taufkirche (alte Remigiuskirche) ②

Hier ist Beethoven am 17. Dezember 1770 getauft worden. Nach dem späteren Abriss der Kirche wurde das Taufbecken dann in die heutige Remigiuskirche (Nr. 3) gebracht.

Beethovens Geburtshaus ①

Der berühmte Komponist Ludwig van Beethoven ist im Dezember 1770 in Bonn im Hinterhaus in der Bonngasse 20 geboren. Heute befindet sich dort ein Museum.

Zeichnung von Reiner Beißel (1835-1899)
Beethoven-Haus Bonn

Haus der Familie von Breuning ⑥

In diesem Haus hat die Familie von Breuning gewohnt, deren Kinder Beethovens beste Freunde waren.

Aquarell von Matthias Frickel (1833-1911)
Beethoven-Haus Bonn

Haus des Bäckermeisters Fischer ④

Mehrere Jahre hat Beethoven mit seinen Eltern und jüngeren Geschwistern im Haus vom Bäckermeister Fischer gelebt. Sein Sohn hat später die ganzen Streiche aufgeschrieben, die Beethoven als Kind ausgeheckt hat.

Aquatinta von Conrad Caspar Rordorf, um 1840
Beethoven-Haus Bonn

Beethoven-Denkmal ⑨

Dieses Denkmal für Beethoven haben die Bonner 1845 auf dem Münsterplatz aufgestellt, nachdem sie sich vorher ganz schön lange darüber gestritten hatten.

Lithographie, vermutlich von Aloys Weber, um 1850
Beethoven-Haus Bonn

Haus des Musikverlegers Simrock ⑧

Der Musikverleger Nikolaus Simrock hatte hier in der Bonngasse, schräg gegenüber von dem Haus, in dem Beethoven geboren wurde, sein Verlagshaus. Er hat auch viele Musikstücke von Beethoven gedruckt.

Das Bonner Schloss (Kurfürstliche Residenz)
– heute Universität –

Hier wirkte das Hoforchester des Kölner Kurfürsten, in dem Beethoven Bratsche gespielt hat, sein Vater Sänger und sein Großvater Hofkapellmeister war.

Zeichnung von C.F. Haas, um 1740
Stadtarchiv und Stadthistorische Bibliothek Bonn

Lokal „Am Zehrgarten" ⑦

Beethoven hat sich als Jugendlicher oft mit seinen Freunden im „Zehrgarten" getroffen und die neuen politischen Ideen dieser Zeit besprochen. Zum Beispiel glaubten sie im Gegensatz zu vielen anderen damals, dass alle Menschen ein Recht auf Freiheit haben.

Bonn um 1800.

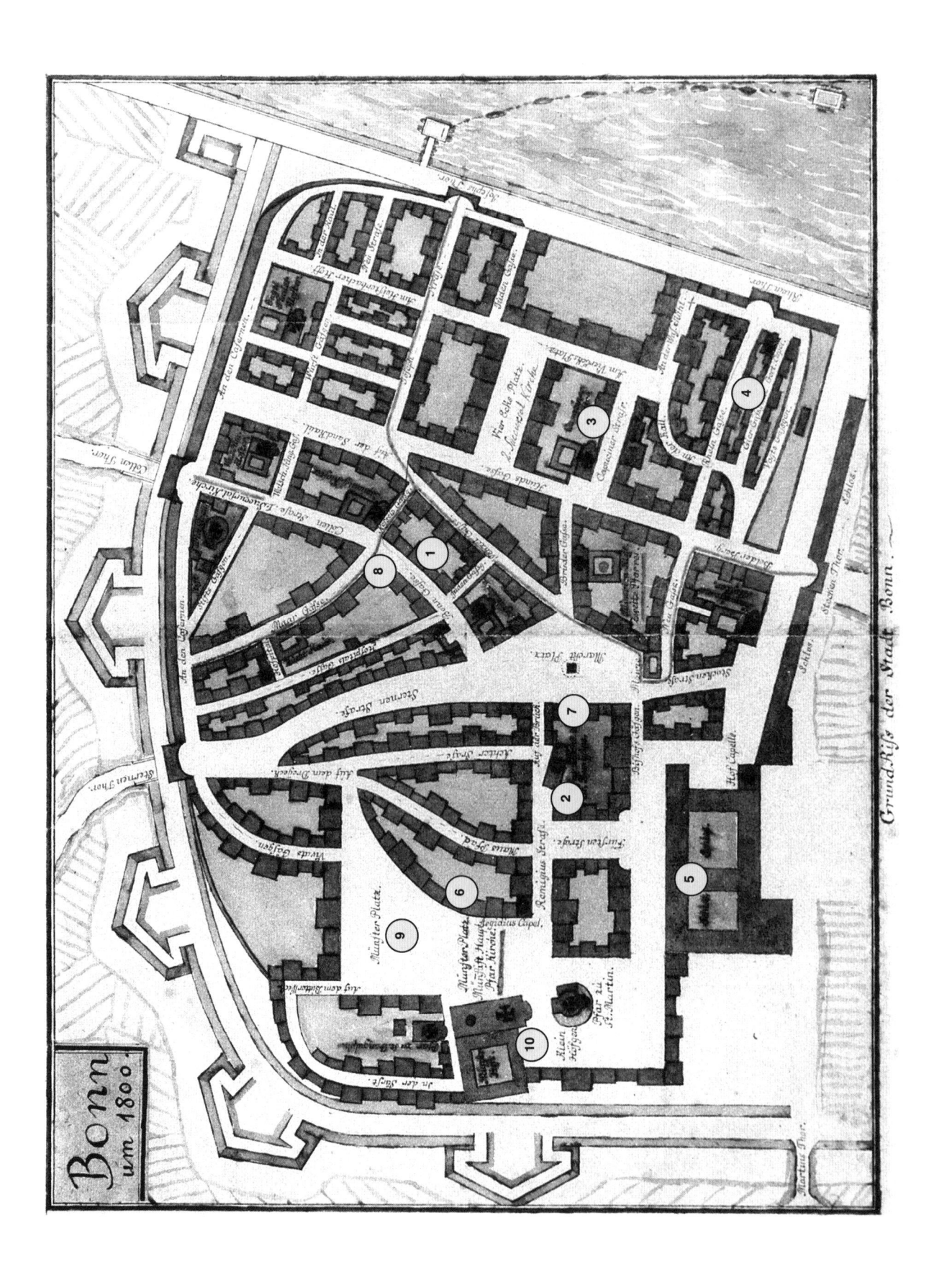

GrundRiß der Stadt Bonn.

1. Ludwig van Beethoven
1.2 Beethoven in Bonn

W

1.2.2 Beethovens Welt in der Schachtel
ab 5 bzw. 7 Jahren

Miniaturwelten in Kästen, Rahmen und ähnlichem üben seit dem 18. Jahrhundert eine große Faszination auf Kinder und Erwachsene aus. Etwas von diesem Zauber lässt sich mit einfachen Mitteln selbst einfangen. Hier sind drei Vorschläge für kleine Guckkastenbühnen mit Schiebefiguren, die Beethovens Bonner Welt im Kleinformat erstehen lassen.

Im Mittelpunkt der ersten beiden Bühnen steht das Bonner Residenzschloss der Kölner Kurfürsten. Als Standort der kurfürstlichen Hofkapelle spielte es eine wichtige Rolle im Leben der Familie van Beethoven. Beethovens Großvater Ludwig van Beethoven d.Ä. (1712-1773) hatte die sehr gut angesehene und auch gut dotierte Position des Hofkapellmeisters inne, Beethovens Vater Johann van Beethoven war dort als Tenor tätig und Beethoven selbst mit 18 Jahren als Bratschist. Zwei zeitgenössische Darstellungen geben einen spannenden Einblick in diese Welt Beethovens und sind gut geeignet für eine Schachtelwelt.

Ein Maskenball im Schloss des Kurfürsten
„Bönnsches Ballstück" (1754) (ab 5 Jahren)

Auf dem Ölgemälde von François Rousseau ist ein Maskenball zur Zeit des Kurfürsten Clemens August (1700-1761), dem Dienstherrn von Beethovens Großvater und Vater, dargestellt. Deutlich zu erkennen ist die Hofkapelle auf der linken und rechten Seite, die prachtvolle Ausstattung des Ballsaals (eigentlich Theaterraum), die herrschaftliche Kleidung der Gäste, die Frisuren und Perücken, die Augenmasken (Larven) vieler Gäste sowie der Kurfürst und sein Hund im Vordergrund. Das Gemälde bietet Kindern einen anschaulichen Ausschnitt vom Leben am kurfürstlichen Hof im Rokoko; eine Welt, die Beethoven und seine Familie aus der Sicht des Zuschauers bzw. Angestellten der Hofkapelle kannten.

Das Bonner Schloss brennt (1777) (ab 5 Jahren)

Bei dem Bild „Der Brand des kurfürstlichen Schlosses zu Bonn am 15.1.1777" handelt es sich um ein seitenverkehrtes Guckkastenbild. Dargestellt ist der dreitägige Brand des Bonner Schlosses, eine der großen Katastrophen in Bonn im 18. Jahrhundert. In der Nacht vom 14. auf den 15. Januar 1777 brach das Feuer aus unbekannter Ursache im Schloss aus. Zwei Kammerknaben bemerkten den Brand zuerst und konnten sich noch gerade aus ihrer verrauchten Stube retten, dann flog die in der Nähe ihres Zimmers gelegene Pulverkammer in die Luft. Durch die Explosion wurden die anderen Schlossbewohner und die Bürger der Stadt geweckt. Sie versuchten, den Brand des Schlosses zu löschen und ein Übergreifen auf die anderen Häuser zu verhindern. Obwohl auch aus den umliegenden Dörfern Hilfskräfte herbeieilten, entstanden dreizehn große Brände in der Stadt. Mehrere Kirchen und andere öffentliche Gebäude wurden beschädigt. Beethoven war zu dieser Zeit 6 Jahre alt, er wohnte mit seiner Familie in der Neugasse unmittelbar am Schloss. Sicherlich haben er und seine Eltern auch bei den Löscharbeiten geholfen.
Hofrat von Breuning, der Vater der Kinder von Breuning, mit denen Beethoven eng befreundet war, hatte noch versucht, mit einigen Helfern zusammen das kurfürstliche Archiv zu retten. Er wurde von herabstürzenden Trümmern so schwer verletzt, dass er kurz darauf starb. Ein Teil der Schäden am Schloss wurde beseitigt; die sehr schwer zerstörten, stadtwärts gelegenen Teile des Schlosses aber wurden erst viele Jahre später wieder aufgebaut.

Material:

- Schuhkarton oder Pappschachtel (im Bastelbedarf in vielen Größen erhältlich) • Holzspachtel (Zahnarztbedarf, Eis am Stiel) oder schmale Pappstreifen in unterschiedlicher Länge zum Bewegen der Schiebefiguren • bunte Pappe (160 g) in Größe des inneren Bodens und der vier Seitenwände der Schachtel vorbereitet • 2 x bunte Pappen in der Größe der linken bzw. rechten Seitenwand und der Hälfte der offenen Schachtelseite („Schlagläden der Bühne")
- Abbildung vom Schlossbrand bzw. Maskenball (s. Kopiervorlage 1) • die entsprechenden Figurengruppen auf weisse Pappe kopiert • Abbildung vom Schloss (Kopiervorlage 2 unten), auf die Größe der linken und rechten Seitenwand und der offenen Schachtelseite kopiert (wird später auf die „Schlagläden" geklebt) • Klebestift, Bastelkleber, Bastelscheren, Teppichbodenmesser (natürlich nur für Erwachsene)

Anleitung:

- Zuerst wird die Schachtel mit bunter Pappe ausgekleidet. Für den Boden der Schachtel, also die spätere Rückwand der Bühne, die vorbereitete bunte Pappe ausgeben. Außerdem die Seitenwände innen rundherum mit bunter Pappe bekleben und das gewünschte Bild einkleben.
- Dann schneiden die Kinder die Figurengruppen, die sie auf ihrer Bühne haben möchten, aus und malen sie bunt.
- Mit dem Teppichbodenmesser ein oder zwei Schlitze, je nach Anzahl der gewünschten Schiebeelemente, in die linke oder rechte Seitenwand schneiden (ist günstiger, als die Schiebe-Elemente von unten zu bedienen). Die Schlitze sollten auf gleicher Höhe sein, und zwar so, dass die Schiebefiguren knapp über der unteren Seitenwand, also dem Bühnenboden, laufen.
- Die Holzspachtel oder Pappstreifen durch den Schlitz schieben und Schiebefiguren an der Spitze aufkleben.

- Bild vom Schloss genau in der Mitte knicken und durchschneiden, die Pappe für die äußere Verkleidung der Schachtel in der Mitte knicken – für jüngere Kinder die Knickstelle vorher einzeichnen.
- Dann wird das Schloss ausgemalt.
- Zum Schluss die beiden Pappen mit dem geteilten Schloss je zur Hälfte auf die Seitenwände aufkleben; die jeweils abgeknickten anderen Hälften bilden dann Schlagläden, mit denen die Guckkastenbühne geschlossen werden kann (s. Foto auf S. 101).

Ein Besuch bei der Familie von Breuning (ab 7 Jahren)

Im Mittelpunkt dieser Guckkastenbühne steht die Familie von Breuning, die in Beethovens Biographie eine zentrale Rolle spielt.

Beethoven wird als elfjähriger Junge auf Vermittlung seines Freundes Franz Gerhard Wegeler als Klavierlehrer der vier Kinder der Familie von Breuning angestellt. Es entsteht rasch eine enge Freundschaft mit Eleonore, Stefan, Christoph und Lorenz. Beethoven wird wie ein fünftes Kind im Hause von Breuning aufgenommen. Nach dem Tod seiner Mutter 1787 wird die Mutter Helene von Breuning für ihn eine wichtige Stütze. Die Familie bewohnte ein Kanonikerhaus am Münsterplatz, da mehrere männliche Verwandte im Münsterstift die Funktion des Kanonikers innehatten. Die Familie von Breuning bedeutete für Beethoven aber nicht nur Freundschaft und familiärer Rückhalt, sondern eröffnete ihm auch den Zugang zu einem wohlhabenden, kultivierten und hochgebildeten Umfeld.

Material:

Schuhkartons • schmale Pappstreifen in unterschiedlicher Länge zum Bewegen der Schiebefiguren bzw. als Füßchen für Standfiguren • bunte Tapetenreste • Klebestift, Bastelkleber, Bastelschere, für die Erwachsenen ein Teppichbodenmesser • Schattenrisse (s. S. 106 und 108) auf Pappe (160 g) zum Ausschneiden, für die Schiebefiguren • das Haus der Familie von Breuning auf Transparentpapier kopiert • bunte Pappe in der Größe der äußeren Rückwand (Boden der Schachtel) mit vorgezeichnetem Rahmen, der dem Ausschnitt des Transparentbildes entspricht, das nachher in der Rückwand sichtbar sein soll.

Anleitung:

- Mit dem Teppichbodenmesser in den Boden der Schachtel (spätere Rückwand) ein rechteckiges Stück schneiden, so groß wie der gewünschte Ausschnitt des Transparentbildes (am besten Pappschablone nehmen)

- Kinder schneiden den eingezeichneten Rahmen aus der Pappe für die Rückwand aus, dann wird der Rahmen auf das Transparentbild geklebt (Klebestift nehmen, da Bastelkleber das Transparentbild wellig macht), eventuellen Überstand abschneiden. Dann das Bild im Rahmen beiseite legen und Innenwände der Bühne mit Tapetenresten oder bunter Pappe auskleiden.

- In eine der beiden Seitenwände parallele Schlitze mit dem Teppichbodenmesser schneiden.

- Kinder schneiden die Schattenrissfiguren aus, die sie auf ihrer Bühne haben möchten.

- Dann Pappstreifen durch die Schlitze schieben und ausgewählte Figuren auf die Spitze kleben.

- Für Standfiguren kleine Pappstücke knicken und die obere Hälfte als Standfüßchen hinten auf die Figur kleben.

- Zum Abschluss den Rahmen mit Transparentbild auf die äußere Seite der Rückwand kleben (diesen Schritt erst zum Abschluss, da das Transparentbild bei den übrigen Arbeitsschritten leicht Schaden nehmen kann).

Und nun viel Freude mit den Guckkastenbühnen!

S.SF

François Rousseau (um 1717-1804), „Bönnsches Ballstück" (Maskenball im Bonner Hoftheater mit Musikanten und Tänzern, 1754) - Kopie von Erich Getka nach dem Gemälde von François Rousseau (Beethoven-Haus Bonn)

François Rousseau (um 1717-1804), Der Brand des kurfürstlichen Schlosses zu Bonn am 15.1.1777 - Kupferstich (seitenverkehrtes Guckkastenbild) von Balthasar Friedrich Leizel nach einer Zeichnung von François Rousseau (Beethoven-Haus Bonn)

Matthias Frickel (1833-1911), Das ehemalige Haus der Familie von Breuning in Bonn, 1896 - Aquarell (Beethoven-Haus Bonn)

Die Bonner Residenz, Zeichnung von C.F. Haas um 1740 (Stadtarchiv und Stadthistorische Bibliothek Bonn)

Figuren für die Guckkastenbühnen zum Ausschneiden und Ausmalen.

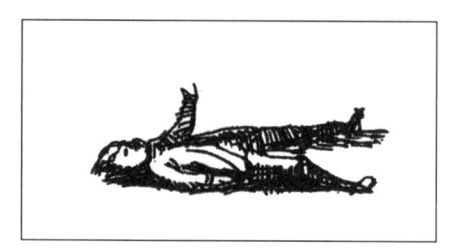

Teestunde bei Familie von Breuning.

Auch die Gruppensilhouette der Familie von Breuning (siehe S. 108) kann für diesen Zweck genutzt werden.
Sie muss dafür nur entsprechend verkleinert werden.

1. Ludwig van Beethoven
1.2 Beethoven in Bonn

1.2.3 Scherenschnitte vom jungen Beethoven und seinen Freunden
ab 9 Jahren

Da es zu Beethovens Zeit noch keinen Fotoapparat gab, musste man, wenn man ein Bild von sich oder seiner Familie verschenken wollte, es zum Beispiel malen lassen. Es gab aber auch eine etwas schnellere Methode: den Scherenschnitt. Dafür setzte sich die Person, die dargestellt werden sollte, vor eine „Silhouettenwand" oder einen „Silhouettenschirm", so dass man sie von der Seite, also im Profil sehen konnte. Nun wurde eine Lichtquelle so aufgestellt, dass das Profil der Person als Schatten auf diesem Silhouettenschirm sichtbar wurde. Jetzt konnte man die Umrisse des Schattens nachzeichnen. Da diese Umrisse natürlich viel zu gross waren, um sie für ein kleines Portrait auf ein kleines Scherenschnittpapier zu bringen, wurde der grosse Umriss mit Hilfe eines so genannten „Storchenschnabels" (oder Pantographs) verkleinert.
(Einen Storchenschnabel kann man sich nach einer Anleitung aus dem Internet auch selber basteln: http://www.mathematik.uni-halle.de/institute/didaktik/pantograph/basteln/index.html)
Diese Form konnte man nun auf das schwarze Papier bringen und ausschneiden.

Man kann aber auch einfach ein grosses weisses Papier an eine Zimmerwand heften. Derjenige, der abgelichtet werden soll, setzt sich mit ein wenig Abstand seitlich vor dieses Papier. Eine Lampe wirft den Schatten der Person auf das Papier. Nun kann man den Umriss des Profils mit Bleistift nachzeichnen.

Mit den heutigen technischen Möglichkeiten geht es aber auch anders ganz schnell und einfach: Man macht ein Digital-Foto von der Seite der Person (Kopf und Schulter). Dieses kann man entweder schon am Computer über Kontrast zu einer schwarzen Silhouette machen und in die richtige Größe bringen, oder man legt das ausgedruckte Foto auf den Kopierer und macht es dort über die Dunkel-Einstellung zu einer schwarzen Silhouette.

Zum Ausschneiden benötigt man ein kleines, sehr spitzes Scherchen. Es gibt spezielle Scherenschnittscheren. Ein Nähscherchen tut es aber auch.

Kleine Stellen, an die man mit der Schere schlecht hineinkommt, werden mit dem Cuttermesser ausgeschnitten.
Den fertigen Scherenschnitt kann man dann zum Beispiel auf einen farbigen Hintergrund kleben und das Ganze einrahmen. So genannte Party-Aschenbecher aus silberfarbenem Karton sehen fast wie kleine Silberrahmen aus.

Auch von Beethoven gibt es einen Scherenschnitt, der ihn als jungen Mann von 16 Jahren in seiner Dienstkleidung zeigt: einem Hemd mit Rüschenkragen und einer weißen Zopfperücke, wie man sie von Mozart und Haydn kennt (siehe Kopiervorlage nächste Seite).

MGD

Kopiervorlage

Zum (vergrößerten) Kopieren auf die Rückseite von Scherenschnittpapier, hier auch seitenverkehrt, damit das Ergebnis (die Vorderseite des Scherenschnittpapiers), richtig herum erscheint.

Beethoven im Alter von 16 Jahren.
(oben seitenverkehrt, unten original)

Teestunde bei Familie von Breuning (seitenverkehrt):
von rechts nach links: Mutter Helene von Breuning (sitzend), Tochter Eleonore (4 Monate jünger als Beethoven), Sohn Christoph (ca. 2 1/2 Jahre jünger als Beethoven), Sohn Lorenz (ca. 6 Jahre jünger als Beethoven), Onkel Lorenz und Sohn Stefan (ca. 4 Jahre jünger als Beethoven).

1. Ludwig van Beethoven
1.2 Beethoven in Bonn

1.2.4 Beethovens „Schönschrift"
Kleine Schreibwerkstatt
ab 9/10 Jahren

Wenn man die Originale von Beethovens Briefen im Museum anschaut, meint man zunächst, überhaupt nichts lesen zu können. Und man glaubt, dass dies an Beethovens „Sauklaue" liegt, die fast schon legendär ist. Für die Briefe aus Beethovens Wiener Zeit trifft dies oft zu. Als Jugendlicher in Bonn bemühte sich Beethoven aber noch um eine ordentliche und leserliche Schrift. Dass wir sie heute trotzdem nur schwer entziffern können, liegt daran, dass Beethoven – wie damals alle Menschen im deutschen Sprachraum – in der so genannten „Deutschen Schrift" (Sammelbegriff für Schriftarten wie Fraktur, Sütterlin u.a. gibt) schrieb. Diese Schrift wurde zum Teil noch bis in das vorige Jahrhundert hinein gelehrt. Mit ein bisschen Übung ist sie gar nicht so schwer zu lesen. Und es macht Kindern Spaß, in dieser Schrift selbst zu schreiben.

• Zum Lese-Einstieg wählt man eine besonders ordentliche Deutsche Schreibschrift. Zum Beispiel den Spruch, den Beethovens Bonner Freund und Förderer Graf Waldstein in Beethovens Stammbuch eintrug (Text 1; Kopiervorlage 1). Die Anrede, den ersten und den bedeutenden letzten Satz können Kinder teilweise erraten, rekonstruieren bzw. mit Hilfe des „Deutschen Alphabets" (Kopiervorlage 4) dann auch entziffern:

Lieber Beethoven!
Sie reisen itzt nach Wien zur Erfüllung ihrer so lange
bestrittenen Wünsche.
         Durch ununterbrochenen Fleiß
erhalten Sie: Mozart's Geist aus Haydens Händen.

• Um sich nun in Beethovens Schrift einzulesen schaut man sich zwei Beethovenbriefe etwas genauer an: den frühesten erhaltenen Brief des 16-jährigen Jünglings (Kopiervorlage 2) und die letzten geschriebenen Worte des Sterbenden (Kopiervorlage 3). Das Schriftbild beider Briefe könnte unterschiedlicher nicht sein. Gemeinsam ist ihnen aber, dass in der sauberen Jugendschrift und in der „langsamen" Altersschrift beider Schriftstücke gut vereinzelte Buchstaben bzw. Wörter zu entziffern sind.
Bei dem frühen Brief (Text 2; Kopiervorlage 2) sind vielleicht einige Wörter der ersten Briefzeile lesbar:

> was sie von mir denken, kann ich leicht schließen;

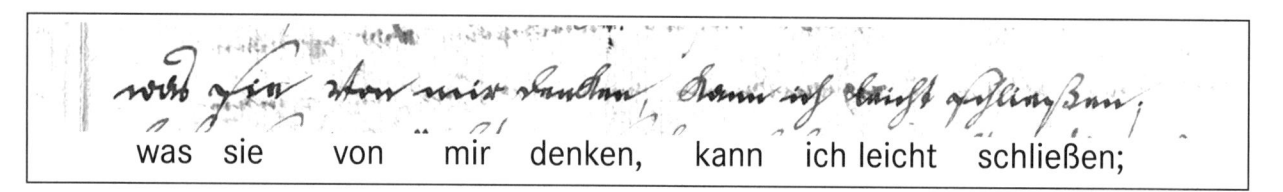

Bei Beethovens letztem Schriftstück (Text 3; Kopiervorlage 3) wird man zum Beispiel einiges aus den ersten beiden Zeilen lesen können: etwa das dritte Wort „Karle" (allerdings weitgehend lateinisch geschrieben), davor das Wort „Neffffe" (wobei die vier -f- des schwachen Beethoven beeindrucken), am Ende der Zeile auch das weitgehend lateinisch geschriebene und wegen des Zeilenwechsels unvollständig gebliebene „alleini-"(ger), und schließlich kann man vielleicht daraufhin auch das erste Wort der zweiten Zeile erraten, das mit einem lateinischen -e- endet: „Erbe".

> mein Neffffe Karle Soll alleini-
> Erbe seyn, das Kapital

- Nach dieser kurzen Einlesephase können die Texte vollständig Zeile für Zeile (s. unten) langsam vorgelesen und von den Teilnehmern auf den Kopien verfolgt werden.

- Nun nimmt jeder sein „Deutsches Alphabet" (Kopiervorlage 4) wieder hervor. Zunächst werden die beiden kleinen s-Formen (am Ende bzw. mitten im Wort) unterschieden. Ober- und Unterlängen der einzelnen Buchstaben werden thematisiert und Linienpapier wie für das 2. Schuljahr wird bereit gestellt. Dann sollte man versuchen, zwei beliebige Buchstaben miteinander zu verbinden. Für all diese Details der alten Deutschen Schrift bietet die Firma Bause Übungshefte an, die in guten Schreibwarengeschäften zu kaufen sind. Nun sollte jeder so gerüstet sein, dass er versuchen kann, selbst seinen Namen, seine Adresse, vielleicht sogar einen kurzen Spruch, ein Gedicht oder einen Brief in Deutscher Schrift zu schreiben.

- Geschrieben wurde damals mit Bleistift oder mit Feder und Tinte. Auch dies lässt sich ausprobieren. Man nimmt eine kräftige Vogelfeder (Gänse- oder Taubenfeder), schneidet sie unten spitz ab, schneidet in die Mitte der Spitze einen kleinen Schlitz und tunkt sie in Tusche (die, weil dickflüssiger, besser an der Feder haftet als Tinte). Auf Dauer ist diese Methode aber mühselig und man greift besser zu Metallfedern, wie sie auch heute noch in Schreibwarengeschäften zu kaufen sind.

Textübertragungen (... / ... = Zeilenwechsel):

Text 1:
Lieber Beethoven! / Sie reisen itzt nach Wien zur Erfüllung ihrer so lange / bestrittenen Wünsche. Mozart's Genius trauert noch / und beweint den Tod seines Zöglinges. Bey dem uner- / schöpflichen Hayden fand er Zuflucht, aber keine Beschäf- / tigung; durch ihn wünscht er noch einmal mit jemanden / vereinigt zu werden. Durch ununterbrochenen Fleiß / erhalten Sie: <u>Mozart's Geist aus Haydens Händen</u>. / Bonn d(en) 29.t Oct. 1792   Ihr wahrer Freund Waldstein

Beethoven war bereits Ende 1786 nach Wien gereist, um bei Mozart Unterricht zu nehmen. Die Todeskrankheit von Beethovens Mutter rief ihn frühzeitig wieder nach Bonn zurück. 1791 war Mozart gestorben. Nun sollte Joseph Haydn Beethovens Lehrer in Wien werden, was Graf Waldstein Beethoven in blumigen Worten zum Abschied von Bonn in das Stammbuch schrieb.

Text 2:

den 15ten herbstmonat. bonn 1787.
hochedelgebohrner / insonders werther freund!

was sie von mir denken, kann ich leicht schließen; / daß sie gegründete ursachen haben, nicht vortheilhaft von / mir zu denken, kann ich ihnen nicht widersprechen; / doch ich will mich nicht eher entschuldigen, bis ich die ursachen / angezeigt habe, wodurch ich hoffen darf, daß meine ent- / schuldigungen angenommen werden. ich muß ihnen / bekennen: daß, seitdem ich von augspurg hinweg bin, meine / freude und mit ihr meine gesundheit begann auf- / zu hören; je näher ich meiner vaterstadt kam, je mehr / briefe erhielte ich von meinem vater, geschwinder zu reisen als gewöhn- / lich, da meine mutter nicht in günstigen gesundheitsumständen wär / ich eilte also, so sehr ich vermochte, da ich doch selbst unpäßlich / wurde: das verlangen meine kranke mutter noch einmal sehen (...)

Beethoven hatte auf seiner ersten Reise nach Wien u.a. bei der Familie von Schaden in Augsburg Station gemacht. Er entschuldigt sich in diesem insgesamt dreiseitigen Brief an Joseph Wilhelm von Schaden vom 15. September (= Herbstmonat) dafür, dass er seitdem nicht mehr von sich hören ließ, und benennt die Gründe. Tatsächlich musste Beethoven wegen seiner sterbenskranken Mutter Wien wieder frühzeitig verlassen. Beethoven traf seine Mutter noch lebend an. Sie starb am 17. Juli 1787.

Text 3:

mein Neffffe Karle Soll alleini- / Erbe seyn, das Kapital / meines Nachlalaßes soll jedoch / Seinen Natü[r]lichen oder testamen- / tarischen Erben zufallen.
Wien am 23= März 1827 / luwig van Beethoven

Drei Tage vor seinem Tod bestimmt Beethoven in diesem Nachtrag zu seinem bereits im Januar 1827 abgefassten Testament erneut seinen Neffen zum Alleinerben seiner Hinterlassenschaft, nimmt davon diesmal aber die 7 Bankaktien, die er besaß, aus und verfügt, dass deren Zinsen für die zukünftigen Kinder des Neffen bestimmt sein sollen.

MGD

BH 1

Den 15 ten Herbstmonat.   bonn 1787.

Hochedelgebohrner

insonders wertster Freund!

Was Sie wohl von mir denken, kann ich leicht gedenken,
daß Sie gegründete ursachen haben, nicht vortheilhaft von
mir zu denken, denn ich ihnen nicht wieder gegeben;
doch ich will mich nicht ehe entschuldigen, biß ich die ursachen
angezeigt haben werde, ich hoffen darf, daß meine ent-
schuldigungen angenommen werden. ich muß ihnen
bekennen, daß, gleich wie ich von augspurg bin, meine
freude und mit ihr meine gesundheit zu verrin-
gern an fieng; je näher ich meiner vaterstatt kam, in desto
mehrern briefen erhielt ich von meinem vater, geschwinder zu reisen als gewöhn-
lich, da meine mutter nicht in günstigen gesundheitsumständen wäre,
ich eilte also was ich konnte, da ich doch selbst unpäßlich
wurde; das verlangen meine Kranke mutter noch einmal zu

@ Monsieur
Monsieur de Schaden
conseiller d'augspurg
à
augspurg

Brief Beethovens an Joseph von Schaden vom 17. September 1787, erste Seite und Umschlagseite (Beethoven-Haus Bonn)

Den französischen Adressentext schrieb Beethoven in lateinischer Schrift, wie es damals bei fremdsprachigen Texten üblich war.

Kopiervorlage 3

Wiener Stadt- und Landesarchiv

Kopiervorlage 4

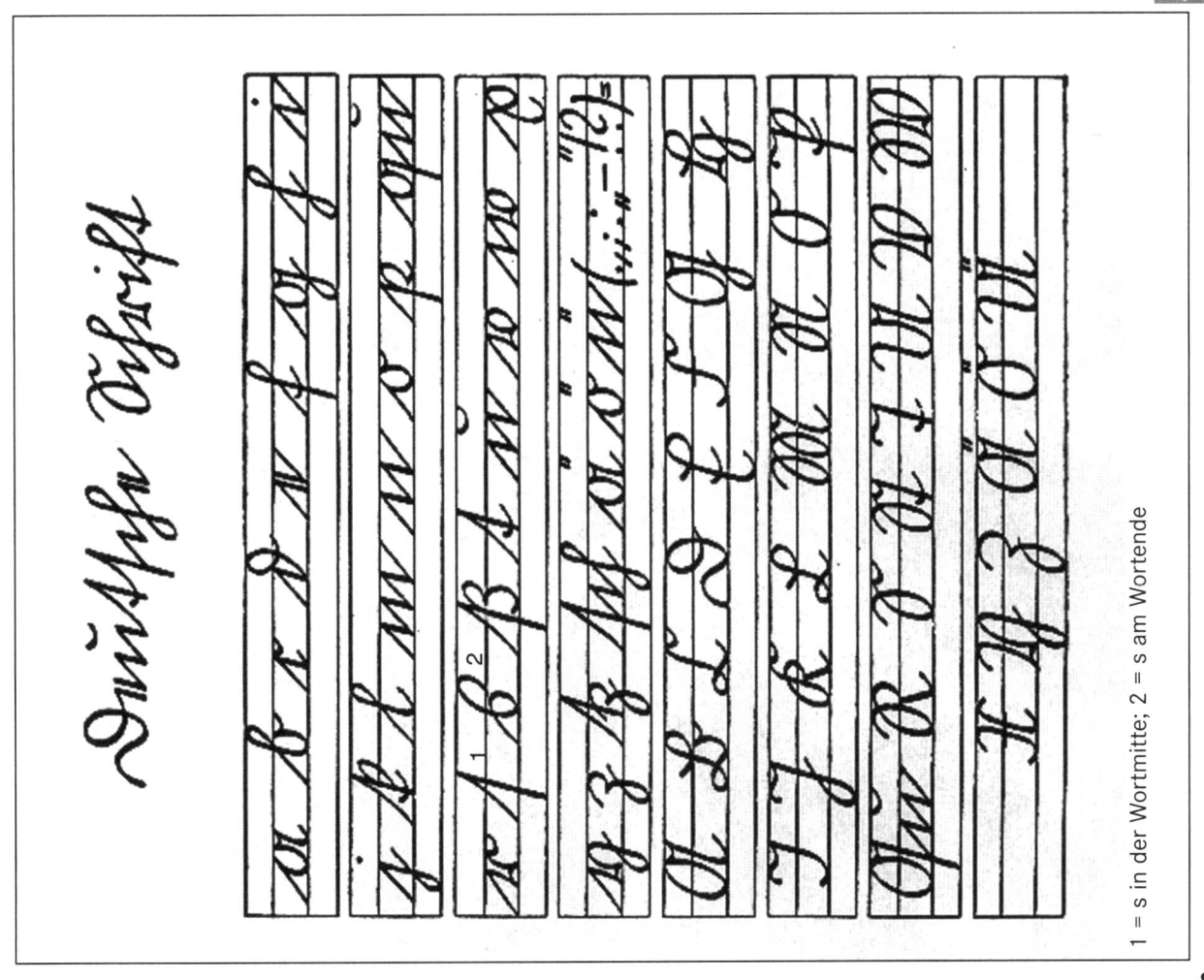

1 = s in der Wortmitte; 2 = s am Wortende

W

1. Ludwig van Beethoven
1.3 Beethoven in Wien

1.3.1 Herr van Beethoven zieht schon wieder um
Stadtplan-Würfelspiel Wien
ab 7 Jahren

Beethoven war in zwei Städten zu Hause. Bis zu seinem 22. Lebensjahr wohnte er in Bonn, der überschaubaren Residenzstadt der Kurfürsten und Erzbischöfe von Köln – und danach bis zu seinem Tod 1827 in der Musikmetropole Wien. In Bonn lebten damals ca. 10.000, in Wien dagegen zwischen 200.000 und 300.000 Menschen. Der angestellte Musiker mit Perücke und Livrée tauschte sein eher ruhiges Leben am Bonner Hof gegen das abwechslungsreichere Leben als autonomer bürgerlicher Künstler in der Großstadt Wien. Er nahm Teil am Leben des Adels in deren Palais bzw. beteiligte sich am Aufbau des bürgerlichen Konzertlebens. Er verdiente seinen Lebensunterhalt als Klavierlehrer, Pianist, Dirigent, Komponist und Organisator von „Akademie-Konzerten".

Da überrascht es, dass Beethoven sich zusätzlich 70 Umzüge in Wien zugemutet hat. Es sind uns 30 Adressen bekannt. Das bedeutet, dass er in einige Häuser nach einer Unterbrechung wieder zurück-gekehrt ist. Heute existieren nur noch vier der von ihm damals bewohnten Häuser.

> **Wohnungsgesuch**
> **Wer kann helfen?**
>
> Suche 2 Zimmer in absolut ruhiger Wohnlage mit Garten, Südterrasse oder in Vorstadt
>
> Ausgezeichnete, verschwiegene Köchin sehr willkommen

> **Wiener Zeitung**
> **Wohnungsangebot**
>
> Möblierte 2-Zimmer-Wohnung mit Küche zu vermieten. Abgesondert im 3. Stock gelegen. Eignet sich deshalb besonders für Musiker oder andere Lärm verursachende Personen
>
> Anfragen bei der Hausmeisterin

Material:
Din-A3-Kopie des historischen Wiener Stadtplans (Kopiervorlage 3) und für jedes Kind Kopien (ggf. auf festerem Papier) der 7 von Beethoven bewohnten Häuser (Kopiervorlage 1) mit Informationen zur Aufenthaltszeit und zu einigen der dort entstandenen Werke (Kopiervorlage 2).
Zwei Würfel.

Anleitung:
Zunächst schneidet jedes Kind die 7 Bild- und Textkärtchen aus und klebt die Textteile auf die Rückseiten der entsprechenden Bilder. Nun versuchen die Kinder nacheinander mit ein oder zwei Würfeln die Nummern 1–7 zu erreichen. Wer eine der Zahlen genau trifft, liest allen die zugehörende Information zu dem Gebäude auf dem entsprechenden Kärtchen vor und darf dieses Kärtchen dann ablegen. Wer als Erster alle Kärtchen ablegen konnte, hat gewonnen.

CK

Kopiervorlage 1

Kopiervorlage 2

Heiligenstadt Probusgasse 6 ①

Heiligenstadt liegt 16 km südlich von Wien. Bei einem Kuraufenthalt 1802 verfasste Beethoven hier das „Heiligenstädter Testament". Es ist ein nicht abgesandter Brief an die beiden Brüder, voller Verzweiflung und Hoffnungslosigkeit über die fortschreitende Taubheit.

Kolorierte Radierung von Gerson Kovács (geb. 1941), nach einer eigenen Zeichnung, Beethoven-Haus Bonn

Pasqualati-Haus auf der Mölkerbastei ②

Hier wohnte Beethoven am längsten (1804–1808 und 1810–1813). Mehrmals zog er aus und wieder ein. Besitzer Baron Pasqualati vermietete die Wohnung zwischenzeitlich nicht. Die Aussicht von der Bastei auf den Grüngürtel faszinierte den Musiker. Die 5. und 6. Sinfonie und das Violinkonzert enstanden in diesem Haus.

Kolorierte Radierung von Gerson Kovács (geb. 1941), nach einer eigenen Zeichnung, Beethoven-Haus Bonn

Das Hafnerhaus in Mödling ③

Mödling ist heute der XIX. (=19.) Bezirk von Wien. 1818 malte August von Kloeber hier sein berühmtes Portrait von Beethoven. Es wurde seither zum Vorbild vieler Maler.

Radierung von Theodor Weiser nach einer eigenen Zeichnung, um 1920 Beethoven-Haus Bonn

Theater an der Wien ④

Beethoven hatte hier von Januar 1803 bis Mai 1804 eine mietfreie Dienstwohnung im 2. Stock. In diesem Theater fand 1805 die Uraufführung der 1. Fassung des „Fidelio" statt.

Stich von Johann Wenzel Zincke nach einer Zeichnung von Eduard Gurk, um 1830, Beethoven-Haus Bonn

Heiligenstadt, Pfarrplatz 2 ⑤

Heiligenstadt liegt 16 km südlich von Wien. Im Sommer 1817 hielt Beethoven sich in diesem Haus auf. Er liebte die Spaziergänge nach Nussdorf und in die Weinberge. Es ist das meist photographierte Beethoven-Haus in Wien.

Aquarell von Gottfried Bürklein, 1868 Beethoven-Haus Bonn

Wasserhof in Gneixendorf ⑥

Bruder Johann van Beethoven war als Apotheker zu Geld gekommen und kaufte sich 1819 das große Landgut in Gneixendorf, 70 km südlich von Wien.

Fotografie einer Radierung von Theodor Weiser nach einer eigenen Zeichnung, 1920, Beethoven-Haus Bonn

Schwarzspanierhaus ⑦

Dies ist Beethovens letzte und seine schönste Wohnung. Vom 15. Oktober 1825 bis zu seinem Tod am 26. März 1827 lebte er hier. Bei Beethovens Beerdigung versammelten sich ca. 20.000 Menschen zum Trauerzug vor diesem Haus.

Aquarell von Franz Xaver Stöber, 1827 Beethoven-Haus Bonn

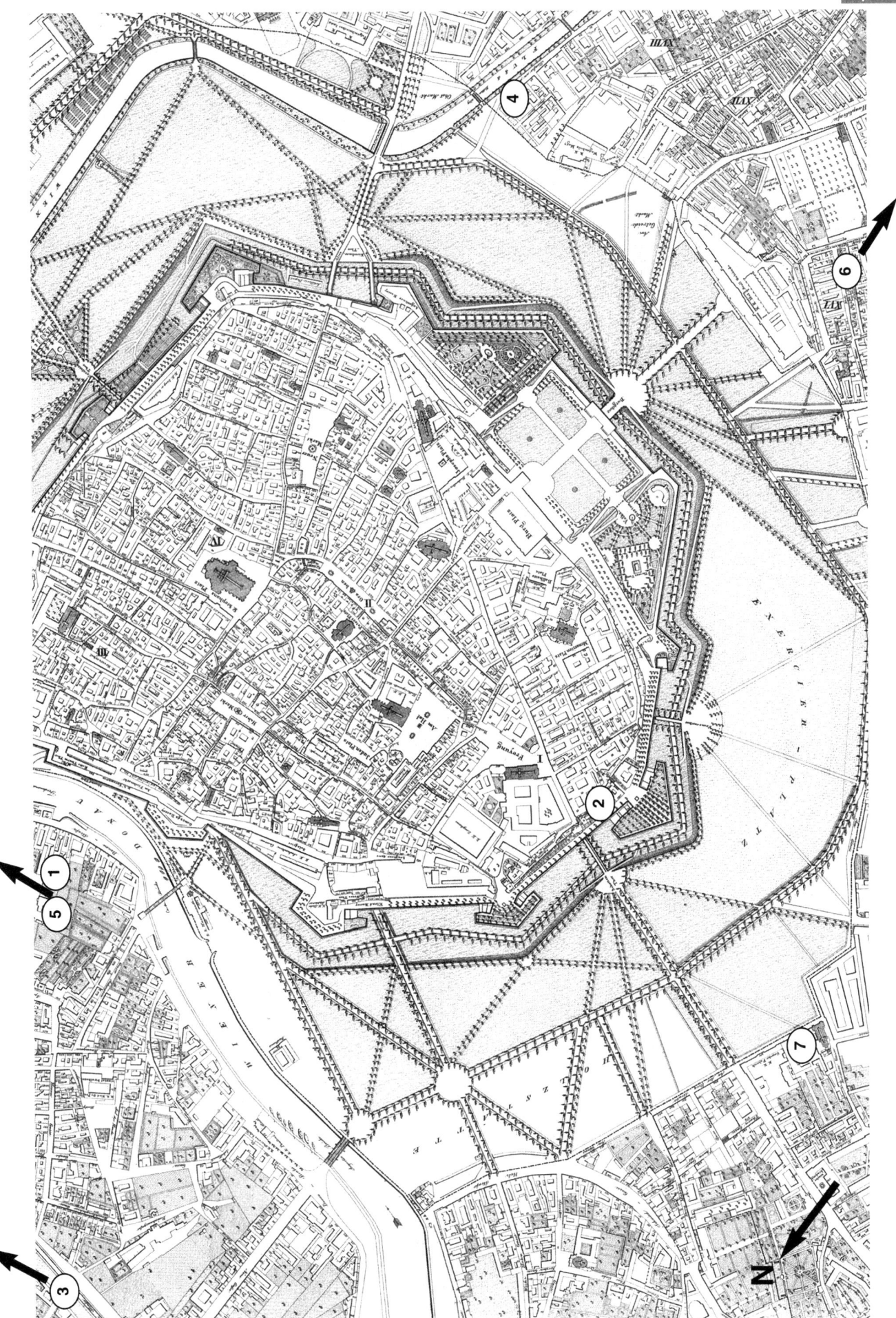

Aufsichtsplan der Stadt Wien, 1832 - Kupferstich von Anton von Guldenstein (Beethoven-Haus Bonn)

1.3.2 Ein „Gespräch" mit Beethoven
ab 9 Jahren

Trotz aller Versuche Beethovens, mit Hilfe veschiedener Apparate sein restliches Hörvermögen zu verstärken, verstummte die Umgebung für den ertaubenden Komponisten immer mehr.

Seit 1818, also mit 37 Jahren, konnte sich Beethoven nur noch über Gesprächshefte, so genannte Konversationshefte, unterhalten. Sein Gesprächspartner schrieb in das Heftchen, was er sagen wollte, und Beethoven antwortete natürlich mündlich. 139 solcher Heftchen sind heute noch erhalten. 137 davon liegen in der Staatsbibliothek Preussischer Kulturbesitz in Berlin. Eines liegt im Tresor des Beethoven-Hauses. Aus den Konversationsheften erfahren wir vieles über Beethovens Alltag.

So sieht eine Seite aus einem Konversationsheft aus. Sie stammt aus einem Heft, das am 9. September 1825 in einem Gasthaus in Baden bei Wien benutzt wurde. Dies ist das Konversationsheft, das sich heute im Beethoven-Haus befindet.

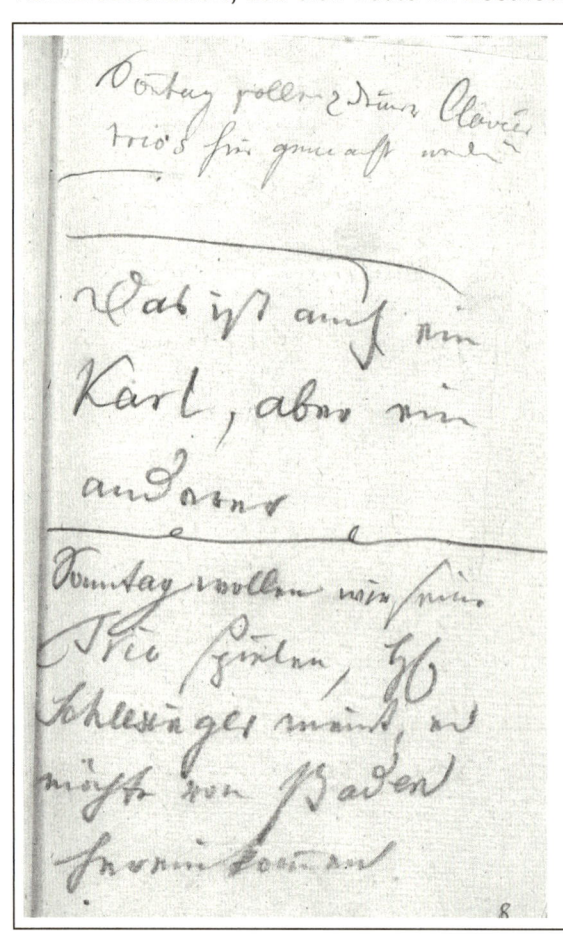

Beethovens Neffe Karl schreibt:
Sonntag sollen 2 deiner Clavier-
trios hier gemacht werden

*Möglicherweise spricht Beethoven
in seiner Antwort auf Carl Czerny an,
der dabei den Klavierpart spielte.*

Der Geiger Schuppanzigh schreibt:
Das ist auch ein
Karl, aber ein
anderer

Sonntag wollen wir seine
Trio[s] spielen, Herr
Schlesinger meint, er
möchte von Baden
hereinkommen

*Die Aufführung der Klaviertrios
sollte in Wien stattfinden.
Der Verleger Schlesinger, der auch
an diesem Gespräch teilnahm,
wollte dafür von Baden nach Wien „hereinkommen"*

Heute bedienen sich Gehörlose vor allem der Gebärdensprache, die ungefähr zu Beethovens Zeit in Frankreich eingeführt wurde. Beethoven kannte diese Möglichkeit der Verständigung allerdings nicht.

In den Konversationsheftchen finden wir logischerweise leider (fast) nie Beethovens Antworten. Oft kann man sie jedoch aus dem Zusammenhang erschliessen. Zum Beispiel wie in dem folgenden ausgedachten „Gespräch", das ein (dummer) Reporter mit Beethoven geführt haben könnte und bei dem Kinder Beethovens Gesprächsteile leicht rekonstruieren können.

Danach sollten die Kinder selbst ein solches Gespräch ausprobieren: ein Kind schreibt eine Frage oder Bemerkung in das Heft, das andere Kind antwortet mündlich.
Es wird klar, wie schwerfällig eine solche Unterhaltung ist.

So könnte ein schriftlich geführtes „Gespräch" zwischen Beethoven und einem (dummen) Reporter verlaufen sein. Beethovens Antworten kannst du leicht aus den darauf folgenden Sätzen des Reporters erraten.

Reporter: Warum muss ich denn in dieses Heftchen schreiben?

_____

(Was glaubst du, was Beethoven geantwortet hat?)

R: Können Sie denn wenigstens Ihre eigene Musik hören?

_____(Beethovens Antwort).

R: Und die Musik von Mozart?

_____(Beethovens Antwort).

R: Dann werden Sie zum Glück auch nicht durch das Herumtoben Ihrer Kinder gestört.

_____(Beethovens Antwort).

R: Ach ja, sie haben ja keine Frau.

_____(Beethovens Antwort).

R: Haben Sie denn schon mal eine Falsche gefunden?

_____

_____(Beethovens Antwort).

R: Sie nennen mich einen Esel!? Und ich soll Ihnen auch noch Zeit gestohlen haben? Ich will sie doch nur berühmt machen. Sie verstehen wirklich überaupt nichts mehr!

Den folgenden Abschnitt vor der Weitergabe an die Kinder abschneiden. - ✂

Die Antworten der Kinder sollten ungefähr in folgende Richtung gehen:

Reporter: Warum ... – Beethoven: Weil ich taub bin, weil ich Sie nicht mehr hören kann.
R: Können Sie ... – Beethoven: Natürlich auch nicht!
R: Und ... – Beethoven: Natürlich kann ich auch die nicht mehr hören.
R: Dann werden Sie ... – Beethoven: Ich habe gar keine Kinder.
R: Ach ja, ... – Beethoven: Ich habe nie die Richtige gefunden.
R: Haben Sie ... – Beethoven: Was für eine dumme Frage! Verschwinden Sie, Sie Esel! Sie stehlen mir nur meine Zeit!

1.3.3 Beethovens Unsterbliche Geliebte
Ein nicht vollständig zu lösendes Detektivspiel
ab 10 Jahren

Es gab viele Frauen, mit denen Beethoven sehr eng verbunden war, in einige war er wohl auch verliebt, und in eine ganz besonders, in seine „Unsterbliche Geliebte". Aber wer war diese Frau?

Diese Frage beschäftigt die Musikforscher noch heute, und sie ist immer noch nicht wirklich gelöst. Immerhin ist die Musikforschung der Antwort bereits einige Schritte näher gekommen. Auf welchen Wegen? Die Suche nach der Antwort erfordert ein geradezu detektivisches Vorgehen und lässt sich daher auch mit jungen Menschen spannungsreich nachvollziehen, was in einigen Workshops unternommen wurde.

An dieser Stelle kann das Detektivspiel nur unvollständig wiedergegeben werden, da für einige Stationen zu viel „vor Ort" einzusehendes Material notwendig aber hier nicht bereitzustellen ist.

Nach Beethovens Tod fand man einen 10 Seiten (fünf Blätter) langen Brief in einem Holzkasten. Der Brief befindet sich heute in der Berliner Staatsbibliothek. Leider trägt er weder den Namen der Adressatin noch eine Jahreszahl. Beethoven schrieb ihn in mehreren Etappen am 6. und 7. Juli. Diese Daten hat er wenigstens vermerkt. Der Brief ist ein leidenschaftlicher Liebesbrief an eine Frau. Weitere Hinweise kann man einigen Stellen aus dem Brieftext entnehmen – wenn man genau hinschaut. Es sind die fett gedruckten Stellen des nachfolgenden Textauszuges, die die Spur legen.

> „am 6ten Juli Morgends, –
> Mein Engel, mein alles, mein ich. – nur einige Worte heute, und zwar mit deinem Bleystift – erst morgen ist meine Wohnung sicher bestimmt, welcher Nichtswürdiger Zeitverderb in d.g. – (…) **meine Reise war schrecklich, ich kam erst Morgens 4 uhr gestern hier an**, da es an Pferde mangelte, wählte die Post eine andre Reiseroute, aber welch schrecklicher Weg, auf der vorletzten Station warnte man mich **bey nacht zu fahren**[2], machte mich einen Wald fürchten, aber das Reizte mich nur – und ich hatte Unrecht, der Wagen muste bey dem schrecklichen Wege brechen (…) **wir werden unß wohl bald sehn**[4],
>
> Abends **Montags am 6ten Juli**[1] – Du leidest du mein theuerstes Wesen – eben jezt nehme ich wahr daß die Briefe in aller Frühe aufgegeben werden müßen. **Montags – Donnerstags – die einzigen Täge wo die Post von hier nach K. geht**[5]. (…) gute Nacht – als **Badender**[3] muß ich schlafen gehn –
>
> guten Morgen am 7ten Juli – schon im Bette drängen sich die Ideen zu dir meine Unsterbliche Geliebte, (…) Engel, eben erfahre ich, daß die Post alle Tage abgeht – ich muß daher schließen, damit du den B. gleich erhältst – sey ruhig – liebe mich (…) – verkenn nie das treuste Herz deines Geliebten L.
> ewig dein ewig mein ewig unß"

In dem Brief sind also fünf Fährten für die Spurensuche ausgelegt:

1 Der Brief wurde in einem Jahr geschrieben, in dem der 6. Juli auf einen Montag fiel.

👣 **2** 👣 Beethoven hält sich an einem Ort auf, der so weit von Wien entfernt ist, dass die Fahrt auch über Nacht fortgesetzt wurde.

👣 **3** 👣 Der Ort ist ein Badeort.

👣 **4** 👣 Die Adressatin scheint sich nicht allzu weit entfernt davon aufzuhalten, so dass die beiden sich treffen können.

👣 **5** 👣 Dieser Ort fängt mit K. an.

🔍 **1**) In jedem Jahr fällt ein gleicher Kalendertag, z.B. Weihnachten, auf einen anderen Wochentag. Also muss man nachschauen, in welchen Jahren zwischen 1792 und 1827 (Beethovens Zeit in Wien) der 6. Juli auf einen Montag fiel. Heutzutage findet man das im Internet, z.B. unter www.salesianer.de (Kalenderberechnungen; Jahre zu Wochentag).
Auf einen Montag fiel der 6. Juli demnach in den Jahren: 1795, 1801, 1807, 1812 und 1818.

🔍 **2+3**) In welchem dieser Jahre verbrachte Beethoven den Sommer weit entfernt von Wien? Das kann man in der Bibliothek des Beethoven-Hauses nachschauen:
Den Sommer   1795 verbrachte Beethoven in Wien
                     1801 in Hetzendorf (einem Vorort von Wien)
                     1807 in Baden und Heiligenstadt (vor Wien)
                     1812 machte er eine Bäderreise nach Teplitz in Böhmen
                     1818 verbrachte er den Sommer in Mödling (bei Wien)

Also muss Beethoven den Brief im Juli 1812 aus Teplitz geschrieben haben, denn Teplitz ist wirklich weit von Wien entfernt, wie man auf einer Karte nachsehen kann. Und Teplitz war ein Badeort.

Dass der Brief im Jahr 1812 geschrieben wurde, wird auch durch das Papier des Briefes bestätigt. Die Papiere aus Beethovens Zeit führten alle ein Wasserzeichen, sozusagen den Firmenstempel der Papiermühle (s. hierzu auch W 1.3.5). Beethoven kaufte seine Papiere meistens in größeren Mengen, die er dann in bestimmten Zeiträumen aufbrauchte. Und die Papiersorte dieses Briefes benutzte er auch für einige andere Schriftstücke, die von ihm selbst im Jahr 1812 verfasst und datiert wurden.

🔍 **4+5**) Die Geliebte hält sich in einem nicht allzu weit entfernten Ort auf, der mit K. beginnt. Dies war sicher Karlsbad, wohin Beethoven dann einige Wochen später selbst fuhr.

Und an diesem Ort hielt sich im Sommer 1812 auch das Ehepaar Franz und Antonie Brentano auf, das eng mit Beethoven befreundet war. War also Antonie Brentano die Adressatin dieses Briefes?

Ganz so einfach ist es leider doch nicht. Manches spricht dagegen. So gibt es gar keine anderen gefühlvollen Briefe zwischen Beethoven und Antonie. Ganz intensive Liebesbriefe hat Beethoven dagegen einige Jahre zuvor mit einer anderen Frau ausgetauscht. Aber das würde hier zu weit führen. Mehr dazu findet man auf der Kinderseite des Beethoven-Hauses, „Hallo Beethoven!", im Internet. Es lohnt sich, hineinzu schauen, hierfür in das Kapitel „Freundschaft und Liebe", das sich hinter dem rechten Bildchen auf Beethovens Schreibtisch öffnet.

MGD

1.3.4 Zwei Seiten einer Medaille
Münzen aus Beethovens Zeit
ab 6 Jahren

Zu Beethovens Zeit wurde noch mit Metallgeld gezahlt, dessen Nennwert dem eigentlichen Wert der Münze entsprach. Es gab Gold und Silbermünzen. Die eigentliche Rechnungsmünze war der Gulden, was aus dem mittelhochdeutschen kommt („guldin pfennig") und soviel bedeutet wie goldene Münze. Nach der Wiener Währung entsprach ein Taler etwa 2 Gulden und ein Gulden wiederum entsprach 60 Kreutzern. Die Pistole war eine wertvolle Goldmünze, der Kronentaler dagegen war eine Silbermünze.

Silber und Gold... das hört sich nach großem Reichtum an. Wenn man den Wert von einem Gulden auf die heutige Zeit übertragen würde, dann wäre ein Gulden etwa 24 Euro wert.

Zum Nachbasteln haben wir einige Münzen ausgesucht, die in ihrer Originalgröße natürlich viel kleiner sind, als unsere Bierdeckel-Münzen.

Für die Münzen werden **Gold- und Silberfolie, Bierdeckel und ein stumpfer Bleistift** benötigt. Die beiliegenden Kopiervorlagen sind jeweils mit Vorder- und Rückseite Spiegel verkehrt abgedruckt, so dass sie nach dem Übertragen auf die Metallfolie richtig herum hervor treten. • Die Kopie der erwählten Münze wird auf die Folie gelegt und mit einer Büroklammer festgesteckt, so dass sie nicht verrutscht. • Das Spiegel verkehrte Münzmotiv wird jetzt mit dem stumpfen Bleistift mit etwas Druck in die Metallfolie eingeritzt, indem man das Muster auf dem Papier nachzeichnet. Die Buchstaben, Zahlen und Königsköpfe treten so plastisch hervor. • Die Münz-Vorderseite wird mit einem Rand von 1 cm ausgeschnitten, und dieser Rand wird an vier Stellen bis zur Kreislinie eingeschnitten, so dass er sich besser um den Bierdeckel biegen lässt. • Die Münz-Rückseite wird genau auf der Kreislinie ausgeschnitten. • Abschließend wird zunächst die Metallfolie mit dem Rand auf den Bierdeckel geklebt, der Rand wird umgelegt und ebenfalls festgeklebt. • Schließlich wird auch die Metallfolie ohne Rand auf der Rückseite des Bierdeckels festgeklebt.

Viel Spaß nun bei der Münz-Produktion!

UVB

Die Pistole war eine besonders wertvolle Goldmünze. Sie entsprach 7 Gulden und 30 Kreutzern.

Um 141% vergrößern (auf dem Kopierer von A4 nach A3), ergibt das die Größe eines Bierdeckels.

60 Kreutzer ergaben einen Gulden

Wenn man die obere und die untere Hälfte des Blattes jeweils um 141% vergrößert (auf dem Kopierer von A4 nach A3), erhalten die Münzen die Größe eines Bierdeckels.

Ein Gulden wäre heute etwa 24 Euro wert

Der Kronentaler war eine Silbermünze und entsprach 2 Gulden und 12 Kreutzern.

123

1. Ludwig van Beethoven
1.3 Beethoven in Wien

1.3.5 Beethovens Papier
ab 9/10 Jahren

Da Beethoven den größten Teil seines Lebens in Wien verbrachte, stammt auch der überwiegende Teil der Papiere von Beethovens Brief- und Musikhandschriften, die heute noch existieren, aus dieser Zeit. Papiere wurden damals in grossen Papiermühlen geschöpft. Jede Mühle versah ihr Papier mit einem Wasserzeichen. Da man weiß, dass Beethoven Papiermengen einer gleichen Papiersorte (mit einem gleichen Wasserzeichen) meistens in wenigen Monaten verbrauchte, können einem bei nicht datierten Schriftstücken (Briefen oder Skizzen) daher oft die Papiere die Entstehungszeit verraten (siehe W 1.3.3).

Das Schöpfen von Papier ist zwar eine aufwändige Angelegenheit, für die man einen „wasserfesten" Ort haben muss. Sie vermittelt aber auch ein Bewusstsein für eine Materie, die heute als selbstverständlich vorhanden angesehen und daher überwiegend achtlos verbraucht wird.

Zur Herstellung von Papier benötigt man:

SCHÖPFRAHMEN:
• 2 Rahmen gleicher Größe (aus 4-Kant-Hölzern, z.B. Kiefer) Größe: z.B. innen Din A4 (21 x 30 cm)
• einer der Rahmen wird mit feinmaschigem Fliegengitter (Metall) bespannt (gut straffen und antackern)
• die Ränder werden mit Tesaband abgeklebt.

Auf das Fliegengitter kann man ein aus 1 mm dickem Silberdraht hergestelltes „Filigran" heften (s. S. 12), das später auf dem Papier ein Wasserzeichen hinterlässt. Es sollte aber möglichst nicht in die Mitte des Siebes geheftet werden, da das Sieb dort mit der Zeit ausbeult und das Wasserzeichen nicht mehr sichtbar wäre.

PAPIERBREI:
8 Zeitungsdoppelbögen sehr fein zerkleinern (z.B. mit Aktenvernichter), über Nacht in 3 Liter warmem Wasser mit 1/2 Becher Waschpulver in einem kleinen Bottich einweichen.

Am nächsten Tag: 15 Liter Wasser und einen großen Bottich (Bütte) bereitstellen. Der Bottich sollte so groß sein, dass man mit dem selbstgebauten Papiersieb bequem daraus schöpfen kann.

Das eingeweichte Zeitungspapier in kleinen Portionen mit dem frischen Wasser im Mixer pürieren und in den großen Bottich (die Bütte) geben. Notfalls zwei Pürierdurchgänge vornehmen. Dabei soll auch das Einweichwasser verwendet werden und die ganzen 15 Liter (!!), ggf. wird der Rest des Wassers direkt in den feinen Papierbrei gegeben. Fertigen Papierbrei ggf. ein wenig stehen lassen, damit sich der Schaum setzt.

Vor jedem Schöpfvorgang muss der Papierbrei einmal umgerührt werden.
Die Breimasse reicht für ca. 20 Blätter.

SCHÖPFVORGANG:
Papier sollte man im Garten oder im Badezimmer schöpfen, da bei allen Arbeitsgängen viel Wasser austritt!

Bereitstellen:
- 1 Tisch und ca. 20-30 Filze, die mindestens ca. 10 cm breiter und höher sind als das Papierblatt (empfehlenswert und billig: Aldi-Vliestücher)
- 1 Presse: 2 beschichtete ca. 2 cm dicke Holzbretter mit vier Gewindestangen und Flügelschrauben. Der Filz-(Vlies-)Stapel muss hineinpassen.
- 1 kleiner Bottich, in den das Wasser vom Sieb abtropfen kann

Den Rahmen bündig auf das Schöpfsieb legen. An den Schmalseiten greifen und – mit einer Breitseite beginnend – in den Papierbrei tauchen. Beim Herausholen etwas Papierbrei gleichmäßig abschütten, das Sieb dann sofort über den kleinen Bottich geben, dort das weitere Wasser abtropfen lassen.

Wenn nur noch wenig Wasser abtropft, den Rahmen vorsichtig abnehmen, das Sieb an der breiteren Seite an den vorderen Rand des Filzes legen und vorsichtig abkippen („abgautschen"). Wenn der Papierbrei auf dem Filz liegt, das Sieb ein wenig hin und her wiegen und dann von der schmalen Seite aus vorsichtig abziehen. Der Papierbrei in Blattform sollte nun auf dem Filz liegen. Einen neuen Filz darauf legen und den Vorgang immer wiederholen. (Ist das Blatt nicht vollständig vom Sieb abgegangen, muss man trotzdem einen neuen Filz drauflegen und weitermachen, da man die Papiermasse in diesem Zustand nicht mehr vom Filz entfernen kann.) Man sollte aufhören, wenn die Papiermasse nicht mehr gut vom Sieb geht, der Papierbrei also zu wässrig geworden ist.

Den Filzstoß (Pausch) in die Presse geben und 1-2 Stunden pressen. Gelegentlich die Presse nachdrehen. Wenn kein Wasser mehr herauskommt, kann der Pausch aus der Presse geholt werden.

Die noch feuchten Papierblätter werden nun vorsichtig von den Filzen genommen und über zwei Stangen (nicht Seile!) eines Wäscheständers gehängt. Wenn die Papiere ein wenig angetrocknet sind, kann man sie mit einer Wäscheklammer an nur einer Stelle aufhängen, damit sich die beiden Wäschestangen nicht zu sehr einprägen. Wenn die Papiere fast vollständig getrocknet sind, legt man sie in einem Stoß (also alle bündig übereinander) über Nacht noch einmal in die Presse, damit sie schön glatt werden.

Den restlichen Papierbrei sollte man in einem Sieb abgießen und in den Müll geben, jedenfalls nicht in den Abguss schütten!

MGD

W

1. Ludwig van Beethoven
1.4 Beethovens Aussehen

1.4.1. Beethoven in der Natur
Stielers Beethoven-Portrait zum Ausmalen
ab 5 Jahren

Dass Beethoven die Natur liebte, war bei seinen Freunden und Zeitgenossen spätestens seit der Uraufführung seiner „Pastoral-Sinfonie" wohl bekannt. Außerdem konnten die Bewohner Wiens und der kleinen Badeorte, in denen Beethoven die Sommermonate verbrachte, immer wieder beobachten, wie der Komponist ausgedehnte Spaziergänge durch Wald und Feld unternahm.

So war es kein Wunder, dass verschiedene Maler die Idee hatten, Beethoven in freier Natur zu zeigen. Eines der frühesten Beispiele für eine solche Darstellung ist das Portrait, das Joseph Karl Stieler (1781-1858) im Jahr 1820 malte. Beethoven war damals knapp 50 Jahre alt und hatte ergrautes Haar, das er recht lang und ungebändigt trug. Und so zeigt ihn auch Stielers Gemälde. Der Komponist hält in der einen Hand ein Notenmanuskript mit der Aufschrift „Missa in D#" und in der anderen einen Bleistift. Er ist also gerade dabei, an seiner Missa Solemnis zu arbeiten. Im Hintergrund sind verschiedene Bäume und Sträucher zu sehen, womit der Maler auf Beethovens Liebe zur Natur anspielt. Außerdem versucht er so im Bild auszudrücken, dass Beethoven in der Natur viele Ideen für seine Kompositionen erhielt.

Stielers Bild wurde rasch populär, und die Idee, Beethoven im Freien darzustellen, fand bald viele Nachahmer. Darunter war auch der Schweizer Künstler Franz Hegi (1754-1850).

Er zeigt Beethoven an einem Bach, wie er gerade seine musikalischen Einfälle festhält. Dabei fällt auf, wie hübsch der Zeichner alles gestaltet hat: die idyllische Landschaft im Hintergrund, die üppigen Pflanzen am Bachufer und sogar Beethoven selbst. Denn der Komponist ist eigentlich etwas zu elegant für einen Spaziergang gekleidet, und seine Gesichtszüge wurden verjüngt und idealisiert. Solche Verschönerungen waren im 19. Jahrhundert sehr beliebt. Denn man bewunderte Beethovens Musik sehr und wollte nicht nur Bilder von ihm haben, auf denen der Komponist schon älter war und vielleicht nicht besonders hübsch aussah. Deshalb erfanden manche Maler einfach Portraits, die Beethoven als jungen gut aussehenden Mann zeigen.

Und damit jeder selbst einmal diesen „anderen" Beethoven zeichnen kann, gibt es hier gleich eine „verschönerte" Fassung des Bildes von Joseph Karl Stieler zum Ausmalen.

SB

Kopiervorlage

W

1.4.2 Was steckt dahinter?
Ein Zahlen-Bilder-Rätsel
ab 6 Jahren

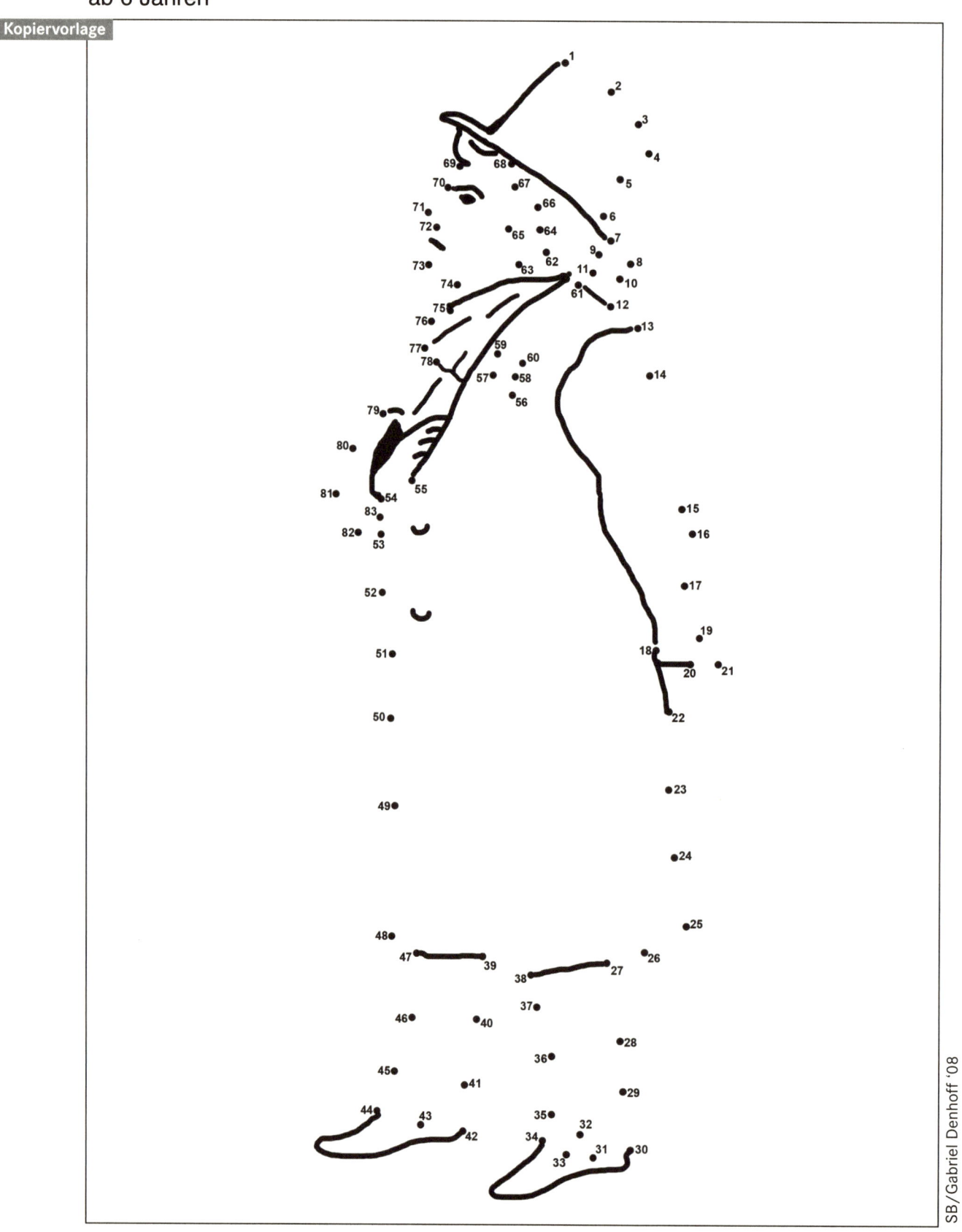

1. Ludwig van Beethoven
1.4 Beethovens Aussehen

Kopiervorlage

Wer hinter den Zahlen steckt, ist leicht zu erraten und wird klar, wenn die Zahlen in der richtigen Reihenfolge miteinander verbunden werden.
Aber was mag das sein, was er da hinten in der Hand hält?

Natürlich ist es Ludwig van Beethoven, der herauskommt, wenn alle Zahlen richtig miteinander verbunden sind. Joseph Daniel Böhm (1794-1865) hat ihn so beim Spaziergang gezeichnet.

Im Winter 1819/1820 gehörte der Wiener Bildhauer und Medailleur Joseph Daniel Böhm zum Bekanntenkreis Ludwig van Beethovens und wird in den Konversationsheften des Komponisten erwähnt. Vermutlich sind in dieser Zeit zwei kleine Darstellungen entstanden, die Beethoven beim Spaziergang auf der Straße zeigen. Böhm hatte den Komponisten in den Jahren um 1820 gezeichnet und danach ein Silberplättchen graviert, von dem eine Abreibung erhalten geblieben ist.

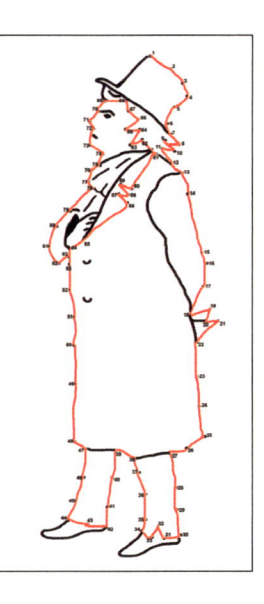

Die Zeichnungen sind sehr lebendig und stimmen recht genau mit der Beschreibung Beethovens überein, die Gerhard von Breuning 1874 in seinen Jugenderinnerungen veröffentlichte.

Hier heißt es:
„Der damals übliche Filzhut, den er beim Nachhausekommen, wenn auch von Regen triefend, nur nach leichtem Ausschwenken [...] über die oberste Spitze des Kleiderstockes schlug, hatte infolgedessen in seinem Deckel die Ebene verloren und war davon gewölbt und nach oben ausgedehnt. [...] Dazu trug er denselben nach Tunlichkeit aus dem Gesicht heraus, um die Stirn frei zu haben, während beiderseits die grauen Haare, wie Rellstab bezeichnend sagt: Nicht kraus, nicht starr, sondern ein Gemisch aus allem, nach außen flogen [...] Die Schöße des Rockes aber waren ziemlich schwer beladen, denn außer dem oftmals hervorhängenden Taschentuche einerseits stak andererseits darin ein durchaus nicht dünnes zusammengefaltetes Quart-Notennotizheft, dann noch ein Oktav-Konversationsheft nebst dickem Zimmermannsbleistift, dies zum Verkehr mit den zu begegnenden Freunden und Bekannten."

Ein Notennotizheft oder ein Konversationsheft hält Beethoven hier also auf dem Rücken in seiner Hand.

SB

W

1. Ludwig van Beethoven
1.4 Beethovens Aussehen

1.4.3 Warum schaut der immer so grimmig?
Abnehmen einer Gesichtsmaske in Gips
ab 8 Jahre (betreuungsintensiv)

Viele der Maler, Graphiker und Bildhauer, die im 19. und 20. Jahrhundert ein Portrait Beethovens schufen, stützten sich auf die im Jahr 1812 von dem Wiener Bildhauer Franz Klein (1779-1840) abgenommene Lebendmaske des Komponisten. Dabei übernahmen sie von ihrer Vorlage nicht nur die generellen Proportionen des Gesichtes und die Formen der Physiognomie, sondern auch den etwas strengen Ausdruck, der so besonders gut zum Charakter, aber auch zur Musik Beethovens zu passen schien.

Durch die Beliebtheit solcher Darstellungen verband sich in der Vorstellung eines breiten Publikums das Aussehen Beethovens dauerhaft mit einem düsteren und fast grimmigen Gesichtsausdruck, der aber deutlich von der Art abweicht, in der der Komponist zu seinen Lebzeiten dargestellt wurde und auch der Beschreibung seines Äußeren in den zeitgenössischen Quellen nicht entspricht.

Der Grund für den strengen Gesichtsausdruck, den Beethovens Lebendmaske zeigt, dürfte in der Art liegen, wie im 19. Jahrhundert ein derartiger Abdruck vom lebenden Gesicht angefertigt wurde. Ein Zeitgenosse Beethovens, der diese Prozedur in den 1820er Jahren über sich ergehen ließ, berichtet darüber das Folgende:

> „Mme. Gall salbte mir das Gesicht und bedeckte den behaarten Teil meines Kopfes mit einer Haube. Gall gab mir eine Federpose [Federkiel] in den Mund, um dadurch zu atmen. Dr. Fossati und Dr. Junghans [die Mitarbeiter Galls in Paris] gossen mir den Gips in das Gesicht. Als dieser erstarrte, hatte ich, durch die dicke Erddecke von der übrigen Welt getrennt, ganz eigene Empfindungen, und als mir der Abguß abgenommen wurde, war es, als ob mir die Haut abgerissen würde ..."
> (Archiv für Geschichte der Medizin 11, 1919, S. 99f.)

Auch Beethoven muss das Verfahren als ausgesprochen unangenehm empfunden haben. So soll nach der Überlieferung der erste Versuch, seine Lebendmaske anzufertigen, gescheitert sein, weil der Komponist fürchtete zu ersticken. Erst im zweiten Anlauf gelang es dem Bildhauer schließlich, das Negativ von Beethovens Gesicht abzunehmen.

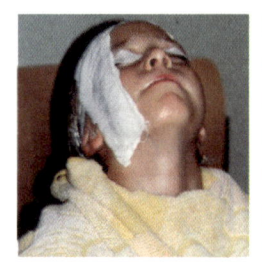

Damit Kinder selbst nachfühlen können, mit welchen Unannehmlichkeiten das Abnehmen eines Gesichtsabdrucks verbunden ist, können selbst Lebendmasken hergestellt werden, wobei jedoch kein flüssiger Gipsbrei, sondern handelsübliche Gipsbinden verwendet werden. So können die Kinder das Gefühl nacherleben, das sich einstellt, wenn der kalte nasse Gips auf das Gesicht aufgetragen wird, und auch ein wenig nachvollziehen, wie sich Beethoven beim Ablösen des Negativs von der Haut gefühlt haben muss.

Zur Anfertigung der Masken werden zunächst die Gesichter der Kinder gründlich mit Vaseline eingecremt und die Augen mit kleinen Zellstoffstücken abgedeckt. Der Haaransatz muss mit Klarsicht-/Frischhaltefolie umwickelt werden, um ein Eindringen der Gipsmasse in die Haare zu verhindern. Danach werden die in Wasser getauchten Gipsbinden auf das Gesicht aufgelegt. Die Nasenunterseite bleibt zum Atmen frei und wird erst später nachgearbeitet. Nach wenigen Minuten sind die Masken hart und können abgenommen werden. Später werden die so entstandenen negativen Formen noch einmal mit Vaseline eingestrichen und dann mit flüssigem Gips ausgegossen. So entstehen aus den Negativen die Lebendmasken als positive Abgüsse.

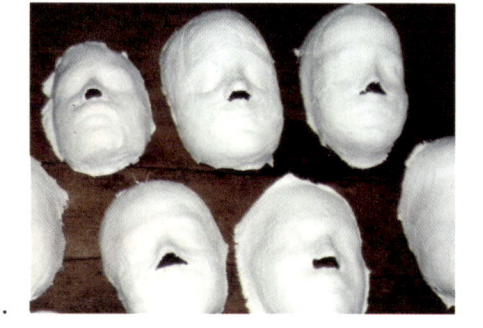

SB

1. Ludwig van Beethoven
1.4 Beethovens Aussehen

1.4.4 Mach' dir dein Beethovenbild!
ab 9/10 Jahren

Viele Künstler haben Beethoven gemalt - zu seinen Lebzeiten, nach seinem Tod und bis in die Gegenwart hinein. So entstanden und entstehen Bilder, die zwar alle den Komponisten darstellen wollen, sich in ihrer Form und Aussage aber oft sehr voneinander unterscheiden. Da Beethoven in der Regel dem Modellsitzen abgeneigt war und den Malern deshalb häufig nichts anderes übrig blieb, als wenige Skizzen anzufertigen und dann aus der Erinnerung heraus zu arbeiten, weichen schon die noch zu seinen Lebzeiten geschaffenen Portraits des Komponisten deutlich voneinander ab. Und bereits bei diesen Bildern ist das Aussehen Beethovens nicht nur von den individuellen Fähigkeiten der verschiedenen Künstler geprägt, sondern auch von ihrer Phantasie und ihrer persönlichen Sicht des Komponisten.

Dies gilt dann vor allem auch für diejenigen Beethoven-Portraits, die seit dem späten 19. Jahrhundert entstanden. Denn alle retrospektiv geschaffenen Darstellungen wollen den Komponisten natürlich nicht einfach abbilden, sondern zugleich Aussagen über Beethoven als Mensch und Musiker machen, und wenn möglich seine besondere künstlerische Inspiration und die Kraft seiner Kompositionen im Bild einfangen.

Für Kinder, aber auch für Erwachsene ist vor allem bei Darstellungen aus der zweiten Hälfte des 19. und dem beginnenden 20. Jahrhundert in der Regel nicht sofort erkennbar, wann ein Beethoven-Portrait eher aus der Phantasie des Malers oder Graphikers entwickelt wurde und wann es dem Aussehen des Komponisten, so wie es die authentischen Bilder überliefern, wirklich nahe kommt. Zudem können künstlerische Interpretationen in den Darstellungen Beethovens oft nicht auf den ersten Blick als solche erkannt und entschlüsselt werden.

Einfacher ist dies bei den Arbeiten aus der zweiten Hälfte des 20. Jahrhunderts. Denn diese versuchen in der Regel, durch die Verwendung ungewöhnlicher malerischer und graphischer Techniken, aber auch durch die Kombination der Darstellung Beethovens mit weiteren, assoziativ verwendeten Bildelementen, Bildnisse des Komponisten mit einem besonders aktuellen Bezug zu gestalten.

Um die allgemeine Problematik beim Entwurf moderner Portraits historischer Persönlichkeiten zu vermitteln und zu einem bewussteren Umgang mit Bildern anzuregen, bietet sich die **Anfertigung eines selbst gestalteten Beethoven-Portraits** an. Dabei soll bewusst dazu angeregt werden, über eine reine Kopie historischer Vorbilder hinauszugehen und zu versuchen, Beethoven in einer modernen Formensprache als Mensch und Künstler zu deuten.

In verschiedenen Workshops wurden derartige freie Beethoven-Portraits erarbeitet, bei denen die Darstellung des Komponisten mit musikalischen Zeichen und Symbolen kombiniert wurde und durch eine ungewöhnliche Farbgebung von vornherein eine gewisse Verfremdung des Bildes gewährleistet wurde. Dafür bietet sich eine Ausspartechnik an, die auf spielerische Art und Weise die Lösung vom historischen Vorbild erleichtert

1 • Zunächst werden mit Bleistift Noten, Notenlinien, Pausenzeichen, Symbole oder auch Instrumente etc. auf ein dickes Aquarellpapier gezeichnet (gleichmäßig über die ganze Fläche verteilt).

2 • Dann wird diese Vorzeichnung mit Fixogum-Kleber nachgezogen.

3 • Nach dem Trocknen des Klebstoffs werden mit Aquarellfarben, die mit viel Wasser angerührt wurden, Farbflächen willkürlich auf dem Papier angebracht. Dabei dürfen die Farben ineinanderlaufen, sollten aber nicht gemischt werden.

Nach dem vollständigen Trocknen der Farbe (wobei, wenn nötig mit einem Fön nachgeholfen werden muss) wird die Klebstoffvorzeichnung mit dem Finger oder einem weichen Radiergummi weggerieben, so dass nun die Symbole und Zeichen weiß zwischen den Farbklecksen zu sehen sind.

4 • Im letzten Arbeitsschritt wird auf diese Grundierung mit einem schwarzen Filzstift ein Portrait Beethovens (aus der Phantasie oder nach einer historischen Vorlage) gezeichnet.

Bilder in dieser Technik, die beim allerersten Ferienworkshop im Beethoven-Haus entstanden sind, schmücken den Buchtitel des Kinderbuches.

SB

1. Ludwig van Beethoven
1.4 Beethovens Aussehen

1.4.5 Wie sah Beethoven aus?
Kloebers Beethoven-Portrait zum Fertigzeichnen
ab 7 Jahren

Wer heute ein Bild von sich braucht, hat es leicht – er macht einfach ein Foto. Aber oft erkennt man sich auf Fotografien zuerst gar nicht wieder. Zu Beethovens Zeit war das Ganze noch komplizierter, denn Fotoapparate waren noch nicht erfunden, und berühmte Persönlichkeiten wurden mit Bleistift oder Pinsel portraitiert. Dass die Bilder, die Berufsmaler oder Freizeitkünstler schufen, oft sehr unterschiedlich aussahen, kann man sich leicht vorstellen. So ist es auch bei Beethoven. Zwar gibt es heute noch mehr als 20 Portraits, für die der Komponist tatsächlich Modell gesessen hat – aber diese sind sehr unterschiedlich, und man kann manchmal kaum glauben, dass hier tatsächlich immer dieselbe Person dargestellt wurde.

Wenn man alle diese Bilder miteinander vergleicht und dazu noch liest, wie Beethovens Freunde ihn beschrieben haben, merkt man, dass es ganz verschiedene Erinnerungen sind, die da festgehalten wurden. Und so ist es trotz der vielen Bilder und Plastiken gar nicht so ganz sicher, wie Beethoven eigentlich wirklich aussah, denn vor allem der Gesichtsausdruck der einzelnen Portraits weicht sehr voneinander ab.

Einige Darstellungen mochte Beethoven selbst sehr gerne, wie z.B. die Miniatur von Christian Hornemann, die den Komponisten im Alter von etwa 30 Jahren zeigt. Beethoven schenkte dieses Erinnerungsbild seinem Freund Stephan von Breuning, um sich nach einem Streit wieder mit ihm zu versöhnen. Auch der Kupferstich von Blasius Höfel, der etwa 10 Jahre später entstand, muss ihm gut gefallen haben. Denn er schickte gleich zwei Exemplare dieses Bildes nach Bonn zu seinen Freunden aus der Jugendzeit.

Vier Jahre später zeichnete August von Kloeber den Komponisten, der nun knapp 50 Jahre alt war. Der Maler schrieb später über das Aussehen des Komponisten: „Sein Auge [war] blaugrau und höchst lebendig. Wenn sein Haar sich im Sturm bewegte so hatte er wirklich etwas Dämonisches. Im freundlichen Gespräch nahm er aber wieder einen gutmütigen und milden Ausdruck an. Jede Stimmung seiner Seele drückte sich augenblicklich in seinen Zügen gewaltsam aus." Kloebers Portrait wurde von verschiedenen Bekannten Beethovens als besonders ähnlich angesehen. Der Komponist selbst mochte vor allem die Wiedergabe seiner Haare, eine wilde Mähne, die zur typischen „Beethoven-Frisur" wurde.

Man sieht, wie kompliziert es heute ist, zu rekonstruieren, wie ein Mensch, der schon lange tot ist, wirklich aussah und auf andere wirkte. Deshalb muss ein Künstler, der heute ein Beethoven-Portrait gestalten möchte, auch immer seine Phantasie spielen lassen und sich überlegen, wie der Komponist dreingeschaut haben könnte. Damit es etwas leichter ist, gibt es hier eine Vorlage, auf der die Haare und Schultern schon angedeutet sind.

Das wichtigste aber muss nun jeder selbst erfinden: Augen, Nase und Mund Beethovens – und vor allem seinen Gesichtsausdruck.

SB

Kopiervorlage

S.B.'08

134

2. Beethovens Musik – Ein Überblick

Beethoven hat im Laufe seines Lebens etwa 700 Musikstücke komponiert. Im allgemeinen Bewusstsein sind davon zwei bis drei ganz besonders verankert: das Klavierstück „Für Elise", der Gesang „Ode an die Freude" und vielleicht noch der Anfang der 5. Sinfonie – womit auch schon drei wichtige Gattungen aus seinem Gesamtwerk vertreten sind.

Klaviermusik

Das Klavier war jenes Instrument, auf dem Beethoven selbst über ungefähr 40 Jahre lang sehr erfolgreich konzertierte und improvisierte. Auch seine ersten gedruckten Kompositionen sind für das Klavier geschrieben. Ein Meilenstein unter der Klaviermusik sind Beethovens **32 Klaviersonaten**. Zu den bekannteren Sonaten zählen die so genannte „Mondscheinsonate", die „Waldsteinsonate", die „Appassionata" und die „Pathétique".

Musik für Gesang

Beethoven hat zeitlebens auch für die menschliche Stimme komponiert. Die ersten Lieder entstanden bereits in seiner Jugend. Zum singen sind auch die vielen, zum Teil lustigen Kanons, die Beethoven als Gelegenheitsarbeiten für Freunde verfasste. Sie zeigen den Komponisten von einer ganz anderen Seite. Ganz bedeutende und große Werke sind drei Kompositionen für Sänger und Orchester: Beethovens einzige **Oper „Fidelio"**, seine beiden Messen, unter ihnen die **„Missa solemnis"**, und seine neunte Sinfonie, in dessen letztem Satz ein großer Chor und Solosänger die **„Ode an die Freude"** anstimmen.

Musik für Orchester

Für Orchester hat Beethoven verschiedenartige Werke komponiert: Ouvertüren, Tanz- und Schauspielmusiken – und vor allem **neun Sinfonien**, unter ihnen die „Eroica" (= Nr. 3) und die „Pastorale" (= Nr. 6). Dass Beethoven in den letzten Satz seiner letzten, der 9. Sinfonie Singstimmen einbezogen hat, ist dabei etwas ganz besonderes.

Konzerte

Bei einem Konzert tritt neben das Orchester noch ein Solo-Instrument, das gemeinsam oder im Wechsel mit dem Orchester „konzertiert" (concertare = wetteifern). Für sein Hauptinstrument, das Klavier, hat Beethoven **fünf Klavierkonzerte** geschrieben. Sonst hat er nur noch die Geige mit einem **Violinkonzert** und ein Klaviertrio (s. unten) mit seinem „Tripelkonzert" bedacht.

Kammermusik

Es gab zu Beethovens Zeit noch nicht viele Räume, in denen ein großes Orchester vor einem größeren Publikum spielen konnte. Sehr beliebt war es daher, Musik für kleinere Besetzung zu schreiben und in der „Kammer" zu spielen. Beethoven hat auch in diesem Bereich wunderschöne Musik hinterlassen, zum Beispiel für Geige und Klavier (u.a. die „Frühlingssonate"), für Cello und Klavier, für **Klaviertrio** (also Geige, Cello und Klavier, z.B. das „Geistertrio") und vor allem für **Streichquartett** (2 Geigen, Bratsche und Cello). Auch Beethovens Streichquartette gehören, wie die Klaviersonaten, zu den Meilensteinen der Kammermusik.

Beethovens Hauptwerke zusammengefasst: 1 Oper, 9 Sinfonien, 5 Klavierkonzerte, 1 Violinkonzert, 32 Klaviersonaten, 16 Streichquartette, 6 Klaviertrios

MGD

2. Beethovens Musik
2.1 Beethoven zum Singen

2.1.1 Esel, Graf und Teufel
Drei freche Kanons von Beethoven
ab 7/8 Jahren

Kanons sind ein guter Einstieg in das mehrstimmige Singen. Die meist schlichte Melodie ergibt versetzt gesungen schnell ein schönes Klangergebnis. Auch Beethoven hat einige Kanons geschrieben, Gelegenheitswerke für Stammbücher, in Briefen oder in geselliger Runde. In vielen Kanons zeigt er sich hierbei von einer Seite, die wenige bei ihm vermuten würden: humorvoll und keck.
Dies bezeugen auch die drei ausgewählten Kanons, die von Kindern immer wieder gerne gesungen werden. Hier sind sie in einer für Kinderstimmen günstigen Lage wiedergegeben.

(1-3)

Die „Esel" wackeln beim Singen im Rhythmus mit den Ohren

Kopiervorlage 1

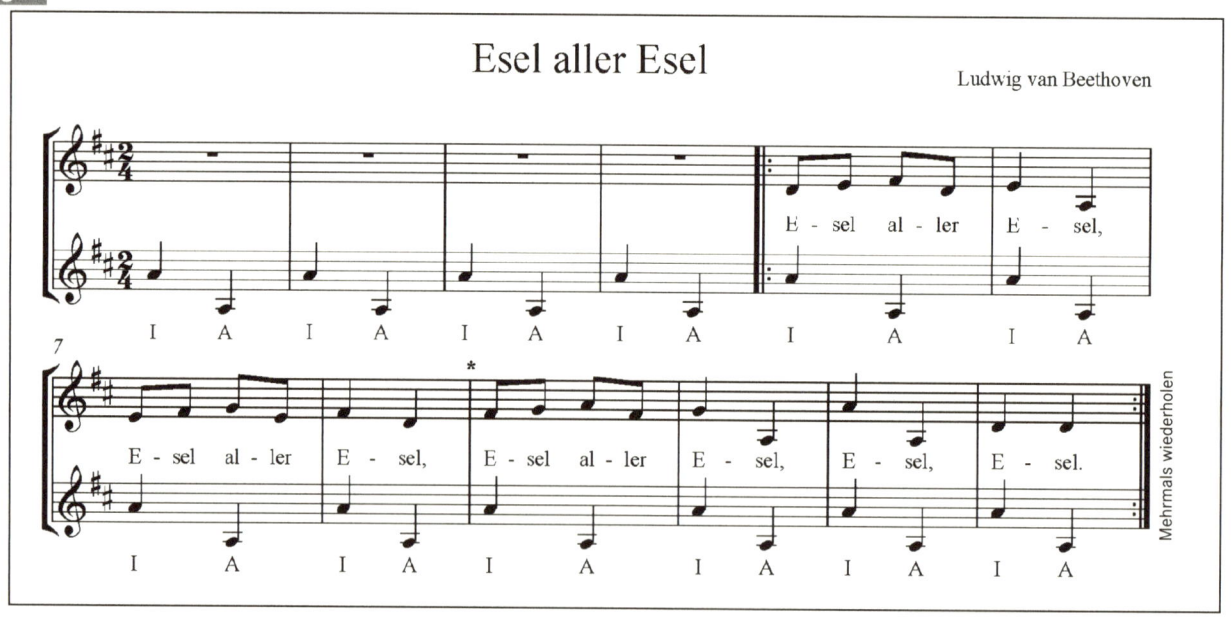

Esel aller Esel
Ludwig van Beethoven

Mehrmals wiederholen

Diesen Kanon hat Beethoven für seinen Geiger-Freund Ignaz Schuppanzigh geschrieben. Schuppanzigh hat viele Werke von Beethoven, vor allem Streichquartette, aus der Taufe gehoben. Er war ein sehr rundlicher, gemütlicher Mensch. Beethoven zog ihn oft wegen seiner Leibesfülle auf, aber der Freundschaft der Beiden tat dies keinen Abbruch.

Man kann den Kanon auf 3 verschiedene Arten singen:
1. Als zweistimmiges Lied wie hier abgedruckt: mit I-A beginnen, dann nach vier Takten die Melodie darauf singen.
2. Als zweistimmigen Kanon mit der Hauptmelodie (Esel aller Esel). Einsatz der 2. Stimme bei *.
3. Dreistimmig: die I-A-Oktaven mit dem zweistimmigen Kanon zusammen.

Die ersten beiden Varianten sind auch gleichzeitig Vorübungen für die dritte Variante.

Ignaz Schuppanzigh, gezeichnet von Joseph Danhauser (Beethoven-Haus Bonn)

Bester Herr Graf
Ludwig van Beethoven

[Notenbeispiel: Kanon „Bester Herr Graf" im 6/8-Takt, Text: „Bes-ter Herr Graf, Sie sind ein Schaf!" — Mehrmals wiederholen]

Diesen Kanon (WoO 183) schrieb Beethoven in einem Wiener Kaffeehaus auf den Grafen Lichnowsky. Gemeint ist wohl Moritz Lichnowsky, der – wie sein Bruder Fürst Karl von Lichnowsky – Beethoven sehr verehrt und gefördert hat. Beethoven hatte sich wohl darüber geärgert, dass sich Graf Lichnowsky bei Verhandlungen mit dem Verlag Steiner eingemischt hatte. Wahrscheinlich hatte sich der Graf aber nur zu Beethovens Gunsten eingeschaltet. Und das Verhältnis zwischen den beiden wurde durch diesen Kanon nicht getrübt.

Hol' euch der Teufel...
Ludwig van Beethoven

[Notenbeispiel: Kanon „Hol' euch der Teufel..." im 2/4-Takt, Text: „Hol' euch der Teu-fel, b'hüt euch Gott!" — Mehrmals wiederholen]

Diesen Kanon (WoO 172) hat Beethoven auf seinen Verleger Sigmund Anton Steiner geschrieben. Steiner hatte aber viel Humor und nahm es Beethoven nicht übel. Im Gegenteil: in Steiners Verlagshandlung im Wiener Paternostergäßl ging es oft sehr lustig zu. Steiner, seine Angestellten und Beethoven hatten dort ihre eigenen Spitznamen. Beethoven selbst nannte sich in dieser Runde „Generalissimus". Steiner, der – so schrieb Beethoven einmal – „kein steinernes Herz hatte", war der „Generalleutnant". Der ebenfalls komponierende Anton Diabelli – „Diabolus (= Teufel) Diabelli" hatte Beethoven ihn auch genannt – war der „Generalprofoß", und Steiners Verlags-Partner Tobias Haslinger – auf den Beethoven ebenfalls Kanons geschrieben hat – war der „Adjutant".

Die Melodie dieses Kanons ist in beiden Stimmen gleich, in der oberen (zweiten) Stimme lediglich einen Ton nach oben versetzt.

W

2. Beethovens Musik
2.1 Beethoven zum Singen

2.1.2 Eine Rallye durch die Weltgeschichte mit Beethovens Urian-Lied
ab 8/9 Jahren

Das Lied „Urians Reise um die Welt" ist ein schöner, mit Kindern gut zu realisierender Einstieg in Beethovens Liederwelt. Das Lied gehört zu der Gruppe von Liedern, die unter der gemeinsamen Werknummer 52 (Opus 52) gedruckt wurden. Die meisten dieser Lieder hat Beethoven wahrscheinlich noch als junger Mann in Bonn geplant. Zu dieser Sammlung gehören auch die Lieder „Marmotte" und „Das Blümchen Wunderhold", die ebenfalls gut mit Kindern zu singen sind. Auch das lustige Lied „Aus Goethes Faust", das so genannte „Flohlied", sollte ursprünglich in diese Liedergruppe aufgenommen werden. Es fand dann aber in Beethovens nächster Liedergruppe, die ausschließlich Goethe-Vertonungen enthält (Opus 75), Eingang. Auf jeden Fall empfiehlt es sich, das „Flohlied" anzuhören und den spaßigen Goethe-Text, der ihm zugrunde liegt, gemeinsam zu lesen (z.B. von der Chor-CD, s. S. 76). Ganz ursprünglich – wohl auch noch in Bonn – trug sich Beethoven mit dem Gedanken, Schillers „Ode an die Freude" zu vertonen und ebenfalls in diese seine erste Liedersammlung zu integrieren.

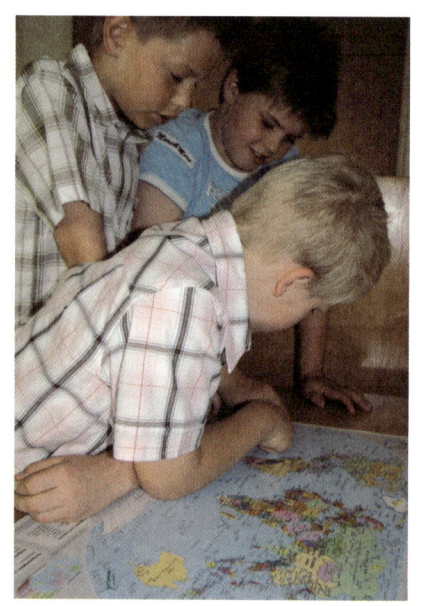

Der Text des Urian-Liedes stammt von Matthias Claudius, der auch den Text zu dem bekannten Lied „Der Mond ist aufgegangen" geschrieben hat. Matthias Claudius wurde 30 Jahre vor Beethoven geboren. In seinem Urian-Gedicht hat Matthias Claudius einiges angesprochen, was damals in der Weltgeschichte besonders aufregend war. Man war damals tatsächlich immer noch auf der Suche nach der Nordwestpassage und man hatte gerade die Insel Otaheit (= Tahiti) entdeckt. Mehr dazu werden die Kinder auf der Urian-Rallye erfahren.

Man kann die Rallye an einem einzigen Ort durchführen. Spannender wird es allerdings, wenn man jede der sieben Reisestationen in einem anderen Raum abhalten kann. Dafür nimmt man einen tragbaren CD-Player sowie eine große Weltkarte, auf der alle Urian-Orte zu finden sind, von Station zu Station mit. Man könnte die Räume an den Türen kennzeichnen, z.B. Nordpol, Nordwestpassage, Mexiko, Reich des Mogul, …Otaheit …., Die erste und letzte Station (7.) sind derselbe (Ausgangs-)Ort.

Zunächst lernen die Kinder das Lied kennen: sie lesen den Text aller Strophen (s. Kopiervorlage 2), hören die vier ausgewählten Strophen von der CD (4) (Strophen 1, 2, 5 und 13) und singen diese nach. Dann kann die vollständige Weltreise losgehen.

Rallye-Verlauf (Rallye = Kopiervorlage 1a+b):

♪ Die **Strophen 1 und 2** werden gesungen (auf die Klavierbegleitung auf der CD (5).

✎ Lösung der gesuchten Wörter auf dem Rallye-Bogen.

Der Nordpol wird auf der Weltkarte gekennzeichnet.

♪ Die **Strophen 3 und 4** werden gesungen.

Info geben:

> **Eskimos** leben hoch im Norden, auf der Insel Grönland, in Alaska, in Nord-Kanada und einige auch in Sibirien. Eskimo ist ein indianisches Wort und heißt entweder „Die, die rohes Fleisch essen" oder „Die, die Schneeschuhe tragen". Ganz einig sind sich die Sprachforscher da nicht. Die meisten Eskimos aber nennen sich selbst **Inuit**. Das heißt einfach nur Mensch. So wollen sie auch heute von anderen genannt werden. Da, wo die Inuit leben, gibt es auch viele Wale. Aus deren Fettgewebe gewinnt man den so

genannten Tran, eine ölige Substanz, die für vieles verwendet werden kann und sehr viele Vitamine und andere wertvolle Stoffe enthält. Lebertran verabreicht man auch heute noch, zum Beispiel bei Kinderkrankheiten. Aber er schmeckt nicht besonders gut... Für die Inuit war Tran ein Bestandteil ihrer Ernährung. Er macht natürlich auch dick ...

✏️ Lösung der gesuchten Wörter.

Grönland, Alaska, Nord-Kanada und Sibirien werden auf der Weltkarte markiert.

🎵 Die **Strophen 5 und 6** werden gesungen.

Info geben:

Mehr als 400 Jahre lang suchten die seefahrenden Nationen nach einer Durchfahrt im Nordpolarmeer. Eine solche **Nordwestpassage** hätte Schiffsreisen zwischen Europa und Ostasien entscheidend verkürzt. Aber einen Weg durch das dicke Packeis zu bahnen, war an vielen Stellen scheinbar unmöglich. Erst dem Norweger Roald Amundsen gelang es, die gesamte Nordwestpassage auf seinem Schiff zu durchqueren. Er brauchte dafür drei Jahre, von 1906 bis 1909. Zwei Winter davon verbrachte er nämlich auf der King William Insel, um von den dort lebenden Inuit zu lernen, sich den extremen Lebensbedingungen der Arktis anzupassen.

Amundsens Weg durch die Nordwestpassage

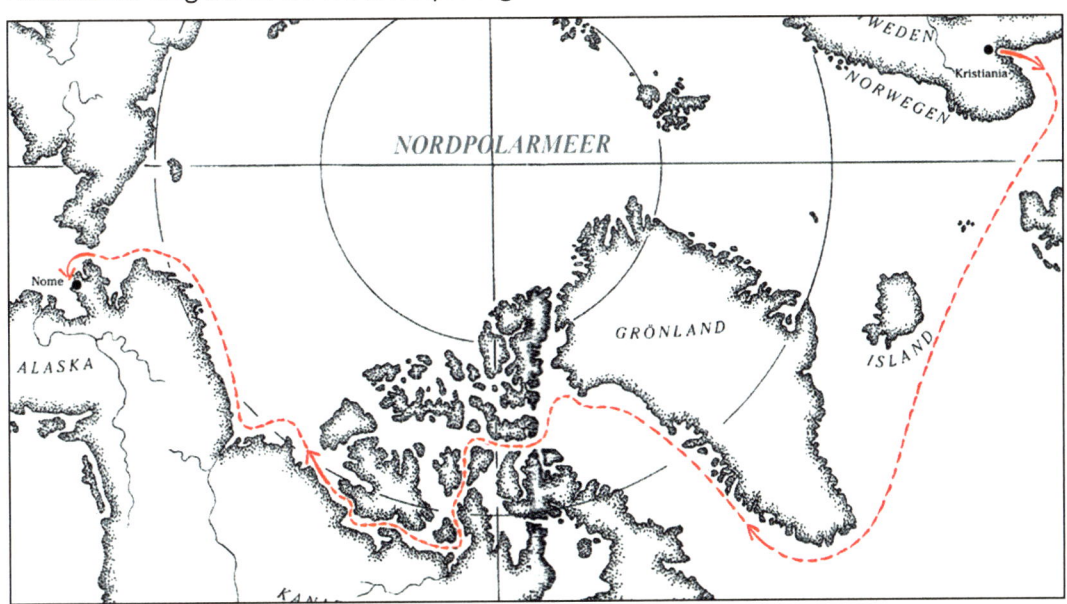

✏️ Lösung der gesuchten Wörter.

Die Nordwestpassage wird auf der Weltkarte eingezeichnet.

🎵 Die **Strophen 7 und 8** werden gesungen.

Info geben:

Die Vorfahren der Mexikaner, die **Azteken**, waren ein hochkultiviertes Indianervolk. Ihre Hauptstadt Tenochtitlán war die größte und prächtigste Stadt ihrer Zeit. Doch die Azteken waren auch grausame Herrscher und hatten viele Feinde. Mit deren Hilfe konnten die spanischen Eroberer unter Hernan Cortes das Reich der Azteken im Jahr 1521 zerstören. Das große Ziel von Cortes war das Gold der prächtigen Aztekenhauptstadt.
Die Azteken nannten sich selbst „Mexica". Daher kommt auch der heutige Ländername Mexiko.

✏️ Lösung der gesuchten Wörter.

Mexiko wird auf der Weltkarte markiert.

🎵 Die **Strophen 9, 10 und 11** werden gesungen.

Info geben:

Das **Mogulreich** war ein Gebiet, das eigentlich zu Indien gehörte, sich aber zwischen 1526 und 1858 als eigenständiger Staat immer mehr ausdehnte. Das Kernland des Reiches lag um die Städte Delhi, Agra und Lahore herum. Die Herrscher wurden Mogul, Großmogul oder Mogulkaiser genannt. Sie waren so etwas wie Kaiser. Bis zum Tod des Mogul Aurangzeb (1707) war das Mogulreich am größten. Im Laufe des 18. Jahrhunderts, also zu Lebzeiten Beethovens, wurde es dann immer mehr zu einer untergeordneten Macht in Indien. 1858 wurde der letzte Großmogul von den Engländern abgesetzt, sein Territorium ging in Britisch-Indien auf.

✏️ Lösung der gesuchten Wörter.

Indien wird auf der Weltkarte markiert.

🎵 Die **Strophen 12 und 13** werden gesungen.

Info geben:

In der so genannten Südsee, dem südlichen Teil des Pazifischen Ozeans, also östlich von Südamerika und westlich von Asien, gibt es viele kleine Inseln, unter ihnen die „Gesellschaftsinseln". Die Hauptinsel dieser Inselgruppe hieß „Otaheit" und wurde 1767 von Samuel Wallis entdeckt. Das war drei Jahre bevor Beethoven geboren wurde. Unter den Franzosen erhielt die Insel 1842 ihren heutigen Namen: **Tahiti.**

✏️ Lösung der gesuchten Wörter.

Bangladesh, Java, China, Afrika und Tahiti werden auf der Weltkarte markiert.

🎵 Die letzte **Strophe (14)** wird gesungen.

✏️ Lösung des gesuchten Wortes, dann

Info geben:

Sparren sind die schrägen Dachstuhlbalken, auf die die Ziegel bzw. Dachpfannen genagelt werden. „Einen Sparren haben", oder auch „einen Sparren locker haben" bedeutet, ein wenig verrückt oder verschroben zu sein, eben „eine Macke" zu haben. Irgendeine Macke hat doch jeder...

Das Lösungswort:
Der Name Urian (Herr Urian) stand früher auch für eine scherzhafte Benennung des TEUFELS.

Info geben:

Außerdem wird mit „**Herr Urian**" seit dem 17. Jahrhundert ein ungebetener Gast bezeichnet, der zu ungelegener Zeit erscheint, oder ein Mensch, den man unvermutet antrifft.
Ob Beethoven das gewusst hat? Matthias Claudius wird dies aber wahrscheinlich im Hinterkopf gehabt haben ...

MGD

Urian-Rallye

Kopiervorlage 1a

Folgt Urian auf seiner ganz besonderen Weltreise!

🎵 Singt die Strophen 1 und 2 des Liedes.

1. Reisestation

Zunächst reiste Urian also an den _ _ _ _ _ _ _. Der liegt auf der Erdkugel ganz _ _ _ _ _.

🌍 *Markiert den Ort auf der Weltkarte.*

🎵 Singt die Strophen 3 und 4 des Liedes.

👂 Hört die Information.

2. Reisestation

Am Nordpol leben keine Menschen. Aber in Grönland schon, die nannte man früher

_ _ _ _ _ _ _. Heutzutage soll man sie allerdings _ _ _ _ _ _ nennen.

Sie leben außerdem auch in _ _ _ _ _ _ _, _ _ _ _ _ - _ _ _ _ _ _ _ und

_ _ _ _ _ _ _ _.

🌍 *Findet ihr diese Länder auf der Weltkarte?*

🎵 Singt die Strophen 5 und 6 des Liedes.

👂 Hört die Information.

3. Reisestation

Die Nordwestpassage war wirklich schwer zu finden! Da war der Norweger _ _ _ _ _ _

_ _ _ _ _ _ _ _ _ sicher stolz, als er als Erster im Jahre 1906 diesen Seeweg um Grönland herum, vorbei an den vielen arktischen Inseln und durch die Beringstraße bis an die Westseite Amerikas gefunden hatte.

🌍 *Zeichnet den Weg auf der Weltkarte nach.*

🎵 Singt die Strophen 7 und 8 des Liedes.

👂 Hört die Information.

4. Reisestation

Ja, das Gold liegt eben doch nicht so auf der Straße. Auch in Mexiko nicht.

Da war es das Gold der _ _ _ _ _ _ _ _, so hießen die Vorfahren der Mexikaner.

Aber deren Schatzkammern hatten die

_ _ _ _ _ _ _ _ mitgenommen, unter ihrem Führer _ _ _ _ _ _ _ _ _ _ _ _ _, dem Eroberer von Mexiko.

🌍 *Markiert Mexiko auf der Weltkarte.*

Kopiervorlage 1b

♪ Singt die Strophen 9 bis 11 des Liedes.

👂 Hört die Information.

5. Reisestation

Mogul nannte man also den Herrscher über das Mogulreich – logisch!

Das Mogulreich war damals ein Großteil von _ _ _ _ _ _ _ . Über 300 Jahre bestand dieses

große Reich. 1858 wurde es schließlich von _ _ _ _ _ _ _ übernommen und hieß dann

_ _ _ _ _ _ _ _ – Indien.

🌍 Markiert das „Mogulreich" auf der Weltkarte.

♪ Singt die Strophen 12 und 13 des Liedes.

👂 Hört die Information.

6. Reisestation

Was früher Bengalen hieß, heißt heute Bangladesh. Java solltet ihr auch auf der Karte finden können. Ein kleiner Tipp: es ist eine Insel und gehört zu Indonesien. China kennt ihr ja. Und welches euch bekannte Land, besser: welcher Kontinent wird noch in diesen Strophen erwähnt?

_ _ _ _ _ _

Aber wo liegt Otaheit? Es heißt heute gar nicht mehr so, aber der heutige Name klingt ähnlich. Es ist eine Insel, die erst 1767 entdeckt wurde.

Heute heißt die Insel _ _ _ _ _ _ und liegt mitten auf dem Ozean: westlich von Südamerika und östlich von Asien. Wirklich nicht leicht zu finden!

🌍 Markiert Bangladesh, Java, China, Afrika – und „Otaheit" auf der Karte

♪ Singt die letzte Strophe (14).

7. Reisestation

Es gibt in dieser Strophe ein Wort, das ihr bestimmt nicht kennt, nämlich _ _ _ _ _ _ _ .

👂 Hört die Information.

Lösungswort:
Nun habt auch ihr die Reise geschafft. Sucht nun aus den 7 Reisestationen jeweils den unten angegebenen Buchstaben heraus, dann werdet ihr wissen, wofür der Name Urian auch stehen kann, nämlich für eine scherzhafte Benennung des

```
4. Reisestation, 1. Suchwort, 3. Buchstabe   = ___
1. Reisestation, 2. Suchwort, 3. Buchstabe   = ___
2. Reisestation, 2. Suchwort, 3. Buchstabe   = ___
6. Reisestation, 1. Suchwort, 2. Buchstabe   = ___
5. Reisestation, 2. Suchwort, 1. Buchstabe   = ___
3. Reisestation, 1. Suchwort, 4. Buchstabe   = ___
7. Reisestation, Suchwort, 1. Buchstabe      = ___
```

Urians Reise um die Welt

In einer mäßigen geschwinden Bewegung mit einer komischen Art gesungen

Ludwig van Beethoven (op. 52 Nr. 1)

Wenn jemand eine Reise tut, so kann er was verzählen; drum nahm ich meinen Stock und Hut und tät das Reisen wählen. Da hat Er gar nicht übel dran getan; verzähl Er doch weiter Herr Urian!

2. Zuerst ging's an den Nordpol hin;
Da war es kalt bei Ehre!
Da dacht' ich denn in meinem Sinn,
Dass es hier besser wäre.
Da hat er gar nicht übel dran getan,
Verzähl' er doch weiter, Herr Urian!

3. In Grönland freuten sie sich sehr,
Mich ihres Ort's zu sehen,
Und setzten mir den Trankrug her:
Ich ließ ihn aber stehen.
Da hat er gar nicht übel dran getan,
Verzähl' er doch weiter, Herr Urian!

4. Die Eskimos sind wild und groß,
Zu allem Guten träge:
Da schalt ich Einen einen Kloß
Und kriegte viele Schläge.
Da hat er gar nicht übel dran getan,
Verzähl' er doch weiter, Herr Urian!

5. Nun war ich in Amerika!
Da sagt ich zu mir: Lieber!
Nordwestpassage ist doch da,
Mach' dich einmal darüber.
Da hat er gar nicht übel dran getan,
Verzähl' er doch weiter, Herr Urian!

6. Flugs ich an Bord und aus in's Meer,
Den Tubus festgebunden,
Und suchte sie die Kreuz und Quer
Und hab' sie nicht gefunden.
Da hat er gar nicht übel dran getan,
Verzähl' er doch weiter, Herr Urian!

7. Von hier ging ich nach Mexico
Ist weiter als nach Bremen
Da, dacht' ich, liegt das Gold wie Stroh;
Du sollst'n Sack voll nehmen.
Da hat er gar nicht übel dran getan,
Verzähl' er doch weiter, Herr Urian!

8. Allein, allein, allein, allein,
Wie kann ein Mensch sich trügen!
Ich fand da nichts als Sand und Stein,
Und ließ den Sack da liegen.
Da hat er gar nicht übel dran getan,
Verzähl' er doch weiter, Herr Urian!

9. D'rauf kauft' ich etwas kalte Kost
Und Kieler Sprott und Kuchen
Und setzte mich auf Extrapost,
Land Asia zu besuchen.
Da hat er gar nicht übel dran getan,
Verzähl' er doch weiter, Herr Urian!

10. Der Mogul ist ein großer Mann
Und gnädig über Maßen
Und klug; er war itzt eben dran,
'n Zahn auszieh'n zu lassen.
Da hat er gar nicht übel dran getan,
Verzähl' er doch weiter, Herr Urian!

11. Hm! dacht' ich, der hat Zähnepein,
Bei aller Größ' und Gaben!
Was hilfts denn auch noch Mogul sein?
Die kann man so wohl haben!
Da hat er gar nicht übel dran getan,
Verzähl' er doch weiter, Herr Urian!

12. Ich gab dem Wirt mein Ehrenwort,
Ihn nächstens zu bezahlen;
Und damit reist' ich weiter fort,
Nach China und Bengalen.
Da hat er gar nicht übel dran getan,
Verzähl' er doch weiter, Herr Urian!

13. Nach Java und nach Otaheit
Und Afrika nicht minder;
Und sah bei der Gelegenheit
Viel Städt' und Menschenkinder.
Da hat er gar nicht übel dran getan,
Verzähl' er doch weiter, Herr Urian!

14. Und fand es überall wie hier,
Fand überall 'n Sparren,
Die Menschen grade so wie wir,
Und eben solche Narren.
Da hat er übel, übel dran getan,
Verzähl' er nicht weiter, Herr Urian!

Text: Matthias Claudius

2. Beethovens Musik
2.1 Beethoven zum Singen

2.1.3 Gute Nacht, gute alte Zeit
Britische Volkslieder zur Triobegleitung von Beethoven
ab 8 Jahren

Der schottische Volksliedsammler George Thomson hatte berühmte Komponisten seiner Zeit, unter ihnen auch Beethoven, damit beauftragt, zu Volksliedern seiner Heimat ein Vorspiel, ein Nachspiel und eine Begleitung für die damals beliebte Besetzung von Geige, Klavier und Cello (= Klaviertrio) zu komponieren. Im Laufe von ungefähr 10 Jahren schrieb Beethoven für rund 150 irische, walisische und schottische Lieder die gewünschten „Rahmen". Viele dieser Lieder sind auch heute noch auf den britischen Inseln lebendig und werden zur Begleitung von Volksmusikinstrumen-ten wie Fiddle, Harfe und Dudelsack gesungen.

Eine kleine Auswahl von britischen Liedern wurde an einem Musiknachmittag mit Kindern gelernt und dann sowohl auf die Begleitung Beethovens als auch auf „Folk"-Klänge gesungen. Um die schönen Kammermusiken Beethovens bekannt zu machen, sind hier drei Lieder ausgewählt, die nicht schwer bzw. sogar bekannt sind. Auf der CD kann man sie kennen lernen und dann auf die Playback-Versionen singen, 🎵 (6-13). Die Playback-Versionen verzichten auf das Vorspiel. Jedes Lied beginnt lediglich mit einem kleinen musikalischen Einstieg zur Orientierung.

Aus Wales stammt das Lied **„Good night"**, dessen walisischer Text allerdings ein wenig altbacken und für Kinder somit auch in deutscher Übersetzung nicht so leicht zu singen ist. Da Beethoven die Texte der Lieder, die er zu bearbeiten hatte, selten erhielt, und da es bei Volksliedern ohnehin üblich war, eine bekannte Volksmelodie mit einem anderen Text zu versehen, wurde ein anderer Abendliedtext gefunden, der gut auf die Melodie passt und den Kinder vielleicht auch kennen: „Die Blümelein sie schlafen".

Kopiervorlage 1

Good night
L. v. Beethoven (WoO 155, 26)

Die Blümelein sie schlafen schon längst im Mondenschein, sie nicken mit den Köpfen auf ihren Stängelein. Die Vögelein sie sangen so süß im Sonnenschein, sie sind zur Ruh' gegangen in ihre Nestlein klein.

Die ursprünglich dem Lied unterlegte erste Textstrophe lautet:

Ere yet we slumbers seek,	Komm, Göttin des Gesangs,
Blest Queen of Song, descend!	Eh Schlaf uns ruft zur Rast,
Thy shell can sweetest speak	Du flüsterst holden Klangs
Good night to guest and friend.	„Schlaf wohl!" für Freund und Gast.
'Tis pain, 'tis pain to part	Wohl Schmerz bringt Trennung schon
For e'en one fleeting night;	Für eine flücht'ge Nacht,
But Music's matchless art	Doch Schmerz in Wonneton
Can turn it to delight.	Verkehrt Gesangesmacht.

Der Text des irischen Liedes **„Save me from the grave"** ist mehr noch als der vorhergehende, sowohl sprachlich als auch inhaltlich, für Kinder wenig verständlich und schlecht zu singen:

Save me from the grave and wise,	Ernst und Weisheit sei verscheucht!
For vainly would I tax my spirit,	Denn wenig mag es mir behagen,
Be the thing that I despise,	das zu sein, was Tand mich deucht,
And rival all their stupid merit.	Und eitlen Lorbeern nachzujagen!
On! – my careless laughing heart,	Auf! Mein arglos lächelnd Herz,
O dearest Faney let me find thee,	Der Phantasien Welt durchmessen!
Let me but from sorrow part,	Lass mich scheiden nur vom Schmerz,
And leave this moping world behind me.	und dieser faden Welt vergessen!
Speak ye wiser than the wise,	Du, der mehr als Weise weißt,
Breathe aloud your welcome measure,	sing dein Lied aus voller Brust;
Youthful fancy well can prize	dankbar lauscht der Jugend Geist
The words that counsel love and pleasure.	dem Wort, das Liebe rät und Lust.

Ein allen sehr wohl bekannter Text passt aber ebenso gut auf diese Melodie!

Kopiervorlage 2

Save me from the grave and wise
(auf einen anderen Text…)

L. v. Beethoven (WoO 154,8)

Freu - de, schö - ner Göt - ter - fun - ken, Toch - ter aus E - ly - si - um,

Wir be - tre - ten feu - er - trun - ken, Himm - li - sche, dein Hei - lig - tum,

Dei - ne Zau - ber bin - den wie - der, was die Mo - de streng ge - teilt,

Al - le Men - schen wer - den Brü - der, wo dein sanf - ter Flü - gel weilt,

Freu - de, schö - ner Göt - ter - fun - ken, Toch - ter aus E - ly - si - um,

Wir be - tre - ten feu - er - trun - ken, Himm - li - sche, dein Hei - lig - tum.

Unter den Liedern, die Beethoven in eine Klaviertrio-Version bringen sollte, war auch ein Lied, das noch heute zu den bekanntesten Liedern in Großbritannien gehört und dort noch regelmäßig gesungen wird, zum Beispiel zum Jahreswechsel, um der Toten des abgelaufenen Jahres zu gedenken: Die alte schottische Weise **„Auld lang syne"**, die von dem schottischen Dichter Robert Burns aufgeschrieben und veröffentlicht wurde. In Deutschland wird die Melodie auf das Pfadpfinderlied „Nehmt Abschied, Brüder, ungewiss ist alle Wiederkehr" gesungen.

In Beethovens Klaviertrio-Version, einem leicht schwingenden „Allegretto", sind vor dem Refrain zwei Instrumentaltakte eingeschoben – also Achtung, kurz warten. Vor der nächsten Strophe sind noch einmal vier Takte eingeschoben, und ganz am Schluss gibt es wieder ein Nachspiel für die Instrumente allein. Beim Singen dieses Liedes muss man also ein bisschen aufpassen. Aber auf der CD wird ja vorgespielt, wie es dann klingen soll.

Kopiervorlage 3

Auld lang syne
Die alte, gute Zeit

L. v. Beethoven (WoO 156,11)

Soll al-te Freund-schaft un-ter-gehn in Nacht und Dun-kel-heit? Soll al-te Freund-schaft un-ter-gehn und al-te, gu-te Zeit? Auf al-te, gu-te Zeit, Kam' rad, auf al-te, gu-te Zeit, Ein vol-les Glas noch trin-ken wir auf al-te, gu-te Zeit!

2. Im Hochland sind wir oft geschweift
Nach Blumen weit und breit;
Wir gingen manchen rauhen Pfad
Seit guter, alter Zeit.

Auf alte, gute Zeit …

3. Und hier ist meine Hand, Kam'rad,
Schlag ein und sei bereit,
Zu trinken noch ein volles Glas
Auf alte, gute Zeit.

Auf alte, gute Zeit …

Unter Pfadfindern singt man auf diese Melodie folgenden Text:

1. Nehmt Abschied, Brüder, ungewiss
Ist alle Wiederkehr,
Die Zukunft liegt in Finsternis
Und macht das Herz uns schwer.

Refrain:
Der Himmel wölbt sich übers Land,
Ade, auf Wiedersehn!
Wir ruhen all in Gottes Hand,
Lebt wohl auf Wiedersehn.

2. Die Sonne sinkt, es steigt die Nacht,
Vergangen ist der Tag.
Die Welt schläft ein, und leis erwacht

Der Nachtigallen Schlag.
    Der Himmel wölbt sich…

3. So ist in jedem Anbeginn
Das Ende nicht mehr weit.
Wir kommen her und gehen hin
Und mit uns geht die Zeit.
    Der Himmel wölbt sich…

4. Nehmt Abschied Brüder schließt den Kreis,
Das Leben ist kein Spiel.
Nur wer es recht zu Leben weiß,
Gelangt ans große Ziel.
    Der Himmel wölbt sich…

2. Beethovens Musik
2.1 Beethoven zum Singen

W

2.1.4 Die schöne Minka am Bächlein
Zwei Russische Volkslieder mit einem Trio von Beethoven

ab 8 Jahren

Angeregt durch die Auftragsarbeit des schottischen Volksliedsammlers George Thomson, für Volkslieder aus dessen britischer Heimat einen musikalischen Rahmen und eine Begleitung für Geige, Klavier und Cello zu komponieren (s. W 2.1.3), suchte Beethoven selbst auch nach Volksliedern anderer Nationen, um sie auf diese Weise zu bearbeiten. Auf russische Lieder wurde er wahrscheinlich durch den russischen Botschafter in Wien, Graf Rasumofsky, aufmerksam gemacht. Jedenfalls kannte Beethoven offenbar die seinerzeit beliebte russische Liedersammlung von Ivan Pratsch, aus der er einige Lieder entnahm, um sie in seinen Streichquartetten op. 59 zu zitieren bzw. für Klaviertrio zu bearbeiten. Unter ihnen das melancholische Lied **„Ach, ihr Bächlein kühlen Wassers"**.

Beethovens Liedbearbeitungen beginnen immer mit einem kleinen instrumentalen Vorspiel. Oft erklingen auch nach einer Strophe einige Takte Musik bevor die nächste Strophe einsetzt. Auf der CD sind die Lieder mit Gesang, zum kennen lernen, und nur in der Klaviertrio-Version, zum darauf singen, zu hören: ✲ (14–17). Die Playback-Version erklingt ohne Vorspiel, nur mit einem kleinen musikalischen Einstieg zur Orientierung. Das instrumentale Nachspiel wird aber gespielt und muss also vor der nächsten Strophe abgewartet werden.

Kopiervorlage 1

Ach, ihr Bächlein kühlen Wassers
Pratsch-Liedersammlung Nr. 13 - Beethoven WoO 158 Nr. 14

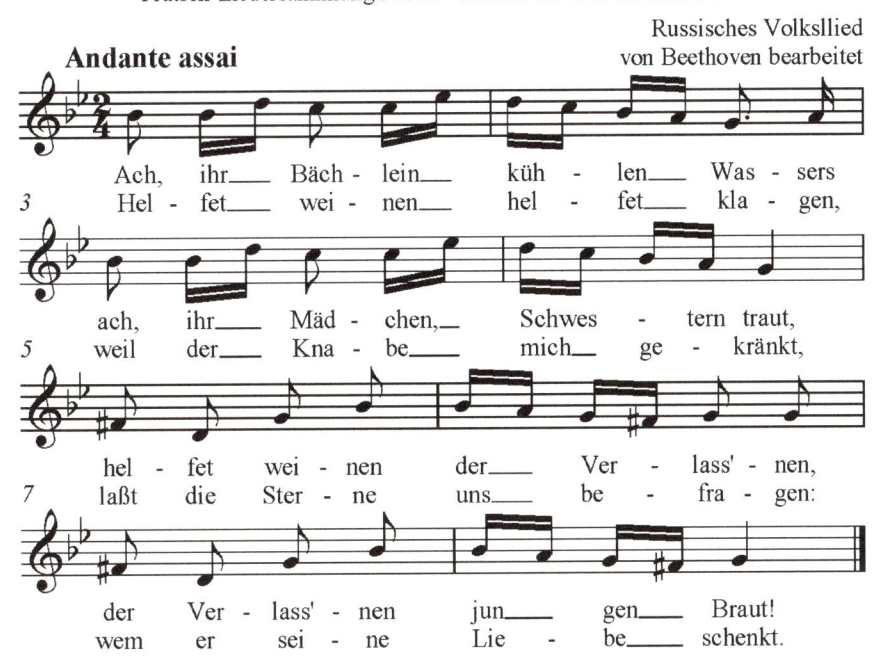

Russisches Volkslied
von Beethoven bearbeitet

Andante assai

1. Ach, ihr Bächlein kühlen Wassers
2. Helfet weinen helfet klagen,
   ach, ihr Mädchen, Schwestern traut,
   helfet weinen der Verlass'nen,
   der Verlass'nen jungen Braut!

   weil der Knabe mich gekränkt,
   laßt die Sterne uns befragen:
   wem er seine Liebe schenkt.

3. Mein Geliebter hat drei Gärten, grün und bunt und voller Fried',
   in dem ersten grünen Garten singt ein Kuckuck still sein Lied.

4. In dem zweiten schönen Garten flötet eine Nachtigall
   Und ein Birnbaum steht im dritten Garten grün und herrlich prall.

5. Unterm Birnbaum saß ein Mädchen, Tränen hat sie im Gesicht,
   wollt nicht lassen von dem Baume, wollt von ihm sich trennen nicht.

Die Melodie des Liedes **„Schöne Minka, ich muss scheiden"** geht auf das ukrainische Volkslied „Es ritt ein Kosak über die Donau" zurück. Der Dichter Christoph August Tiedge machte 1808 daraus eine relativ freie dichterische Übersetzung, mit der die Melodie zu Beethovens Zeit bekannt wurde. Beethoven schrieb zu diesem Lied nicht nur eine Begleitung für Klaviertrio, sondern komponierte darauf auch Variationen für Flöte und Klavier (op. 107 Nr. 7).

Kopiervorlage 2

Schöne Minka, ich muss scheiden
Ukrainisches Lied - Beethoven WoO 158 Nr. 16

Andante amoroso

Ukrainisches Volkslied
von Beethoven bearbeitet

Schö - ne Min - ka, ich muss schei - den! Ach, du füh - lest nicht das Lei - den, fern auf freu - de - lo - sen Hei - den fern zu sein von dir! Fin - ster wird der Tag mir scheinen, ein - sam werd ich gehn und wei - nen; auf den Ber - gen, in den Hai - nen ruf ich, Min - ka, dir!

Nie werd ich von dir mich wen - den; mit den Lip - pen, mit den Hän - den werd ich Grüs - se zu dir sen - den von ent - fern - ten Höhn! Man - cher Mond wird noch ver - ge - hen, e - he wir uns wie - der - se - hen; ach, ver - nimm mein letz - tes Fle - hen: bleib mir treu und schön!

Willst, mein O - lis, mich ver - las - sen? Mei - ne Wan - ge wird er - blas - sen! Al - le Freu - den werd ich has - sen, die sich freund - lich nahn! Ach, den Näch - ten und den Ta - gen dann wirds an - ders sein! Ob auch all die fri - schen Far - ben dei - ner Ju - gend - blü - te star - ben: werd ich fra - gen, ob sie O - lis sahn!

Tief ver - stum - men mei - ne Lie - der, mei - ne Au - gen schlag ich nie - der, a - ber seh ich einst dich wie - der, werd ich mei - nen Kum - mer kla - gen; al - le Lüf - te und mit Nar - ben bist du, Süs - ser, mein! ja, mit Wun - den und mit Nar - ben bist du, Süs - ser, mein!

MGD

2. Beethovens Musik
2.1 Beethoven zum Singen

2.1.5 Eine (Bilder-)Symphonie erzählt
ab 8/9 Jahren

Der Maler Moritz von Schwind (1804-1871) verehrte die Komponisten der Wiener Klassik. Er war mit dem sieben Jahre älteren Franz Schubert eng befreundet. Auch die Person Beethovens faszinierte ihn. Durch Beethovens „Chorfantasie" (op. 80) wurde er zur Komposition seines Bildes „Eine Symphonie" angeregt. Eine Aufführung von Beethovens Werk ist in der untersten Szene dargestellt. Schwinds Bild erzählt aber nicht nur eine Geschichte, sondern ist tatsächlich wie eine Symphonie aufgebaut. Bei der genauen Betrachtung der Struktur und der Details des Bildes erhalten die Kinder also gleichzeitig einen Einblick in die musikalische Gattung „Symphonie".

Die Kinder sollen zunächst beschreiben, was sie auf den einzelnen Bildszenen sehen:

Beethoven mit Lorberrkranz

Der Maler blättert die Notenseiten um

Konzertszene: Der sehnsuchtsvolle Blick des Jünglings auf die Solo-Sängerin, die Aufteilung in Chor und Orchester ...

Treffen im Wald: das Paar begegnet sich zwar alleine wieder, sieht aber nicht „besonders verliebt" aus und ist räumlich weit von einander entfernt.

Und hier gibt es endlich eine Liebesszene: Der junge Mann bittet auf Knien in einer Rosenlaube um die Hand seiner Freundin.

Das Paar kehrt in einer Postkutsche zurück von der Hochzeitsreise.

Moritz von Schwind, Eine Symphonie

Das originale Bild „Eine Symphonie" von Moritz von Schwind ist ein Ölgemälde von 168 cm Höhe und 100 cm Breite. Es hängt in der Neuen Pinakothek in München. Es entstand im Jahre 1852. Vier Jahre später hatte der Münchner Kunstverein für seine Mitglieder von Schwinds Ölgemälde einen Kupferstich herstellen lassen. Ein Exemplar davon befindet sich in Privatbesitz in Frankfurt. Wir danken dem Besitzer für die Genehmigung, das Bild hier abbilden zu dürfen.

Die Kinder sollen auf einem Zettel zu jedem der vier Bilder folgende Fragen beantworten:

? „Nimmt jede Szene einen gleich großen Platz im Gesamtbild ein?"
„Wie viele Personen gibt es?"
„Könnte man für jedes Bild eine Stimmung oder ein Tempo als Unterschrift wählen?"

Die Antworten könnten ungefähr so ausfallen:

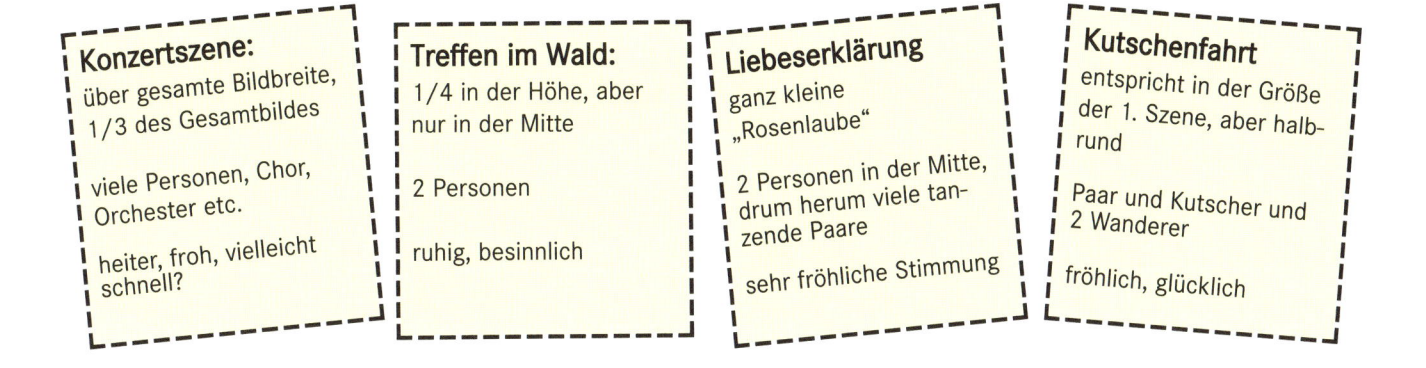

Konzertszene:
über gesamte Bildbreite, 1/3 des Gesamtbildes

viele Personen, Chor, Orchester etc.

heiter, froh, vielleicht schnell?

Treffen im Wald:
1/4 in der Höhe, aber nur in der Mitte

2 Personen

ruhig, besinnlich

Liebeserklärung
ganz kleine „Rosenlaube"

2 Personen in der Mitte, drum herum viele tanzende Paare

sehr fröhliche Stimmung

Kutschenfahrt
entspricht in der Größe der 1. Szene, aber halbrund

Paar und Kutscher und 2 Wanderer

fröhlich, glücklich

Eine Symphonie

ist ein großes Stück für Orchester. Sie bestand zu Beethovens Zeit meistens aus vier Teilen. Man nennt diese „Sätze". Jeder dieser vier Sätze hat einen bestimmten Charakter:

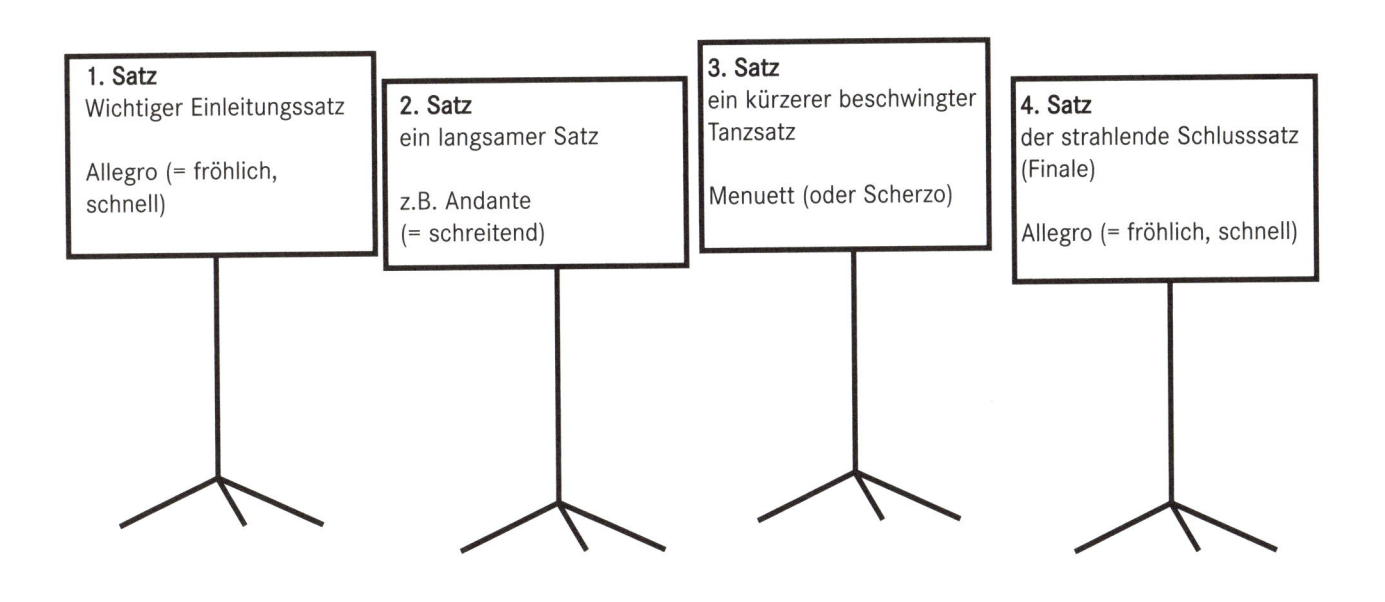

1. Satz
Wichtiger Einleitungssatz

Allegro (= fröhlich, schnell)

---

2. Satz
ein langsamer Satz

z.B. Andante (= schreitend)

---

3. Satz
ein kürzerer beschwingter Tanzsatz

Menuett (oder Scherzo)

---

4. Satz
der strahlende Schlusssatz (Finale)

Allegro (= fröhlich, schnell)

Die Kinder vergleichen die Charaktere der vier Symphoniensätze mit den Stimmungen der vier Szenen in Moritz von Schwinds Bild und stellen fest: die Bilder-Stimmungen entsprechen den Charakteren der Sätze einer Symphonie.

Moritz von Schwind hat also seinem Bild nicht nur einen musikalischen Titel, sondern auch den diesem Titel entsprechenden musikalischen Aufbau gegeben.

CK

Chorfantasie-Lied

Beethoven schrieb die so genannte „Chorfantasie" op. 80 (für Soloklavier, Chor, Gesangssolisten und Orchester) als wirkungsvolles Schlussstück seiner „Grossen Akademie" im Dezember 1808, und zwar kurz vor der Aufführung. Die Solo-Klavierstimme improvisierte er am Konzertabend.

Die schlichte Chormelodie, die gewisse Ähnlichkeit mit der „Ode an die Freude" hat, ist gut singbar. Der sehr verstaubte originale Text (s. unten), der in der Eile auf die fertige Musik gedichtet werden musste, ist hier durch einen Text ersetzt worden, der das Bild von Schwind in drei Strophen beschreibt.

Siehe hierzu auch (18+19).

Kopiervorlage 2

(Noten mit Text:)

Unten steht die Ouvertüre von der Schwind'schen Symphonie: Sitzt ein Mädchen am Klaviere bei Beethovens Fantasie. Dessen Schöpfer blickt von oben auf die Musiker drum 'rum. Vorn der Chor in langen Roben, und der Maler blättert um.

In der Mitte von dem Bilde geht es um die Liebelei. In des schönen Wald's Gefilde treffen sich allein die Zwei. Hier ein Blick und dort ein Sehnen und am Ende dann der Kuss. Und daneben Tanzes-Szenen, für die Augen ein Genuss.

Nach dem übermüt'gen Tanzen sieht man dann das Happy End ganz zu oberst von dem Ganzen, die Musik es Schlusssatz nennt. Seht die Pferde vor dem Wagen, Hochzeit! merkt nun jedes Kind. Auf geht's nun zu frohen Tagen, zeigt uns hier Moritz von Schwind.

Neuer Text: MGD

Der originale Text von Beethovens Chorfantasie – von Christoph Kuffner:

Schmeichelnd hold und lieblich klingen
unsers Leben Harmonien,
und dem Schönheitssinn entschwingen
Blumen sich, die ewig blühn.
Fried' und Freude gleiten freundlich
wie der Wellen Wechselspiel;
was sich drängte rauh und feindlich,
ordnet sich zu Hochgefühl.

Wenn der Töne Zauber walten
und des Wortes Weihe spricht,
muß sich Herrliches gestalten,
Nacht und Stürme werden Licht,
äuß're Ruhe, inn're Wonne
herrschen für den Glücklichen.
Doch der Künste Frühlingssonne
läßt aus beiden Licht entstehen.

Großes, das ins Herz gedrungen,
blüht denn neu und schön empor,
hat ein Geist sich aufgeschwungen,
hallt ihm stets ein Geisterchor.
Nehmt denn hin, ihr schönen Seelen,
froh die Gaben schöner Kunst.
Wenn sich Lieb' und Kraft vermählen,
lohnt den Menschen Götter-Gunst.

MGD

2. Beethovens Musik
2.1 Beethoven zum Singen

2.1.6 Das Quartett aus Fidelio
als Strophenlied
ab 7/8 Jahren

Ein „Quartett" hat in der Musik – wie beim gleichnamigen Kartenspiel – etwas mit der Zahl 4 zu tun. Ein Streichquartett besteht aus vier Musikern, die Streichinstrumente spielen. Wenn ein Quartett in einer Oper vorkommt, dann sind es vier Sänger, die zusammen musizieren.

So ein Quartett steht relativ am Anfang von Beethovens Oper Fidelio. Der Zuschauer lernt zunächst einige Personen der Handlung kennen: Rocco, den Gefängniswärter, seine Tochter Marzelline, den Gehilfen Jacquino, der in Marzelline verliebt ist, und Fidelio, der sich als neuer Gehilfe sehr verdient macht und in den Marzelline verliebt ist.

Schon nach kurzer Zeit merkt der Zuschauer, dass es hier Probleme geben wird:
- Jacquino liebt Marzelline und möchte sie heiraten. Aber er merkt, dass sich dem etwas in den Weg zu stellen scheint.
- Marzelline hat sich in Fidelio verliebt und meint, auch von ihm geliebt zu werden.
- Vater Rocco ist ganz begeistert von dem tüchtigen Fidelio und möchte ihn zum Ehemann seiner Marzelline machen.
- Fidelio ist das Ganze ausgesprochen peinlich – warum, das erfährt man erst gegen Ende der Geschichte…

Zwar singen beim originalen Quartett in der Oper Fidelio alle vier Sänger auch gleichzeitig miteinander. Die wunderschöne Grundmelodie dieses Quartetts kann aber auch gut in einer vereinfachten Fassung wie ein Strophenlied, also hintereinander gesungen werden.

(20+21) zum lernen und mitsingen

Quartett aus Fidelio — Ludwig van Beethoven

Marzelline: Mir ist so wun-der-bar, es engt das Herz mir ein, er liebt mich, es ist klar, ich wer-de glück-lich, glück-lich sein.

Fidelio: Wie groß ist die Ge-fahr! Wie schwach der Hoff-nung Schein! Sie liebt mich, es ist klar, o na-men-, na-men-lo-se Pein!

Rocco: Sie liebt ihn, es ist klar, ja Mäd-chen, er wird dein, ein gu-tes jun-ges Paar, sie wer-den glück-lich, glück-lich sein.

Jaquino: Mir sträubt sich schon das Haar, der Va-ter wil-ligt ein, mir wird so wun-der-bar, mir fällt kein Mit-tel, Mit-tel ein.

MGD

2. Beethovens Musik
2.2 Mehr zu Fidelio

W

2.2.1 Puppentheater Fidelio
für Zuschauer ab 4 Jahren

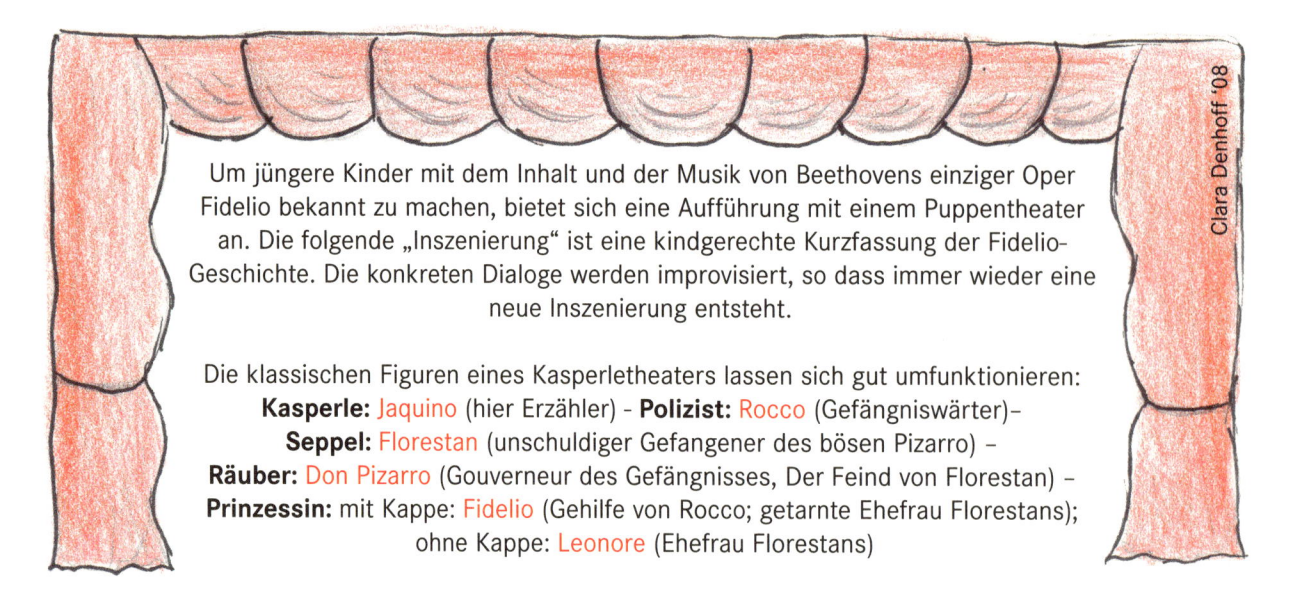

Um jüngere Kinder mit dem Inhalt und der Musik von Beethovens einziger Oper Fidelio bekannt zu machen, bietet sich eine Aufführung mit einem Puppentheater an. Die folgende „Inszenierung" ist eine kindgerechte Kurzfassung der Fidelio-Geschichte. Die konkreten Dialoge werden improvisiert, so dass immer wieder eine neue Inszenierung entsteht.

Die klassischen Figuren eines Kasperletheaters lassen sich gut umfunktionieren:
Kasperle: Jaquino (hier Erzähler) - **Polizist:** Rocco (Gefängniswärter) –
Seppel: Florestan (unschuldiger Gefangener des bösen Pizarro) –
Räuber: Don Pizarro (Gouverneur des Gefängnisses, Der Feind von Florestan) –
Prinzessin: mit Kappe: Fidelio (Gehilfe von Rocco; getarnte Ehefrau Florestans);
ohne Kappe: Leonore (Ehefrau Florestans)

Clara Denhoff '08

Und jetzt Vorhang auf für das Puppentheater Fidelio!

(22; 0'05") Ouvertüre (Teil 1)

Mit der Musik tritt Jaquino auf. Nach Abklingen der Musik stellt er sich vor und erzählt vom Gefängnis.

(23; 1'00") Ouvertüre (Teil 2)

Während die Musik erklingt, erscheinen alle Puppen nacheinander.
Nach Abklingen der Musik stellt Jaquino alle Puppen vor.

(24; 1'20") Introduktion und Arie (Teil 1)

Während die Musik erklingt, treten Florestan und Pizarro auf und kämpfen.
Florestan wird überwältigt und beide verschwinden.

Nach Abklingen der Musik tritt Jaquino auf und kommentiert das Geschehen: Florestan hat gegen die Verbrechen des bösen Pizarro gekämpft und Pizarro lässt ihn deswegen entführen und unschuldig in ein dunkles Verließ einsperren. Jaquino tritt ab.

(25; 0'47") Introduktion und Arie (Teil 2)

Don Pizarro

Florestan tritt auf und tanzt nach der Musik.
Nach Abklingen der Musik erzählt Florestan den Kindern, dass er in einem dunklen, feuchten Verließ eingesperrt ist und gar nicht weiß warum. Er habe doch gar nichts Böses getan, er habe nur für Freiheit und Gerechtigkeit gekämpft. Er erzählt, dass er nur ganz wenig zu essen und zu trinken bekommt. Jeden Tag etwas weniger. Und dass er keine Hoffnung mehr hat, jemals wieder aus dem Kerker herauszukommen.
Florestan verweilt reglos auf dem Boden. Dann beginnt er sich zu bewegen. Offensichtlich geht es ihm besser. Er erzählt den Kindern warum: er sieht seine

Florestan

geliebte Frau Eleonore vor sich, die wie ein Engel aussieht, ihn aus seinem Gefängnis befreit und Richtung Himmel führt.

🎵 (26; 0'31'') Introduktion und Arie (Teil 3)

Wenn die Musik erklingt, fällt Florestan wieder in sich zusammen und fängt leise an zu weinen.

Nach Abklingen der Musik sagt Florestan den Kindern, dass das Ganze nur ein Traum war und er jetzt gar nicht mehr weiter weiß und keine Hoffnung mehr hat. Florestan tritt ab.

Kurze Stille

🎵 (27; 0'17'') Signal

Jaquino erscheint und erzählt den Kindern, dass der Minister seinen Besuch im Gefängnis angekündigt hat und Pizarro deswegen sehr beunruhigt ist. Der Minister ist nämlich ein Freund von Florestan, und wenn er ihn im Kerker findet, geht es Pizarro an den Kragen. Deswegen hat Pizarro einen Plan gefasst:

Jaquino tritt ab. Pizarro und Rocco treten auf. Pizarro erklärt Rocco, dass der Minister kommt und Florestan deswegen verschwinden muss. Er gibt Rocco den Befehl, Florestan zu töten. Rocco weigert sich erst, da er keinen Mord auf sich laden möchte. Aber die Aussicht auf einen Beutel mit Gold stimmt ihn um. Er bittet nur, dass er seinen jungen Gehilfen, Fidelio, mitnehmen darf. Fidelio tritt auf. Pizarro erlaubt ihm, mitzugehen.

Alle drei treten ab.

Florestan kommt langsam auf die Bühne, fällt hin und bleibt in der Ecke liegen.

Rocco und Fidelio

Rocco und Fidelio treten auf und reichen Florestan einen Wasserkrug. Pizarro tritt auf und gibt sich als Florestans Widersacher zu erkennen. Nun versteht Florestan, wem er sein Kerkerschicksal zu verdanken hat. Pizarro kündigt Florestan an, ihn zu töten. Er zieht einen Dolch und will zustechen. In diesem Moment wirft sich Fidelio zwischen die beiden und schützt Florestan. Er ruft: „Halt! Bevor du ihn tötest, musst du mich töten! Sein Weib! Seine Frau!" Fidelio reißt sich die Kappe vom Kopf, lange Haare fallen herunter.

Eine Sekunde Stille, dann rufen alle ganz aufgeregt: „Sein Weib? Seine Frau? Das ist doch Fidelio, der junge Mann, der Rocco bei der Arbeit hilft." Allgemeine Verwirrung.

Leonore erzählt, dass sie sich als Mann verkleidet hat, mit der Hoffnung, ihren geliebten Florestan aus den Händen von Pizarro, dem Verbrecher, zu befreien.
Rocco bekommt es mit der Angst zu tun, als ihm klar wird, dass er einem Verbrecher gedient hat und hilft Leonore, Pizarro zu überwältigen.

Leonore und Florestan jubeln vor Freude und tanzen eng umschlungen.

🎵 (28; 1'15'') Finale: Heil!...

Alle außer Pizarro, der über dem Bühnenrand hängt, tanzen zusammen.

W

2. Beethovens Musik
2.2 Mehr zu Fidelio

2.2.2 Bretter, die die Welt bedeuten
Beethovens Oper Fidelio als Stubentheater
ab 8 Jahren

Im 19. Jahrhundert war es Mode, die Welt des Theaters und der Oper mittels einer Miniaturbühne in die (bürgerliche) Stube zu holen. Wir lassen diese schöne Tradition wieder aufleben und bauen mit den Kindern eine Bühne, auf der sie selbst zu Hause, alleine oder mit Freunden, Beethovens Oper Fidelio – und wenn sie möchten natürlich auch anderes – aufführen können.

Bühnengehäuse

Material: Pappelsperrholz 4 mm (Din A3) oder Fichteleimholzbrett 1,8 mm für den Bühnenboden • Pappelsperrholz 4 mm (2 x Din A4) für die Seitenwände und für die Klapptore (2 x Din A5) (in den Abmessungen fertig z.B. im Baumarkt erhältlich; eine schöne aber teure Alternative ist Finnpappe) • Vierkantleisten Fichte o.ä. (ca. 14x14 mm) als Halterung für die Szenenbilder • abgerundete Fußbodenabschlussleiste für die Souffleurkästen • Kopiervorlagen 1 für die Außengestaltung: Ankündigungszettel Uraufführung Fidelio, Abbildung Theater an der Wien • Nägelchen, Hammer, weisser Bastelkleber, Klebestift, Schleifpapier 120er bis 180er Körnung

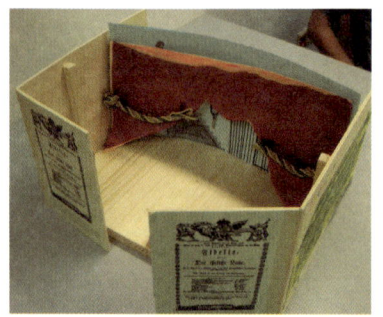

Anleitung: Die Seitenwände von außen gestalten (Theater an der Wien, Buntstift, Glanzfolie, Stoff etc.), dann mit Bastelkleber an den Boden leimen. Falls die Sperrholzbrettchen leicht verzogen sein sollten (schon beim Kauf darauf achten, dass sie möglichst gerade sind), die Wände zusätzlich mit Nägelchen befestigen. Innen auf jeder Seite ungefähr mittig im Abstand von etwa 6 cm zwei Vierkantleisten anleimen, als Halterung für die Szenenblätter und den Vorhang.
Von der abgerundeten Leiste ein ca. 2 cm großes Stück für den Souffleurkasten absägen, die Kanten mit Schleifpapier glatt schleifen. Den Kasten an der gewünschten Stelle einkleben.

1 Vorhangblatt und 5 Szenenblätter zum Einstellen

Material: 6 x farbige Pappe 300 g, in Breite und Höhe jeweils ca. 1 cm kleiner als das Innenmaß der Bühne • Kopiervorlagen Figurinen und Szenenbeschreibungen • für den Vorhang: rotes Knitter- oder Krepppapier, Filz, Stoff o.ä., Bänder, Borten, Kordel • für die Szenenblätter: Figurinen (Kopiervorlage); Accessoires für die einzelnen Figuren: z.B. Schlüsselchen für den Gefängniswärter Rocco (beim Schuster/Schlüsseldienst fragen), Kugel an einer Kette für den Gefangenen Florestan (Holzperlen, Baumarkt), Filz für die Kleidung, Buntstifte etc.

Die Kinder erhalten die Szenenbeschreibungen (Kopiervorlage 2) als Orientierung und beginnen mit der Gestaltung der Szenenbilder.

Die Szenenbeschreibungen können auch genutzt werden, um mit den Kindern Dialoge für eine Aufführung zu entwickeln bzw. dienen den Kindern später als Hilfe für eine selbständige Aufführung.

S.SF

Außenansicht des Theaters an der Wien, um 1830
Stich von Johann Wenzel Zincke nach einer Zeichnung von Eduard Gurk (1801-1841) (Beethoven-Haus Bonn)

Ankündigungszettel der Uraufführung der 2. Fassung des Fidelio am 29. März 1806

Szenenbeschreibungen für fünf Bühnenbilder
Alle Szenen spielen in einem Gefängnisgebäude

Szene 1: In der Wohnung des Kerkermeisters
Jaquino, der Torwächter, ist in Marzelline, die Tochter des Kerkermeisters Rocco, verliebt. Die beiden wollen heiraten. Doch Marzelline muss immerzu an Fidelio denken, den neuen Gehilfen ihres Vaters.
Don Pizarro, der Statthalter, erhält die Nachricht, dass der Minister naht, um das Gefängnis nach unschuldigen Gefangenen zu durchsuchen. Er bekommt Angst, denn seit zwei Jahren hält Don Pizarro heimlich einen unschuldigen Freund des Ministers im tiefsten Kerker gefangen: Florestan.

Szene 2:
Don Pizarro gibt seinem Kerkermeister Rocco den Befehl, die Ermordung des Gefangenen Florestan vorzubereiten. Rocco weigert sich zuerst, gibt aber dann nach und geht mit seinem Gehilfen Fidelio und Don Pizarro hinunter in den tiefsten Kerker.

Szene 3: Im Kerker
Florestan liegt kraftlos und ohne Hoffnung im Kerker in einer Ecke.
Er träumt, dass seine Ehefrau Leonore ihm als Engel erscheint und ihn befreit.

Szene 4:
Rocco und Fidelio treten in den Kerker ein. Fidelio ist sehr aufgeregt und gibt Florestan aus seinem Beutel etwas zu trinken. Rocco beginnt ein Grab zu schaufeln.
Dann tritt Don Pizarro ein. Er gibt sich Florestan zu erkennen und sagt ihm, dass er ihn nun töten werde. Als er seinen Dolch auf Florestan richtet, wirft sich Fidelio zwischen die beiden und ruft: „Bevor du ihn tötest, musst du mich töten, sein Weib". Grosse Aufregung herrscht nun, da allen klar wird, dass es sich bei Fidelio um Florestans Ehefrau Leonore handelt.

Szene 5:
Ein Trompetensignal kündigt die Ankunft des Ministers an. Rocco hilft Leonore, Don Pizarro zu überwältigen. Florestan ist befreit und überglücklich, mit Leonore endlich wieder vereint zu sein.
Alle anderen Gefangenen sind jetzt ebenfalls frei und voller Freude.
Und auch Jaquino und Marzelline können nun heiraten.

Kopiervorlage 3

Jaquino Marzelline Rocco

Fidelio Florestan

Pizarro Fernando

Illustrationen v. Waltraute Macke-Brüggemann aus „Beethovens Oper Fidelio" von Kurt Brüggemann
(c) 1991 by Edition Hieber im Allegra Musikverlag, Frankfurt am Main.

2.2.3 Fidelio Spielszene
ab 8/9 Jahren

Personen: Gefangene, Leonore/Fidelio, Rocco, Marzelline, Don Pizarro, Florestan, Don Fernando, Jaquino, Trompeter, Soldaten, Sprecher, Souffleur, Beleuchter

Sprecher: Versetzen wir uns in die Zeit um 1800. In einem spanischen Staatsgefängnis, in der Nähe von Sevilla, hinter dicken Mauern, hält der Gouverneur Don Pizarro widerrechtlich viele Gefangene fest. Auch der Edelmann Florestan wurde hier heimlich eingesperrt. Kerkermeister Rocco, seine Tochter Marzelline und der Pförtner Jaquino bewachen das Gefängnis. Besonders aufpassen müssen sie auf Florestan, der schon seit zwei Jahren hier gefangen gehalten wird. Er ist nämlich ein Freund des gerechten Ministers Don Fernando.

Jaquino: Warum bist du in letzter Zeit so schweigsam? Wir wollten doch bald heiraten! Ich liebe dich! Warum gibst du mir dein Jawort nicht? Liebst du mich nicht mehr?

Marzelline: *dreht sich immer wieder weg und spricht beiseite*: Ich weiß, dass der arme Jaquino sich quält. Doch ich habe mich in Fidelio, den neuen Wärter, verliebt! Seit er in unserem Haus ist, kann ich nicht mehr Jaquinos Frau werden!

Jaquino: Du hattest es mir versprochen ... Wenn du noch länger zögerst, dann werde ich vor Kummer sterben!

Zwei Gruppen von Gefangenen *wandern stumm im Kreis oder singen/sprechen und spähen um sich*:

> O welche Lust, in freier Luft
> Den Atem leicht zu heben!
> Nur hier, nur hier ist Leben!
> Der Kerker eine Gruft.

> Sprecht leise!
> Haltet euch zurück!
> Wir sind belauscht
> mit Ohr und Blick.

Sprecher: Leonore, Florestans Frau, ahnt, dass Florestan unter Pizarro festgehalten wird. Sie liebt ihren Mann über alles. Deshalb hat sie sich als Mann verkleidet und unter dem Namen „Fidelio" Anstellung als Gehilfe beim Kerkermeister gefunden. Sie hilft ihm bei der Bewachung der Gefangenen und sucht dabei nach dem Versteck ihres Mannes. Niemand weiß etwas von ihrem Vorhaben.

Fidelio: Der Schmied hat die Ketten der Gefangenen noch einmal verstärkt, damit auch wirklich niemand entfliehen kann! Sie wiegen so schwer. Welcher Schmerz! Wie fürchterlich! Und doch welches Glück! Ich spüre, dass ich Florestan nahe bin. Dieser einsame Gefangene bekommt schon seit vielen Wochen immer weniger zu essen und zu trinken.

Rocco *zu Fidelio*: Heute wird der Minister kommen. Ich hoffe, er wird den Bösewicht Pizarro bestrafen und damit allem Übel ein Ende bereiten. Wir müssen beide schnell das Grab für Florestan ausheben, denn ihn darf der Minister nicht hier finden – Pizarro selbst wird ihn dann töten.

Marzelline: Vater beeile dich! Pizarro tobt. Er weiß, dass wir die Gefangenen ein wenig ans Tageslicht führen. Dieser Tyrann!

Pizarro: Rocco! Wer erlaubte dir, eigenmächtig die Gefangenen ins Freie zu führen?

Rocco: Wir feiern heute den Namenstag des Königs. Deshalb sollen auch die Gefangenen ein wenig Freiheit bekommen. Ist es nicht genug, wenn Ihr euren Erzfeind Florestan mit dem Tod bestraft?

Gefangene: Leb' wohl, du warmes Sonnenlicht!

Die Arme nach oben streckend entfernen sie sich.

Fidelio: Wie kalt ist es in diesem Kerker! *Sie erkennt erschüttert Florestan.* Da ist er! Ohne Bewegung. Ist er bereits tot? *Sie nähert sich.* Gott! Er ist es! Mein Florestan!

Florestan: Gebt mir einen Tropfen Wasser.

Fidelio: Und ein Stückchen Brot. *Reicht es ihm.*
Zur Seite: Wie gern möchte ich ihm die Ketten abnehmen!

Pizarro *mit erhobenem Dolch*: Jetzt musst du sterben!

Florestan: Mein Mörder!

Pizarro: Nur noch einen Augenblick und dieser Dolch …

Fidelio/Leonore *wirft sich mit einer Pistole dazwischen*: Nein! Zurück! Töte erst sein Weib!

Rocco und Pizarro: Sein Weib?

Florestan: Mein Weib?

Leonore: Ja, seht her: Ich bin Leonore, Florestans Weib!

Marzelline: Oh weh, was höre ich? Das kann nicht wahr sein! Sie hatte sich verkleidet!
Fällt in Ohnmacht

Jaquino *eilt herbei und fängt sie auf:* Endlich habe ich meine geliebte Braut zurück!

TROMPETENSIGNALE

Alle *außer Pizarro*: Wir sind gerettet!

Soldat: Hier kommt der gerechte Minister, um den Bösewicht Pizarro zu bestrafen und die Gefangenen zu befreien.

Minister: Du, mein Freund Florestan – und du, mutige Leonore! Löse deinem Mann die Fesseln!

Florestan und Leonore *umarmen sich und tanzen*: O welche Freude! Ich habe dich wieder in meinen Armen! O welches Glück! Deine Treue hat mich gerettet. Du bist wieder mein!

Alle *außer Pizarro, der gefesselt wird:*

> Wem der große Wurf gelungen, eines Freundes Freund zu sein;
> Wer ein holdes Weib errungen, stimm' in unsern Jubel ein!

Gefangene:

> Heil sei dem Tag, Heil sei der Stunde.
> Gerechtigkeit mit Huld im Bunde.

Sprecher: Alle, die für Gerechtigkeit litten, sind aus der Gewalt des Tyrannen Pizarro gerettet. Gerettet wurde auch Florestan durch die Treue und den Mut seiner Gattin Leonore.

2. Beethovens Musik
2.2 Mehr zu Fidelio

2.2.4 Abstieg in den Kerker – Ein Melodram
ab 9/10 Jahren

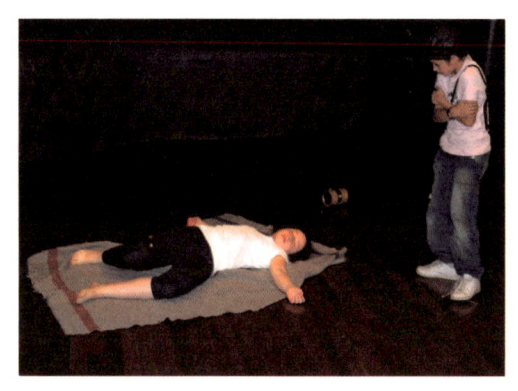

Es ist die spannendste Stelle der Oper – jedenfalls für Roccos Gehilfen Fidelio, eigentlich ja Leonore: er/sie darf endlich mit Rocco hinab in den Kerker, um mit ihm ein Grab für diesen besonderen Gefangenen zu schaufeln. Dabei möchte sie feststellen, ob dieser Gefangene wirklich ihr geliebter Mann Florestan ist, wie sie es vermutet.

Musikalisch wird die Spannung dadurch erhöht, dass nicht gesungen, sondern gesprochen wird, wozu die musikalischen Einwürfe des Orchesters die entsprechende Stimmung schaffen. Diese Musikform nennt man Melodram.

Das Melodram aus Fidelio lässt sich mit Kindern gut nachspielen. Man benötigt ein Kind, das den am Boden liegenden Florestan spielt, einen „Regisseur" mit Nummernzetteln (von 1-15, mit 10a, 10b, 13a, 13b), sowie weitere Kinder – mindestens zwei, höchstens 16 –, die die einzelnen Texte von Leonore und Rocco lesen.

Zunächst hört man sich das vollständige Melodram auf der CD an (29)

Nachdem die 16 Textzettel (Kopiervorlage 1) an die Kinder verteilt sind, kann man das Melodram zunächst mit der ersten (29) und dann mit der zweiten CD-Einspielung (Klavier-Playback, 30) üben.

Für eine Aufführung benutzt man dann die zweite CD-Einspielung (30).

Musikalischer Ablauf:

Zwei Takte Musik abwarten.
    1. *Leonore (halblaut):* Wie kalt ist es in diesem unterirdischen Gewölbe!
    2. *Rocco:* Das ist natürlich, es ist ja so tief!
Kurzen Musikeinschub abwarten.
    3. *Leonore (sieht sich unruhig nach allen Seiten um):*
    Ich glaubte schon, wir würden den Eingang gar nicht finden.
Drei Akkorde abwarten.
    4. *Rocco (sich zu Florestan wendend):* Da ist er.
    5. *Leonore:* Er scheint ganz ohne Bewegung.
Einen Akkord abwarten.
    6. *Rocco:* Vielleicht ist er tot.
Zwei Akkorde abwarten.
    7. *Leonore (schaudernd):* Ihr meint es?
Florestan macht eine Bewegung auf die Musik,
dann auf die Musik gesprochen:
    8. *Rocco:* Nein, nein, er schläft.
Nach diesem Musikeinschub:
    9. *Rocco:* Das müssen wir benutzen, und gleich ans Werk gehen,
    wir haben keine Zeit zu verlieren.
Zwei Akkorde abwarten, auf den zweiten, lang gehaltenen Akkord sprechen:

10a. Leonore (schaut Florestan an): Es ist unmöglich, seine Züge zu unterscheiden.
Wieder zwei Akkorde abwarten, auf den zweiten, lang gehaltenen Akkord weiter sprechen:
   10b. Gott steh mir bei, wenn er es ist!
Leicht wiegenden Musikeinschub mit gehaltenem Basston abwarten.
   11. Rocco: Hier unter diese Trümmern ist der Brunnen, von dem ich dir gesagt habe.
Kurzen Musikeinschub abwarten.
   12. Rocco: Wir brauchen nicht viel zu graben, um an die Öffnung zu kommen;
   gib mir eine Hacke, und du stelle dich hierher!
Nach dem nächsten Musikeinschub, der mit einem kurzen Zittern endet:
   13a. Rocco: Du zitterst,
Wieder kurzer Musikeinschub, der mit Zittern endet, dann:
   13b. fürchtest du dich?
Drei „gestotterte" Akkorde abwarten.
   14. Leonore: O nein, es ist nur so kalt.
   15. Rocco: So mach fort, im Arbeiten wird dir schon warm.

Danach geht es in der Oper gesungen weiter, bis Leonore feststellen kann, dass es tatsächlich ihr geliebter Florestan ist, der in diesem Kerker liegt.

MGD

Textzettel (zum vergrößern):

Kopiervorlage 1

Nach den ersten beiden Takten Musik **1.** *Leonore (halblaut):* **Wie kalt ist es in diesem unterirdischen Gewölbe!**	**2.** *Rocco:* **Das ist natürlich, es ist ja so tief!**
Kurzen Musikeinschub abwarten **3.** *Leonore* *(sieht sich unruhig nach allen Seiten um):* **Ich glaubte schon, wir würden den Eingang gar nicht finden.**	*Drei Akkorde abwarten* **4.** *Rocco (sich zu Florestan wendend):* **Da ist er.**
5. *Leonore:* **Er scheint ganz ohne Bewegung.**	*Einen Akkord abwarten* **6.** *Rocco:* **Vielleicht ist er tot.**

Zwei Akkorde abwarten **7.** *Leonore (schaudernd):* **Ihr meint es?**	*Auf die ruhige Bewegung der Musik gesprochen* **8.** *Rocco:* **Nein, nein, er schläft.**
Nach dem etwas belebteren Musikeinschub **9.** *Rocco:* **Das müssen wir benutzen, und gleich ans Werk gehen, wir haben keine Zeit zu verlieren.**	*Zwei Akkorde abwarten, auf den zweiten, lang gehaltenen Akkord sprechen* **10a.** *Leonore (schaut Florestan an):* **Es ist unmöglich, seine Züge zu unterscheiden.**
Wieder zwei Akkorde abwarten, auf den zweiten, lang gehaltenen Akkord weiter sprechen **10b.** **Gott steh mir bei, wenn er es ist!**	*Leicht wiegenden Musikeinschub mit gehaltenem Basston abwarten* **11.** *Rocco:* **Hier unter diesen Trümmern ist der Brunnen, von dem ich dir gesagt habe.**
Kurzen Musikeinschub abwarten **12.** *Rocco:* **Wir brauchen nicht viel zu graben, um an die Öffnung zu kommen; gib mir eine Hacke, und du stelle dich hierher!**	*Nach dem nächsten Musikeinschub, der mit einem kurzen Zittern endet:* **13a.** *Rocco:* **Du zitterst,** *Wieder kurzer Musikeinschub, der mit Zittern endet, dann* **13b.** **fürchtest du dich?**
Drei „gestotterte" Akkorde abwarten **14.** *Leonore:* **O nein, es ist nur so kalt.**	**15.** *Rocco:* **So mach fort, im Arbeiten wird dir schon warm.**

Melodram aus Fidelio

Ludwig van Beethoven

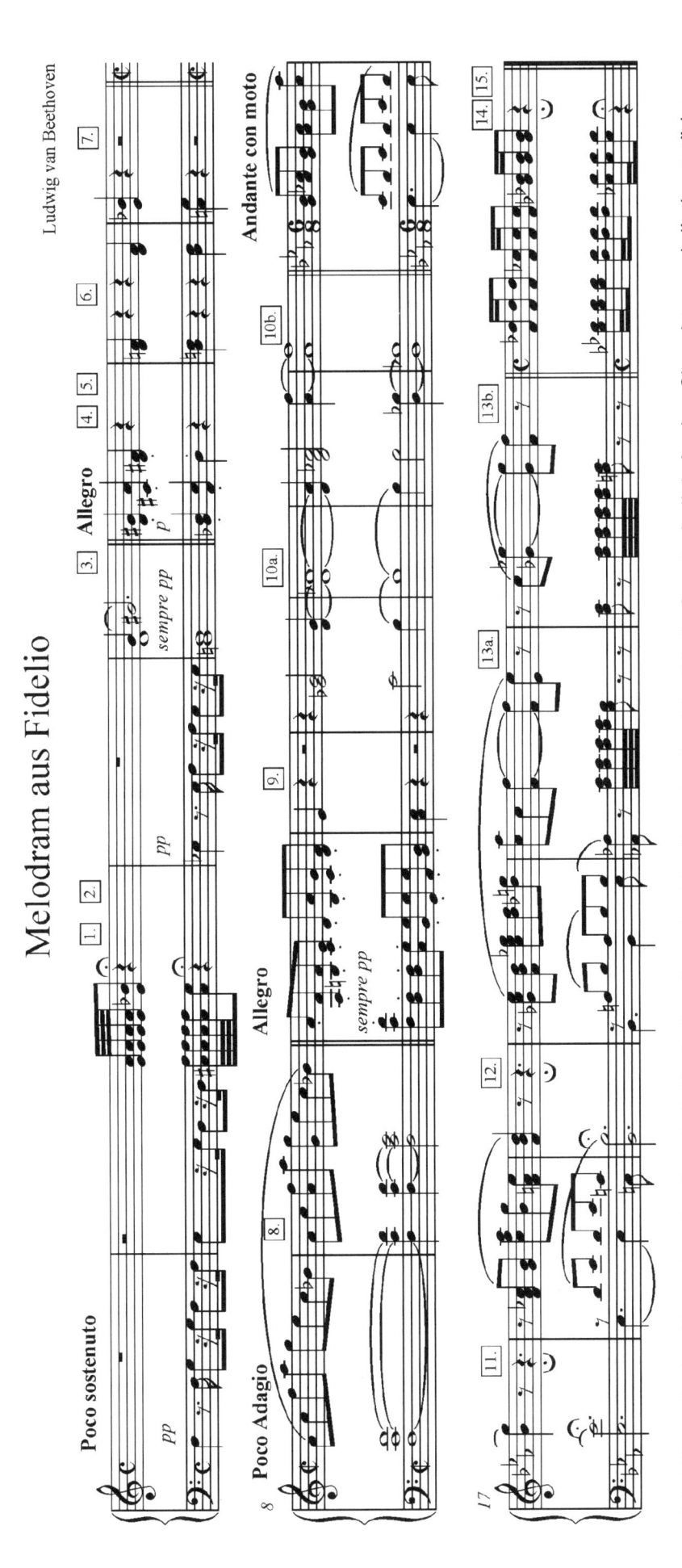

Die Wörter in den Noten beschreiben in italienischer Sprache (der Sprache der Musik) die Geschwindigkeit, den Charakter und die Lautstärke, in der die Musik zu spielen ist.

Poco sostenuto meint: ein wenig gehalten (im Tempo), also nicht so schnell
Allegro heißt eigentlich „froh" – hier meint es: schneller
Poco Adagio: ein wenig langsam
Andante con moto bedeutet „bewegtes Schreiten/Gehen", also ruhig fließend.

pp heißt pianissimo und bedeutet sehr leise
sempre heißt „immer", ***sempre pianissimo*** also: immer sehr leise, denn die Situation ist ja auch ziemlich unheimlich.

165 •

2. Beethovens Musik
2.3 Vom Klavier bis zur Sinfonie

2.3.1 Wer war Elise?
Ein Musik-Puzzle
ab 9/10 Jahren

Elises Geschichte: Wer kennt es nicht, das berühmteste Klavierstück der Welt, das unter dem Titel „Für Elise" bekannt ist. Aber wer war diese Elise? Oder besser gefragt: woher weiß man, dass das Stück so heißt? Leider können wir es auf den von Beethoven geschriebenen Noten nicht mehr nachprüfen, denn diese Noten sind verloren gegangen. Vor ungefähr 150 Jahren hat ein Musikforscher Beethovens eigenhändige Noten noch einsehen können. Er ließ das Stück drucken, mit dem Zusatz, den Beethoven auf die Noten geschrieben hatte: „Für Elise am 27 April zur Erinnerung an L. v. Bhtvn" las der Musikforscher. Außerdem konnte er berichten, dass die Noten dieses Stückes aus dem Besitz der Therese Malfatti kamen. Therese Malfatti war eine Klavierschülerin und gute Freundin von Beethoven. Beethoven machte ihr sogar einen Heiratsantrag – im Frühjahr 1810, als Beethoven 39 Jahre alt war. Eine Elise kannte er zu dieser Zeit dagegen nicht. Auch später oder früher nicht. Der Musikforscher hat sich wahrscheinlich einfach verlesen. Es stand da wohl eher „Für Therese am 27 April..." – und als Jahr müsste man 1810 ergänzen. Überprüfen kann man das zwar nicht mehr, aber es ist doch sehr logisch. Bestimmt war das Stück also „Für Therese" geschrieben.

Therese Malfatti, gezeichnet ca. 1810 von Ludwig Schnorr von Carolsfeld Beethoven-Haus Bonn

- Zunächst sollte man das Stück **vollständig** hören (31) und dann *Elises Geschichte* erzählen.

- Dann hören die Kinder **die einzelnen Teile** der Komposition (32-36). Für jeden Teil gibt es eine Notentafel (s. Kopiervorlage 1). Auf dieser ist jeder Teil mit einem großen und einem kleinen Buchstaben benannt. Während des Hörens wird der entsprechende Teil gezeigt. Auch wenn die Kinder keine Noten lesen können, werden sie die Teile optisch auseinanderhalten und damit erkennen können:

Teil R (oder A) – kennt man

Teil T (oder B) – in dem ersten, sehr kurzen Takt (= Auftakt) spielen beide Hände die drei Akkorde gleichzeitig; beide Hände sind also zu Beginn gleichwertig beteiligt.

Teil E (oder C) – die Noten im oberen System haben plötzlich drei statt zwei schwarze Balken (= schneller)

Teil H (oder D) – im unteren System passiert die ganze Zeit fast dasselbe, viele gleiche Töne

Teil S (oder E) – die Musik im oberen System steigt wie ein Wasserstrahl nach oben und klettert langsam wieder hinab. Die Noten sind in Dreier-Päckchen gebündelt (= Triolen).

- Außerdem versuchen die Kinder, jeden gehörten Teil mit einem **Adjektiv** zu charakterisieren.

Nachdem die einzelnen Teile somit intensiver kennen gelernt wurden, werden sie einzeln in bunter und beliebiger Reihenfolge vorgespielt. Die Kinder sollen erkennen, um welchen Teil es sich handelt und den entsprechenden (großen/kleinen) Buchstaben des gehörten Teils nennen. Dabei sollen sie alle Teile vor Augen haben (z.B. an der Tafel – oder jedes Kind als Einzelkopie, wie Kopiervorlage 1).

- Nun wird eine vollkommen **durcheinander geratene „Elise"** von der CD gespielt (37) (s. Kopiervorlage 2 zum Mitlesen und Eintragen). Die Kinder sollen die großen Buchstaben der einzelnen Teile in der gehörten Reihenfolge notieren. Dies ergibt das Lösungswort: THERESE.

- Abschließend muss die „Elise" einmal **in der richtigen Reihenfolge** gehört werden (31). Jetzt notieren die Kinder die Abfolge des Stückes mit den kleinen Buchstaben.

Frage an die Kinder: Welchen der Teile hört man mehrmals? Und wie oft hört man ihn?

(Den R- bzw. A-Teil hört man insgesamt drei Mal.)

MGD

Die fünf einzelnen Teile können auch vergrößert und auf Kartons geklebt werden.

Kopiervorlage 1

Für Elise (Teil T oder B)

Für Elise (Teil E oder C)

Für Elise (Teil S oder E)

Für Elise (Teil R oder A)

* Nur beim ersten Mal steht hier ein Wiederholungszeichen.

Für Elise (Teil H oder D)

Die durcheinander geratene Elise wird zur _ _ _ _ _ _ _

Kopiervorlage 2b

2.3.2 Wem scheint der Mond?
Erhellendes zu Beethovens Klaviersonate
ab 11 Jahren

2. Beethovens Musik
2.3 Vom Klavier bis zur Sinfonie

Die so genannte Mondscheinsonate gehört zu den bekanntesten Stücken von Beethoven. Aber warum heißt sie so? Begeben wir uns einmal wie ein Muskforscher auf Spurensuche.
Vielleicht geben uns ja die Quellen Antwort auf diese Frage. Aber was sind Quellen?

Quellen sind Dokumente, die einem Ereignis (also auch der Entstehung eines Musikstückes) zeitlich ganz nahe stehen.

Dies ist zunächst einmal das **Autograph**, also die vom Komponisten selbst geschriebenen Noten eines Stückes. Das Autograph der Mondscheinsonate befindet sich im Beethoven-Haus. Aber leider ist es nicht ganz vollständig. Ausgerechnet die erste Seite, auf der (vielleicht) der Titel stehen könnte, fehlt, und damit auch die auf der Rückseite des Titels stehenden ersten Takte des Stückes – und die letzten Takte der Sonate.

Zum Glück gibt es aber die **Originalausgabe**, also die erste gedruckte Version des Stückes, die mit dem Wissen und unter Beteiligung des Komponisten entstanden ist. Selten konnte der Drucker (oder Notenstecher) allerdings gleich nach Beethovens Autograph stechen, denn es war meistens nicht so leserlich geschrieben. So wurde es zunächst von einem Kopisten abgeschrieben. Diese saubere **Kopistenabschrift** diente dann dem Drucker bzw. Stecher als **Druck- bzw. Stichvorlage**. Da das Autograph der Mondscheinsonate aber ziemlich sauber geschrieben ist und wir auch keine Kopistenabschrift der Sonate kennen, diente dem Stecher in diesem Fall wahrscheinlich das Autograph selbst – das damals noch vollständig war – als Druckvorlage.

Mithilfe der Originalausgabe ist es nicht schwer festzustellen, wie viele Takte mit der ersten Seite des Autographs verloren gegangen sind.

Wie viele Takte standen auf der verlorenen ersten Seite?

Der Vergleich der ersten vorhandenen Seite des Autographs (Kopiervorlage 2) mit der ersten Seite der Originalausgabe (Kopiervorlage 3) führt zur Lösung.

Ein kleiner Tipp: Die erste Seite der Originalausgabe druckt einen Takt weniger ab als die erste Autographenseite enthält, der letzte Takt der Originalausgabe ist also der vorletzte Takt der ersten (erhaltenen) Autographenseite. Nun muss man nur noch Takt für Takt rückwärts bis zum Beginn der Autographenseite gehen, macht dort einen Strich und kann dann abzählen, wie viele Takte (in der Originalausgabe) noch davor liegen.

Der Vergleich der letzten Seite von Autograph und Originalausgabe zeigt, dass mit der letzten Seite des Autographs auch die letzten drei Takte verlorengegangen sind.

Da wir für alles, was auf den verlorenen Seiten des Autographs stand, auf die Originalausgabe angewiesen sind, stellt sich die Frage, wie zuverlässig diese Originalausgabe ist.

Fehler?

Vergleicht man die Originalausgabe mit dem Autograph, so stellt man fest, dass der Notenstecher dem Autograph sehr gewissenhaft gefolgt ist. Er hat sogar einen Fehler von Beethoven übernommen:

Beethovens Autograph: Die Originalausgabe:

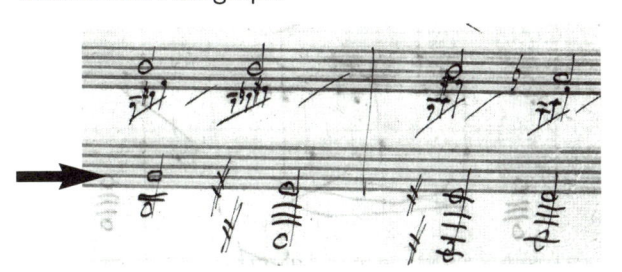

Die linke Hand, also das untere System (im Bassschlüssel zu lesen) hat Oktaven zu spielen (h – gis – eis – f, meint „fis"). Einer der unteren Oktavtöne ist allerdings falsch geschrieben. Welcher ist es?

Um dies zu erkennen, müssen diejenigen, die Noten lesen können, genau auf die Hilfslinien achten. Und die anderen finden in der unten abgedruckten fehlerfreien Oktaven-Reihe jene vier Töne, die Beethoven benutzt hat, kreisen sie ein und vergleichen sie ganz genau mit denen in Beethovens Autograph und in der Originalausgabe.

Kreise den fehlerhaften Ton in beiden Ausschnitten ein.

Den folgenden Abschnitt vor der Weitergabe an die Kinder abschneiden. - ✂

Auflösung und Fortsetzung:

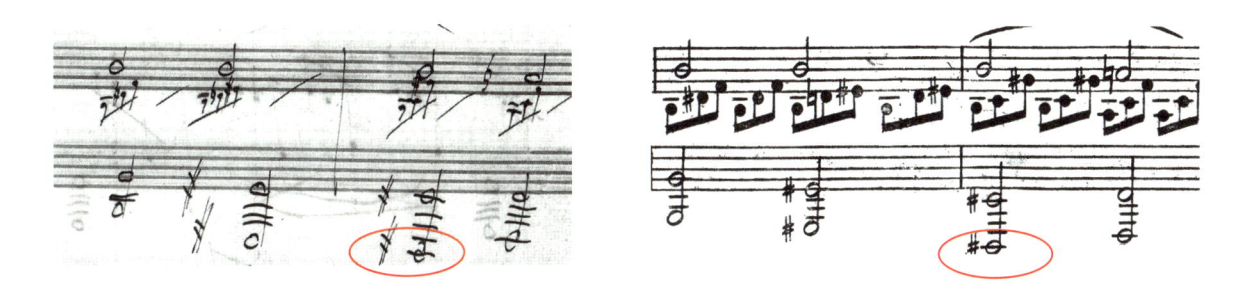

Richtig müsste also das untere „eis" unter der vierten Hilfslinie liegen, nicht auf der fünften:

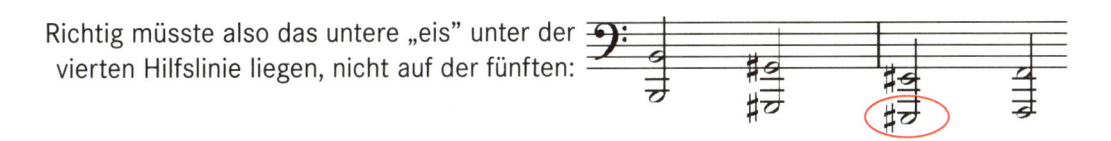

Der übernommene Fehler zeigt, dass die Orginalausgabe offenbar nah am Autograph entstanden ist. Ihr Titelblatt wird also auch gewissenhaft auf das Titelblatt des Autographs zurückgehen. Kann vielleicht das Titelblatt die Frage nach der Herkunft des Namens „Mondscheinsonate" beantworten?

Das Titelblatt

Das Titelblatt wurde, wie es damals üblich war, in italienischer Sprache verfasst.

Trage die auf dem Titelblatt in geraden Buchstaben gedruckten Wörter hier ein:

_____ *quasi una* _____

per il Clavicembalo o Pianoforte, composta e dedicata alla Damigella Contessa
übersetzt: für Clavicembalo oder Pianoforte, komponiert und gewidmet dem Fräulein Gräfin

_____ _____

da Luigi van Beethoven Opera 27 No. 2
von Ludwig van Beethoven Opus 27 Nr. 2.

Die Widmungsempfängerin war eine damals 17-jährige Klavierschülerin Beethovens, in die der Komponist offensichtlich verliebt war. Seinem Freund Franz Gerhard Wegeler schrieb er nämlich im Entstehungsjahr der Sonate (1801) in einem Brief:

„etwas angenehmer lebe ich jezt wieder, indem ich mich mehr unter Menschen gemacht, (...)
diese Veränderung hat ein liebes zauberisches Mädchen hervorgebracht, die mich liebt,
und die ich liebe, es sind seit 2 Jahren wieder einige seelige Augenblicke, und es ist das erstemal,
daß ich fühle, daß – heirathen glücklich machen könnte, leider ist sie nicht von meinem stande"

Für sie hatte Beethoven also diese besondere Sonate, die fast wie eine _____ war, geschrieben.

Was heißt also „quasi una"?

Warum Mondschein?

Das Titelblatt der Originalausgabe enthält also keinen Hinweis auf den Beinamen „Mondscheinsonate".
Er stammt also nicht von Beethoven selbst.
Zum ersten Mal taucht die Verbindung des ersten Satzes der Sonate mit einer nächtlichen Stimmung im Mondenschein in einem Text des Musikschriftstellers Ludwig Rellstab auf, der noch zu Beethovens Lebzeiten entstand und veröffentlicht wurde:

> „Aber halt! Noch eins muß ich sagen! Keiner falschen Quinte wäre ich wert, wenn ich das Adagio aus der Phantasie in Cis-moll vergessen hätte. **Der See ruht in dämmerndem Mondenschimmer; dumpf stößt die Welle an das dunkle Ufer; düstere Waldberge steigen auf und schließen die heilige Gegend von der Welt ab; Schwäne ziehen mit flüsterndem Rauschen wie Geister durch die Flut und eine Äolsharfe tönt Klagen sehnsüchtiger einsamer Liebe geheimnisvoll von jener Ruine herab.** Still, gute Nacht!"

[zum kopieren]

aus: Ludwig Rellstab, Theodor. Eine Kunstnovelle, 1823,
erschienen 1824 in der „Berliner allgemeinen musikalischen Zeitung"

In seiner 1852 erschienenen Beethoven-Biographie verwies der Beethoven-Biograph Wilhelm von Lenz als Erster auf den Urheber des Beinamens der Sonate:

> „Rellstab vergleicht dieses Werk [= den ersten Satz der Sonate op. 27 Nr. 2] mit **einer Barke, die beim Mondschein die wilde Landschaft des Vierwaldstädter Sees in der Schweiz aufsucht.** Der Beiname „Mondschein-Sonate", der seit 20 Jahren* den Kenner in Deutschland aufschreien ließ, hat keinen anderen Ursprung als diesen."

[zum kopieren]

aus: Wilhelm von Lenz, Beethoven et ses trois styles, St. Petersbourg 1852.

* Tatsächlich konnte man schon 1837 in einer Musikzeitung lesen, dass die cis-Moll-Sonate bereits unter dem Namen „Mondscheinsonate" bekannt war.

Aber gibt Lenz die Beschreibung von Rellstab hier richtig wieder?

1. In beiden Texten sind die Bild-Wörter zu markieren.

2. Welches Bild, das Lenz beschreibt, ist bei Rellstab nicht zu finden?

Lenz verkürzt also Rellstabs Beschreibung, ergänzt das Bild aber nach seiner eigenen Fantasie. Überhaupt hat insbesondere der 1. Satz der Sonate op. 27 Nr. 2 die Fantasie von Malern, Literaten und Musikern noch bis ins 20. Jahrhundert hinein angeregt.

Vielleicht inspiriert das Anhören dieses Satzes ja zu einem weiteren Kunstwerk…?

Lösungen:
1. Rellstab: Mondenschimmer, Welle, Ufer, Waldberge, Schwäne, Äolsharfe, Ruine
Lenz: Mondschein, Barke, Vierwaldstätter See
2. Die Barke

Kopiervorlage 2

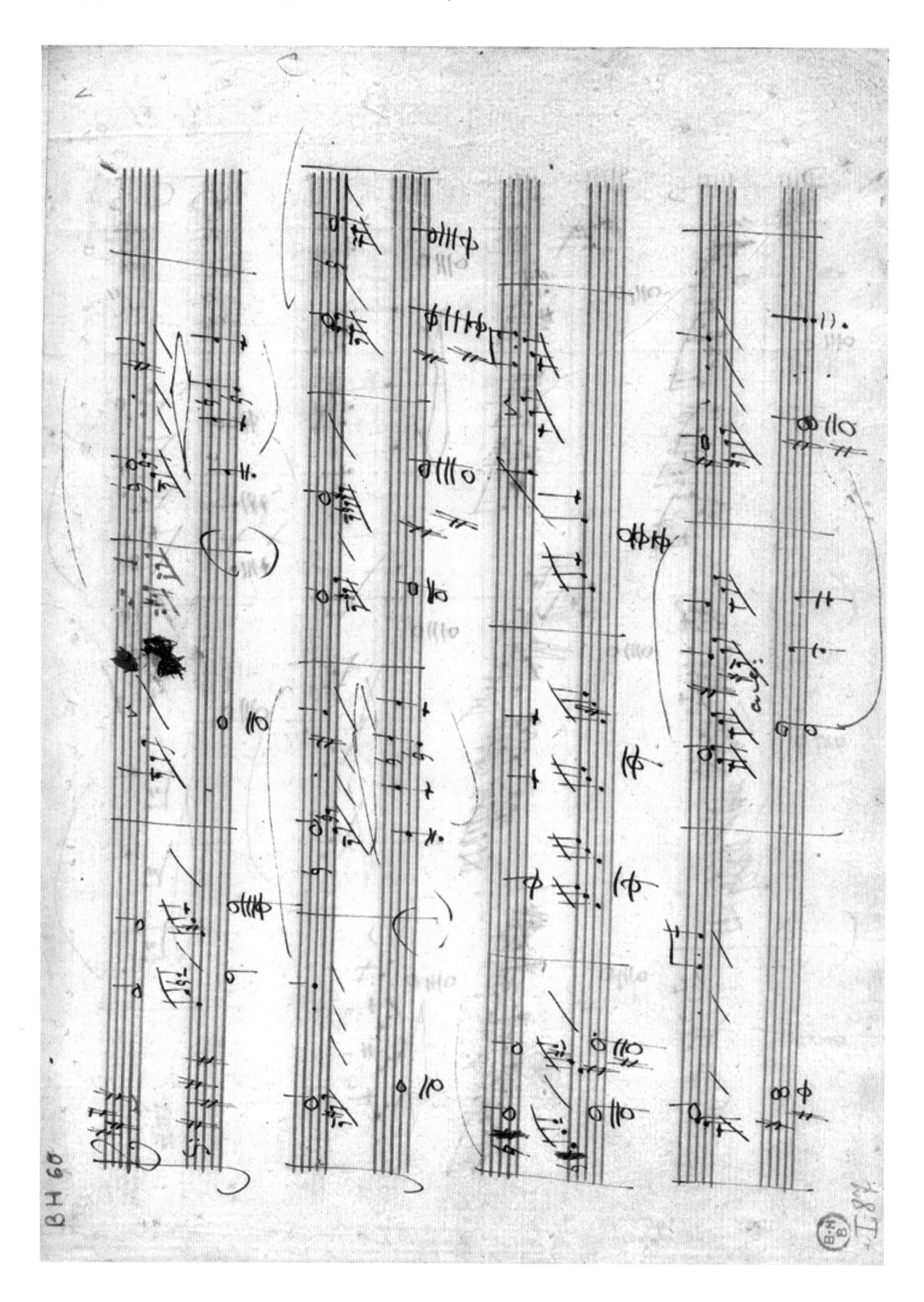

Autograph, erste erhaltene Seite (Beethoven-Haus Bonn)

Originalausgabe, 1. Notenseite (Beethoven-Haus Bonn)

2. Beethovens Musik
2.3 Vom Klavier bis zur Sinfonie

2.3.3 Ein musikalisches Ritterfest
ab 8 Jahren

Am Karnevalssonntag 1791, dem 6. März, fand im Bonner Schloss wieder einmal einer der beliebten Maskeraden-Bälle statt. Von einem ähnlichen Maskenball gibt das Bild „Bönnsches Ballstück" (siehe S. 104) einen guten Eindruck. 1791 lautete das Motto des Balls: Aus dem Leben der Ritter.
Die Musik zu diesem Maskenball hatte der junge Beethoven geschrieben, der als Bratscher und Organist Mitglied der Bonner Hofkapelle war. Angeregt dazu wurde er durch seinen Freund und Förderer Graf Waldstein, den Veranstalter dieses Balls.
In einer Folge von Charakterstücken für ein Orchester aus Blas- und Streichinstrumenten zeichnet Beethoven in seiner „Musik zu einem Ritterballett" (im Sinne von „Ritterball") die wichtigsten Beschäftigungen eines Ritters musikalisch nach.

Da die meisten Stücke musikalisch und formal übersichtlich und klar fasslich sind, können sie gut in einer vereinfachten Form auf der Blockflöte gespielt werden.
Die Noten hierzu folgen auf den Kopiervorlagen S. 178-179.
Auf der CD finden sich die Stücke mit Klavierbegleitung zum kennenlernen (38-42) sowie die Klavierbegleitungen allein (playback), um darauf zu spielen (43-47).

Bei einer Aufführung kann man sich dann mit selbst gebasteltem Zubehör als Ritter bzw. Burgfräulein verkleiden.

Die „Musik zu einem Ritterballett" (WoO 1) beginnt mit einem längeren Marsch.

• Auf diesen Eingangsmarsch folgt der **Deutsche Gesang**, der wie ein Refrain auch nach den folgenden Stücken immer wieder gespielt werden soll. Möglicherweise wurde damals tatsächlich auf diese Musik gesungen. Auf jeden Fall aber wurde hierauf getanzt, und um die Tanzschritte und gleichzeitig auch die Melodie zu lernen, könnte man auf die (vereinfachte) Melodie die Schrittanweisungen singen, zum Beispiel für folgenden Tanz im Kreis:

Deutscher Gesang (mit Tanztext)

Hak-ke rechts, Hak-ke links, seit-lich rechts und links zu-rück. Hak-ke links, Hak-ke rechts, seit-lich links und stehn. Drei nach vorn und drei zu-rück, und das-sel-be gleich noch -mal. Hak-ke rechts, Hak-ke links, seit-lich rechts und ei-nen Knicks.*

* Die Jungen machen hier eine Verbeugung.

• Auf den Deutschen Gesang folgt das **Jagdlied**. Die Jagd war eine der Hauptbeschäftigungen der Ritter. Früher konnte man auf den Hörnern nicht so wie heute alle Töne ohne Weiteres spielen. Bei Jagdhörnern und Posthörnern und auch bei Trompetensignalen erklangen daher meist nur bestimmte Töne in bestimmten Tonabständen (Naturtöne/Obertöne). Dies hat Beethoven in seinem Jagdlied nachgemacht.

Nach dem Jagdlied wird noch einmal der Deutsche Gesang gespielt bzw. getanzt.

• Darauf folgt die **Romanze**. Auch diese ist ein Lied, nämlich ein Minnelied. So wurde ein Liebeslied zur Zeit der Ritter im Mittelalter genannt. Es ist ein zärtliches Stück, das Beethoven nur für Streichinstrumente komponiert hat. Die Streichinstrumente werden hier gezupft, damit es wie von einer Laute (einer Art Gitarre) gespielt klingt, denn solche Minnelieder sang man oft zur Begleitung einer Laute. Auf die Romanze folgt wieder der Deutsche Gesang.

• Hierauf folgt das **Kriegslied**, denn in den Krieg zu ziehen, um Land und Religion zu verteidigen, war die wichtigste Aufgabe der Ritter. Eine Art Marsch im Kreis, bei dem von Trommeln der Rhythmus der Musik verstärkt wird, wäre zum Beispiel eine Möglichkeit der Bewegungs-Umsetzung. Nach dem Kriegslied wird wieder der Deutsche Gesang gespielt bzw. getanzt.

• Darauf folgt das **Trinklied**. Es wurde vermutlich auch gesungen. Beethoven hat für dieses Stück auf eine Melodie zurückgegriffen, die bis in unsere Zeit mit folgendem lateinischem Text überliefert ist und auch noch in Studentenverbindungen gesungen wird:

    Mihi est propositum, in tabernam mori /Mir ist es vorbestimmt, im Wirtshaus zu sterben – ein natürlich für Kinder nicht geeigneter Text.

Man kann aber gut einen anderen, selbst verfassten Text unter die Melodie legen, um das Lied zu singen – und sich dabei zum Beispiel mit einem Becher zuprosten.

Ein Vorschlag:

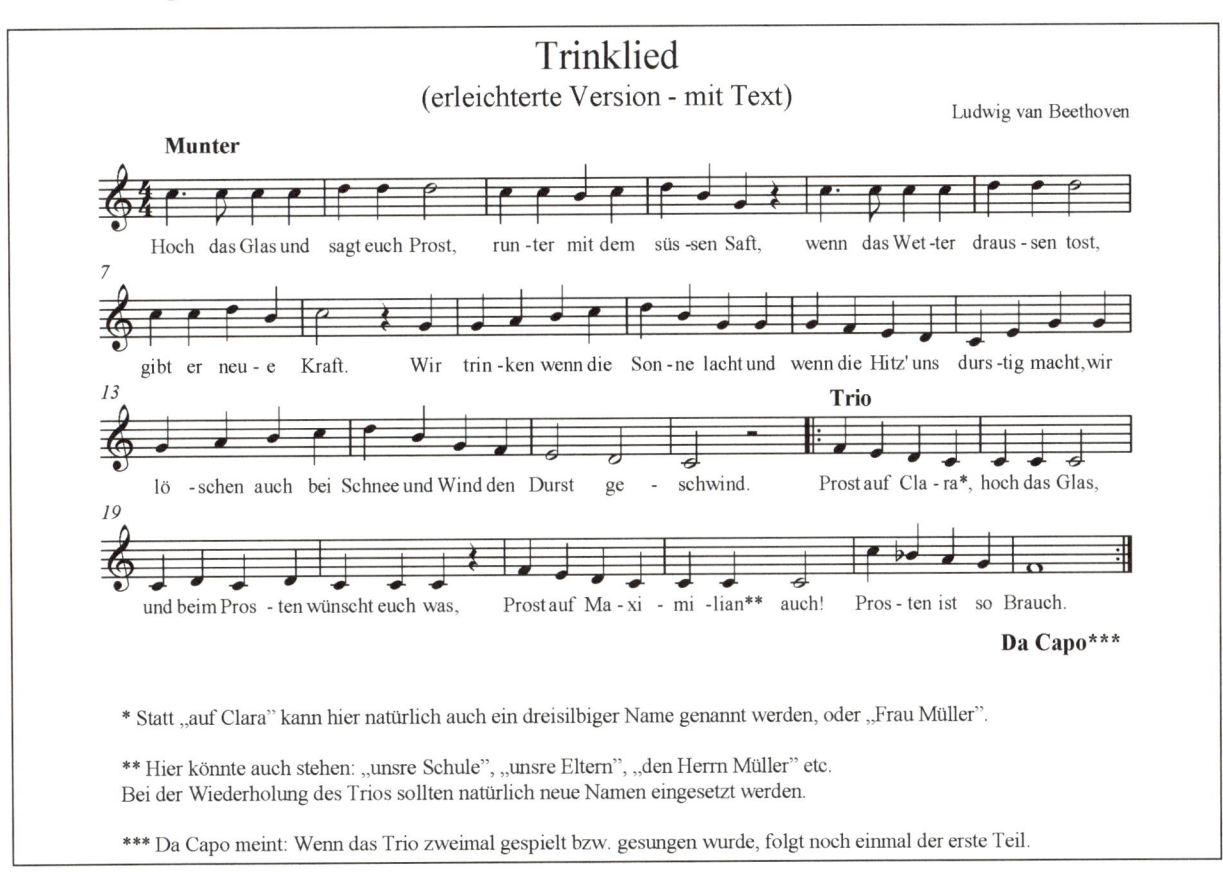

> **Trinklied**
> (erleichterte Version - mit Text)
>
> Ludwig van Beethoven
>
> **Munter**
>
> Hoch das Glas und sagt euch Prost, run-ter mit dem süs-sen Saft, wenn das Wet-ter draus-sen tost, gibt er neu-e Kraft. Wir trin-ken wenn die Son-ne lacht und wenn die Hitz' uns durs-tig macht, wir
>
> **Trio**
>
> lö-schen auch bei Schnee und Wind den Durst ge-schwind. Prost auf Cla-ra*, hoch das Glas, und beim Pros-ten wünscht euch was, Prost auf Ma-xi-mi-lian** auch! Pros-ten ist so Brauch.
>
> **Da Capo***
>
> * Statt „auf Clara" kann hier natürlich auch ein dreisilbiger Name genannt werden, oder „Frau Müller".
>
> ** Hier könnte auch stehen: „unsre Schule", „unsre Eltern", „den Herrn Müller" etc.
> Bei der Wiederholung des Trios sollten natürlich neue Namen eingesetzt werden.
>
> *** Da Capo meint: Wenn das Trio zweimal gespielt bzw. gesungen wurde, folgt noch einmal der erste Teil.

Auf das Trinklied folgt wieder der Deutsche Gesang, der für die Kinder den Abschluss des musikalischen Ritterfestes bildet.
Bei Beethoven folgen noch die Sätze „Deutscher Tanz" und „Coda" (Schlussstück).

MGD

L. v. Beethoven, Musik zu einem Ritterballett (WoO 1), z.B. für Blockflöte in C – Erleichterte Versionen

Deutscher Gesang

Ludwig van Beethoven

Tänzerisch

Jagdlied

Ludwig van Beethoven

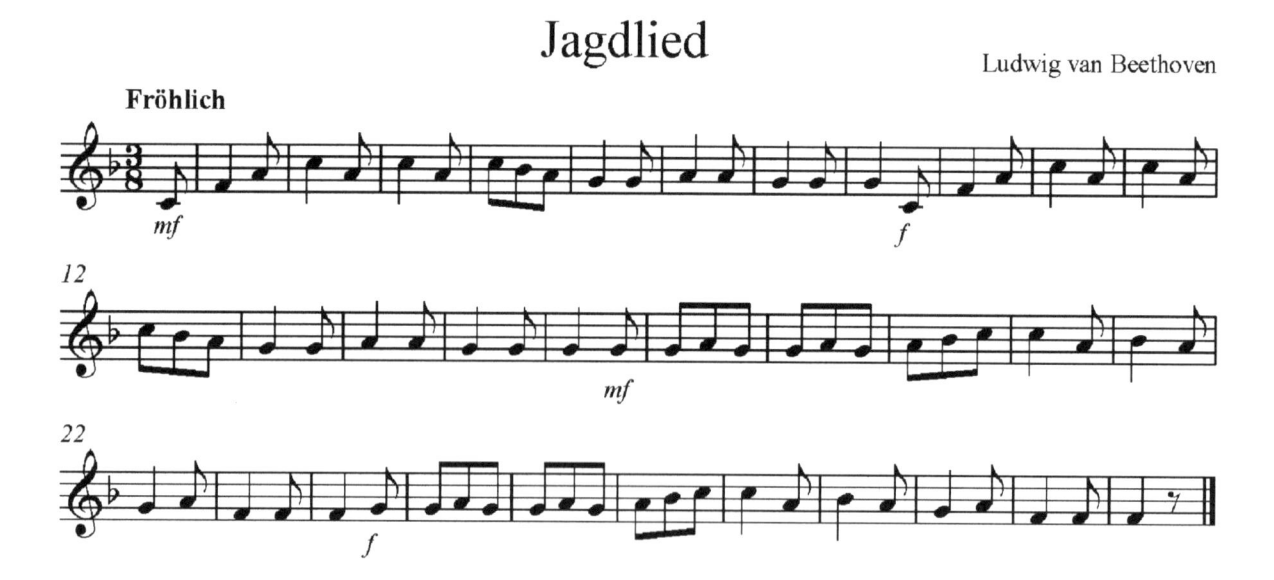

Fröhlich

Hiernach folgt wieder der Deutsche Gesang.

Romanze

Ludwig van Beethoven

Langsam

Hiernach folgt wieder der Deutsche Gesang.

Kriegslied

Ludwig van Beethoven

Hiernach folgt wieder der Deutsche Gesang.

Trinklied

Ludwig van Beethoven

Munter

Trio

Wenn das Trio zweimal gespielt wurde, folgt noch einmal der erste Teil.

Hiernach folgt wieder der Deutsche Gesang.

2. Beethovens Musik
2.3 Vom Klavier bis zur Sinfonie

2.3.4 Beethovens Weg zum Bach
Zur Entstehung des 2. Satzes der Pastorale
ab 11 Jahren

Beethoven begann mit der Arbeit an seiner 6. Sinfonie noch bevor er mit der berühmten 5. Sinfonie fertig war. Seine Kompositionsideen notierte er sich immer in ein so genanntes **Skizzenbuch**. Zwar hatte er sich schon früher ein paar Ideen für diese Sinfonie notiert. Aber richtig intensiv arbeitete er erst 1808 an der Pastorale. Für diese Arbeit begann er eigens ein neues Skizzenbuch, das er mit „1808" datierte. Weil in diesem Skizzenbuch vor allem Notizen zur Pastorale enthalten sind, nennt man es das „Pastorale-Skizzenbuch". Es liegt heute in London. Es ist 23 x 30 cm groß und 120 Seiten dick, war also keines von den Heftchen, die Beethoven bei sich trug wenn er unterwegs war, sondern ein Skizzenbuch für den Schreibtisch oder das Klavier.

Als Beethoven glaubte, die Planung des Werkes abgeschlossen zu haben, schrieb er selbst die Partitur nieder. So eine vom Komponisten selbst geschriebene Partitur nennt man „**Autograph**". Das Autograph der Pastoralsinfonie liegt im Tresor des Beethoven-Hauses.
Es ist nicht nur besonders wertvoll, sondern man kann an ihm auch schön erkennen, wie Beethoven gearbeitet hat. Beethoven hat nämlich bei der Niederschrift noch an vielen Stellen Änderungen vorgenommen. Er hat Noten ausgekritzelt, ganze Takte und sogar Seiten ausgestrichen.
Ganz besonders wüst ist der Schluss des zweiten Satzes, die „Szene am Bach". Zunächst endete der Satz auf Seite 48 (die Seitennummerierung stammt nicht von Beethoven) (Kopiervorlage 1). Hier hat Beethoven heftig an einzelnen Noten und Takten korrigiert – und schließlich die ganze Seite durchgestrichen. Dann hat er einen anderen Schluss dieses Satzes auf die Seite 49 geschrieben. Hier hat er nicht ganz so viel verbessert, aber zufrieden war er damit auch nicht, und so hat er auch diese Seite ganz durchgestrichen. Er hat sich wieder seine Seite 48 angeschaut und entschieden, dass diese doch gut sei – und oben links auf die Seite 48 geschrieben: „bleibt".

Nun sollte das Werk gedruckt werden. Da kein Stecher (damals wurden die Noten in Platten gestochen) Beethovens „Sauklaue" hätte lesen können, musste die ganze Partitur von einem Kopisten abgeschrieben werden. Diese **Kopistenabschrift** wurde sicherheitshalber noch einmal von Beethoven durchgesehen und war dann die **Stichvorlage**, nach der gestochen und gedruckt werden konnte. Der Kopist kannte Beethovens Schrift und konnte eine gut leserliche Partitur schreiben, die keine Streichungen mehr enthielt. Aus der chaotischen Seite 48 von Beethoven machte er eine saubere Partiturseite (Kopiervorlage 2). Allerdings hat er bei dem Chaos einige dynamische Bezeichnungen (Lautstärkenzeichen) vergessen. Die hat Beethoven dann beim Korrekturdurchgang ergänzt.

• **Aufgabe:**
Kopist spielen und Beethovens Handschrift abschreiben müssen möchte sicher keiner. Aber umgekehrt ist Beethovens Autograph mit Hilfe der Kopistenabschrift gar nicht mehr so schwer zu lesen. Dafür erhält jeder eine Kopie des Schlusses im Autograph (Kopiervorlage 1) und in der Kopistenabschrift (Kopiervorlage 2). Man versucht nun, im Autograph so viel wie möglich von dem wiederzufinden, was der Kopist herausgeschrieben hat und markiert die entsprechenden Noten, Pausen, Fermaten etc. mit einem farbigen Marker.

Das Ergebnis sollte ungefähr wie folgt aussehen:

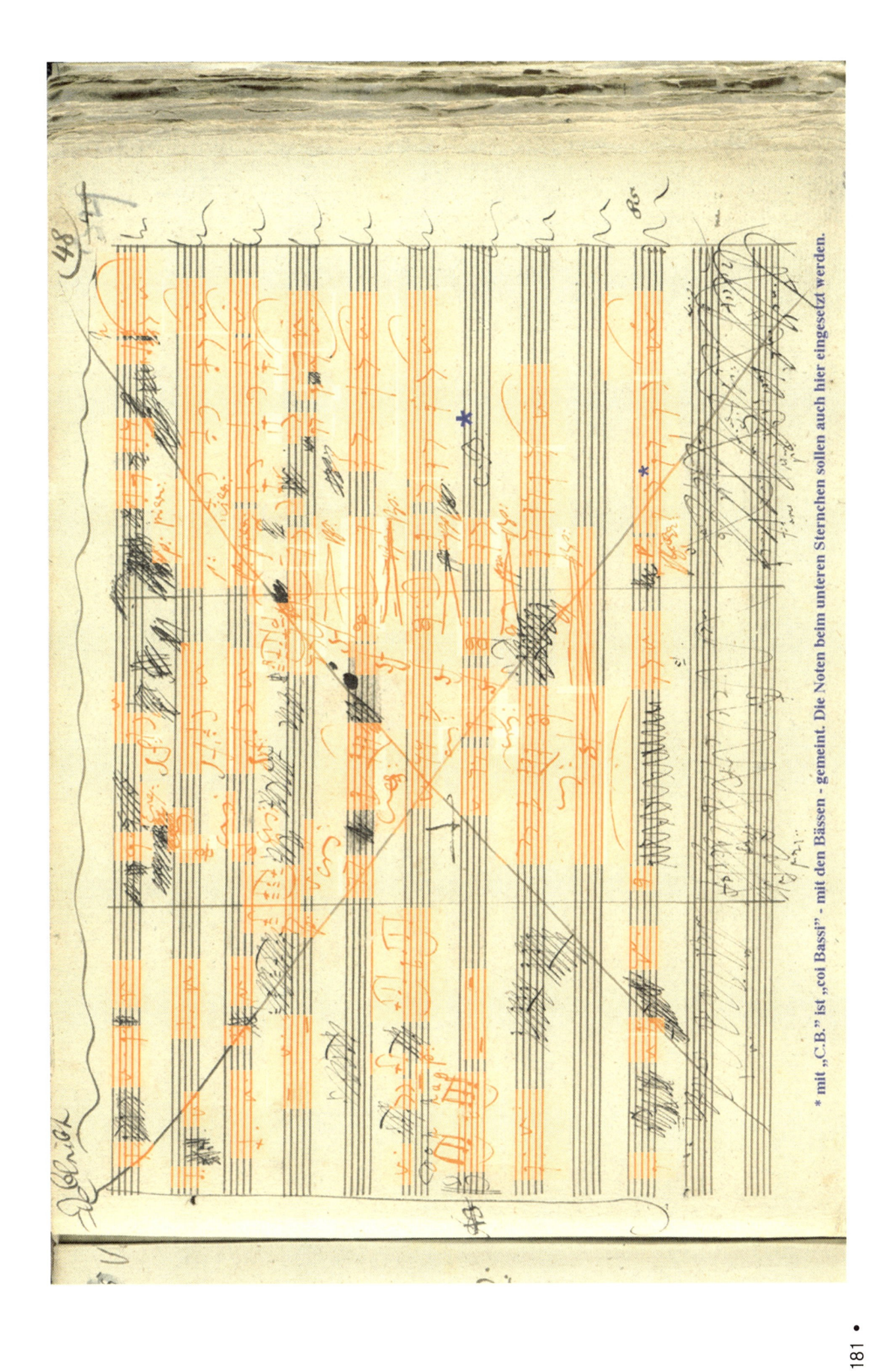

* mit „C.B." ist „col Bassi" - mit den Bässen - gemeint. Die Noten beim unteren Sternchen sollen auch hier eingesetzt werden.

Vögel

Der zweite Satz aus Beethovens Pastoral-Sinfonie ist aus einem anderen Grund ein ganz besonderer: Beethoven lässt in ihm nämlich drei Vögel musikalisch auftreten. Welche, das hat er in die Partitur hineingeschrieben, auf Seite 45 (Kopiervorlage 3). Und am unteren Rand dieser Seite hat er für den Stecher noch einen Hinweis aufgeschrieben:

„Nb: schreiben sie das Wort Nachtigall, Wachtel, Kuckuck in die erste Flöte, in die erste Oboe, in die erste und zweite Clarinett gerade wie hier in der Partitur".

Aber auf dieser Seite des Autographs finden sich gar keine Instrumentenbezeichnungen am Anfang des Systems, denn diese wurden immer nur zu Beginn eines Stückes oder eines Satzes vorgeschrieben.

Aufgaben:

- Mithilfe des Satzanfangs aus der Stichvorlage (Kopiervorlage 4) sollen die Instrumente vor die Systeme des vorbereiteten Notenpapiers (Kopiervorlage 3) geschrieben werden.

- Nun kann man versuchen, die Vogelstelle aus Beethovens Autograph (Kopiervorlage 5) in das vorbereitete Notenpapier zu übertragen.

Zum abschließenden Vergleich dienen die entsprechenden Takte aus der Stichvorlage:

Schluss des 2. Satzes in Beethovens Handschrift (Autograph; Beethoven-Haus Bonn) — Kopiervorlage 1

Schluss des 2. Satzes in der Kopistenabschrift (Beethoven-Haus Bonn) — Kopiervorlage 2

Kopiervorlage 3 Vorbereitetes Notenpapier

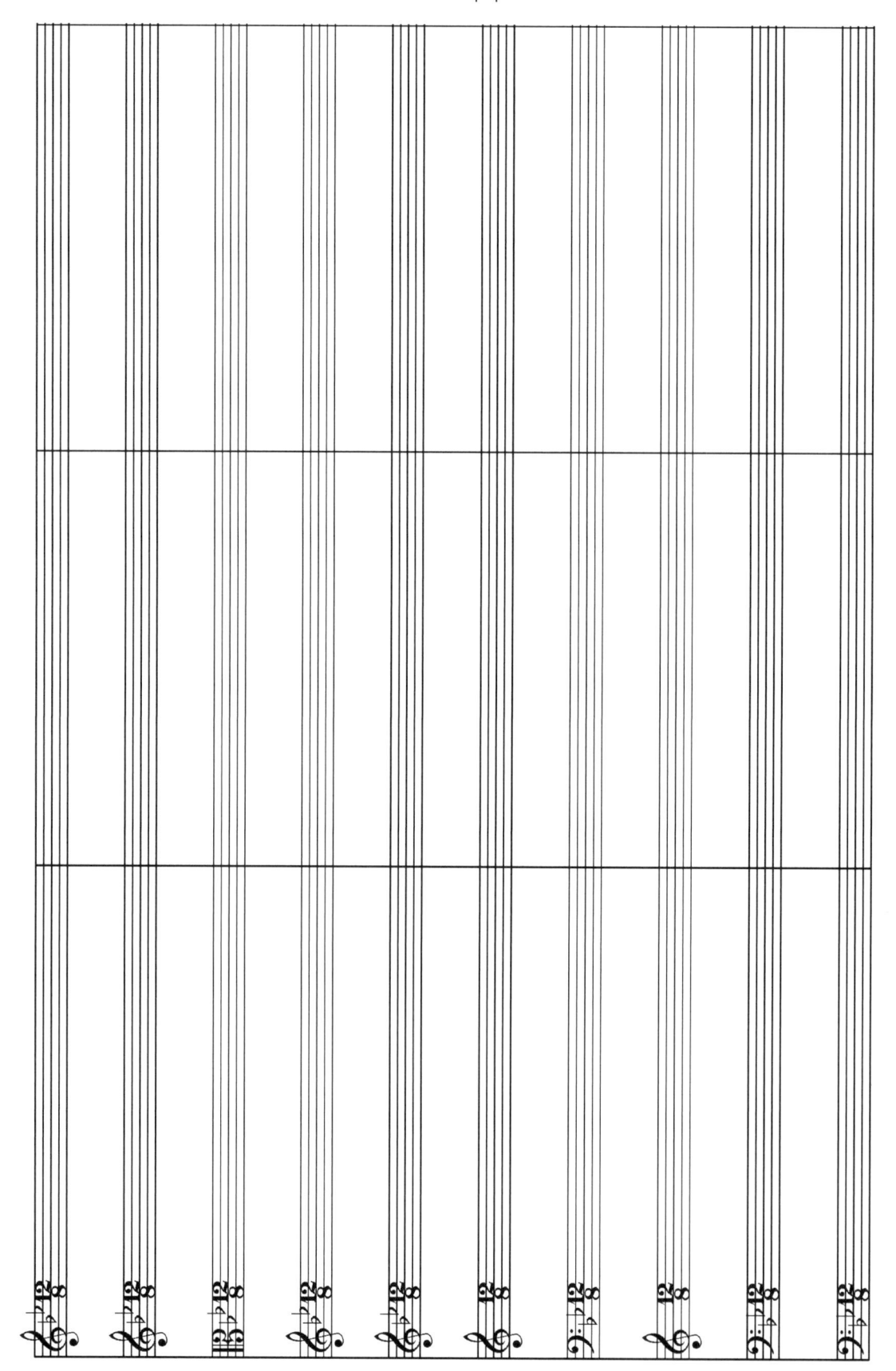

Instrumente hier eintragen

Anfang des 2. Satzes in der Kopistenabschrift - mit Instrumentenbezeichnungen (Beethoven-Haus Bonn)

Vogelstelle in Beethovens Handschrift (Beethoven-Haus Bonn)

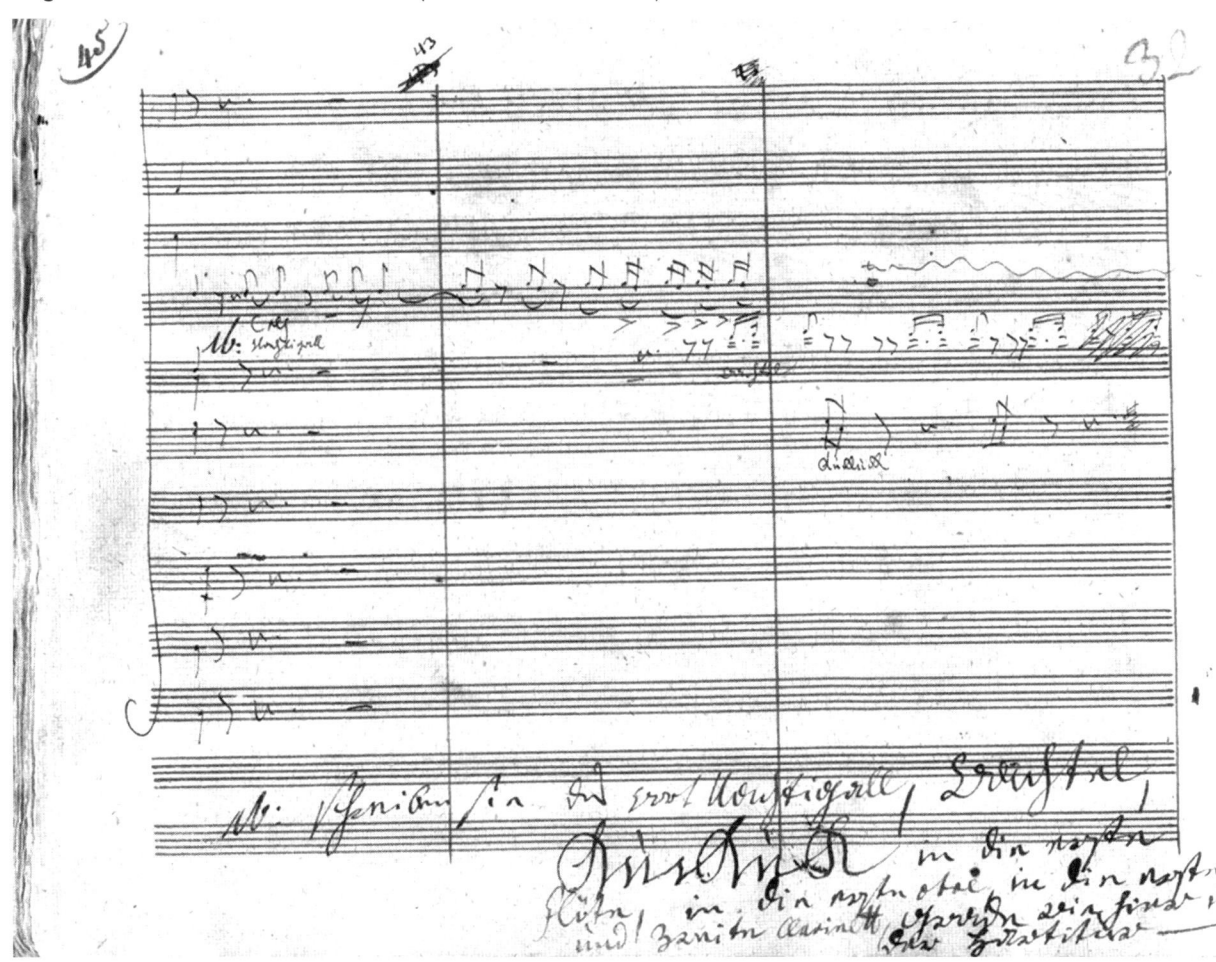

2. Beethovens Musik
2.3 Vom Klavier bis zur Sinfonie

W

2.3.5 Geräuschekonzert
für „Dirigenten" und viele andere Kinder
ab 4 Jahren

Beethoven hat nicht nur Musik geschrieben und sie auf dem Klavier gespielt. Er hat seine Stücke für Orchester oft als Dirigent auch selbst geleitet.
Was genau muss ein Dirigent eigentlich tun?
Was zeigt er an und wie macht er das?

Ein Dirigent muss den Musikern Zeichen geben
- in welchem Takt (= Schlag, der das Tempo angibt),
- wie schnell und
- wie laut oder leise das Stück sein soll.

Darüber hinaus gibt ein Dirigent den einzelnen Instumentengruppen den „Einsatz", gibt ihnen also ein Zeichen, wann sie anfangen sollen zu spielen.

Das spielen wir sozusagen nach:
Die vergrößert kopierten Geräuschekarten werden auf eine Leine gehängt oder auf Notenständer gestellt.
Abwechselnd darf jeweils ein Kind „Dirigent" sein – es bekommt einen Taktstock.
Nun zeigt es mit dem Taktstock auf eine der Geräusche-Karten und mit der anderen Hand zeigt es, wie laut oder leise das Geräusch von den anderen Kindern ausgeführt werden soll.
Man kann schnell zur nächsten Karte wechseln oder länger bei einem Geräusch verweilen...

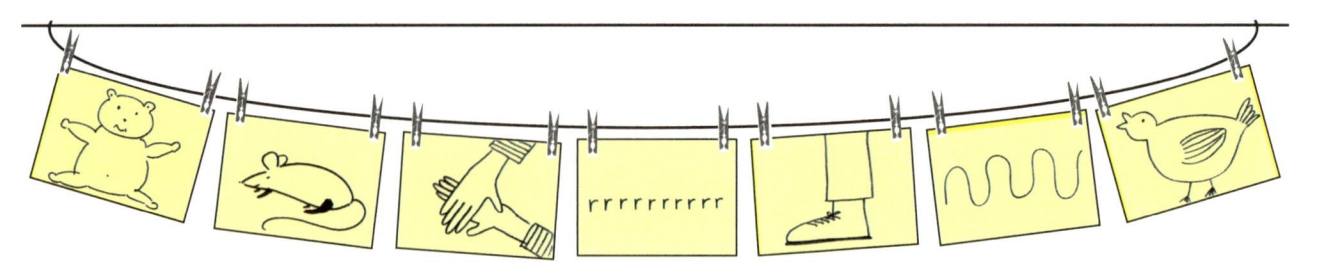

Kopiervorlage

brummen   ganz hoch quietschen   knurren

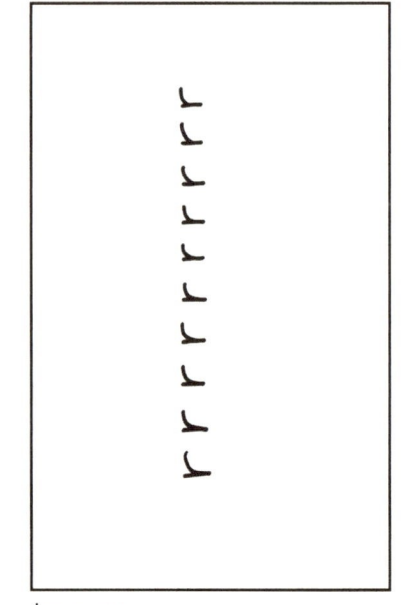

Kopiervorlage

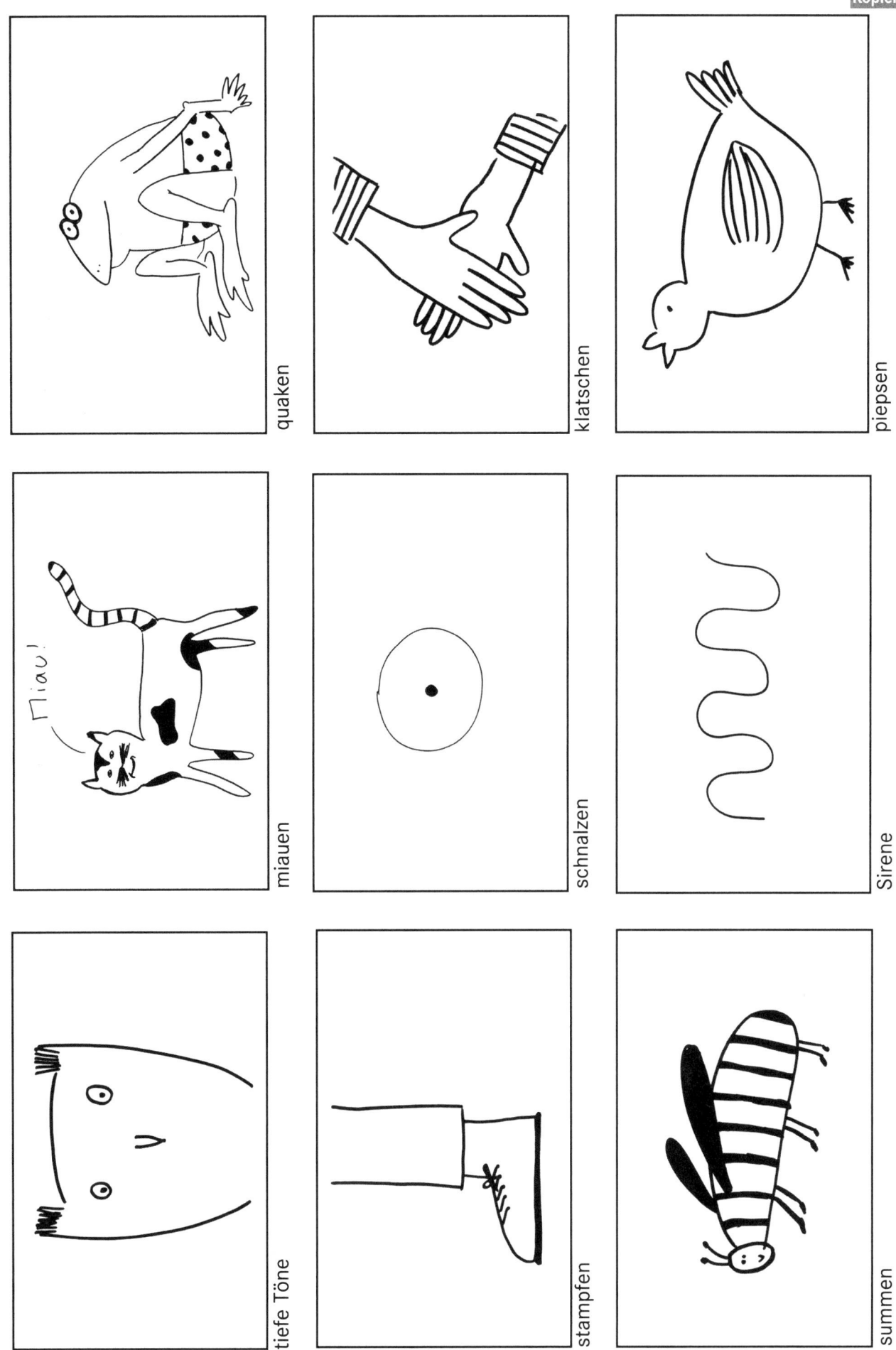

quaken

klatschen

piepsen

miauen

schnalzen

Sirene

tiefe Töne

stampfen

summen

Zeichnungen: Christiane Sträßner

W

3. Zum Schluss: Des Rätsels Lösung

3.1 Erkennst du Beethovens Instrumente?
Kleines Instrumentenrätsel
ab 4 Jahren

Das kleine Instrumentenrätsel eignet sich gut, um Beethovens Instrumente kennen zu lernen und mit ihrem Klang vertraut zu werden. Wir machen es meist mit den jüngeren Kindern ab 4 Jahren. Erst schauen wir mit ihnen im Museum Beethovens Originalinstrumente an, überlegen, wie sie wohl gespielt werden und hören ein Klangbeispiel auf CD an. Statt der echten Instrumente kann man auch Din-A4-große Abbildungen der Instrumente nehmen.

Dann erhält jedes Kind ein Rätselblatt (Kopiervorlage 2) und Abbildungen der Instrumente zum ausschneiden (Kopiervorlage 1). Jeweils ein Instrument wird auf CD angespielt und die Kinder suchen das Bild mit dem passenden Instrument, um es in ihr Rätselblatt einzukleben.

Für Kinder ab etwa 7 Jahren ist es auch möglich, die Musik anzuspielen und raten zu lassen, welche Abbildung die richtige ist, ohne dass die Instrumente vorher vorgestellt wurden.

Material:

Rätselblatt und 4 Abbildungen der Beethoven-Instrumente; Schere; Klebestift.
CD mit Auszügen aus:
- Ludwig van Beethoven, den Anfang der Mondscheinsonate (op. 27 Nr. 2),
- eines der Streichquartette op. 18 (z.B. op. 18 Nr. 2, 1. Satz: Allegretto),
- Johann Sebastian Bach, die bekannte Toccata d-Moll, BWV 565,
- Paul Hindemith, eine der Sonaten für Bratsche allein
  (z.B. op. 25 Nr. 1, 3. Satz: Rasendes Zeitmaß. Wild. Tonschönheit ist Nebensache; ca. 1'30")

[Diese Musikstücke findet man auch im Internet zum herunterladen für wenig Geld.]

Kopiervorlage 1

Erkennst du Beethovens Instrumente?

Diese Musik hörst du:

Von Ludwig van Beethoven
Mondscheinsonate

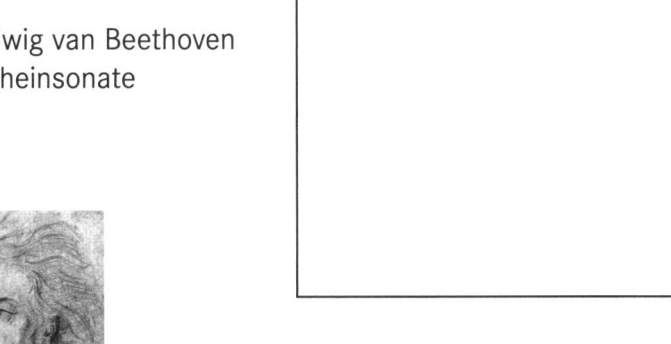

Klavier / Flügel

Von Ludwig van Beethoven
Streichquartett

Streichquartett

2 Geigen
1 Bratsche
1 Violoncello

Von Johann Sebastian Bach
Toccata d-Moll

Orgel

Von Paul Hindemith
Sonate für Viola solo

Bratsche / Viola

3. Zum Schluss:
Des Rätsels Lösung

3.2 Beethoven kreuz und quer
Ein Kreuzworträtsel
ab 9 Jahren

Kopiervorlage

Willst du wissen, ob du ein echter Musik- und Beethoven-Kenner bist, so löse dieses Kreuzworträtsel.

Wenn du alles richtig erraten hast, kannst du in der farbig unterlegten Spalte (von oben nach unten) den Namen einer berühmten Sinfonie von Beethoven lesen.

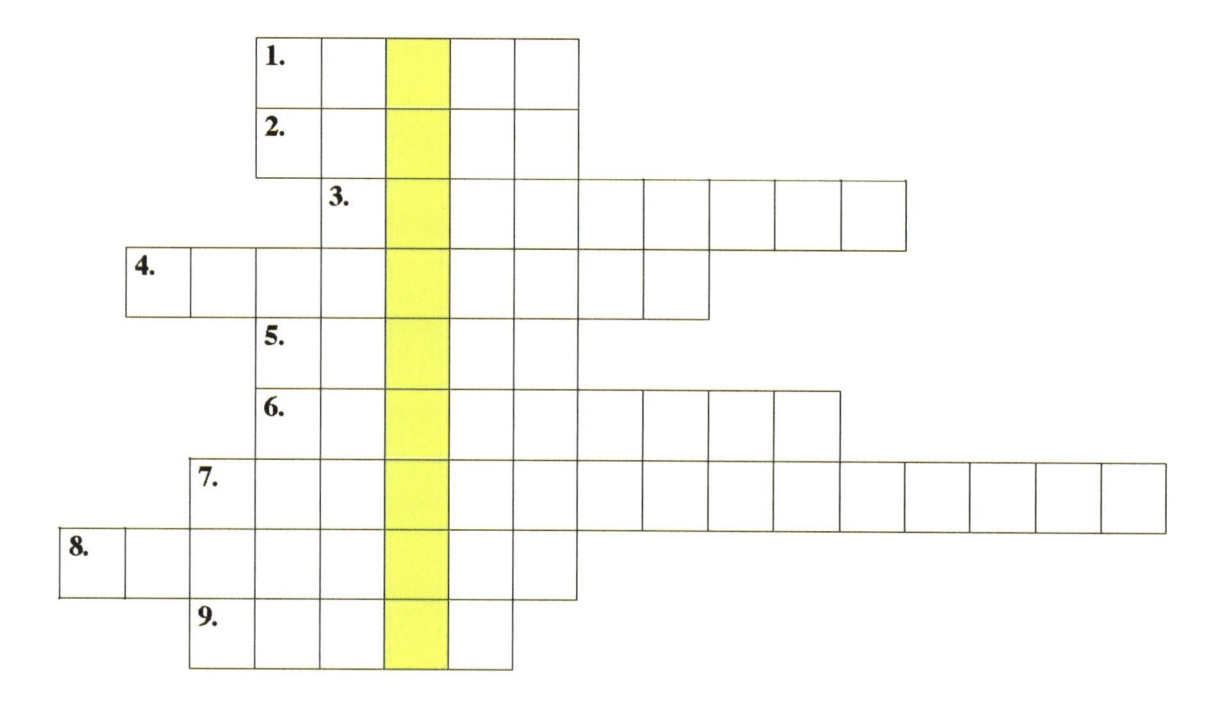

1. Wie nennt man ein Theaterstück mit Musik?
2. Wie hieß der Neffe von Beethoven?
3. Wie nennt man ein Musikstück für Orchester?
4. Welches Instrument hat Beethoven im Orchester gespielt?
5. In welcher Stadt ist er geboren?
6. Was wünschte sich Beethoven für alle Menschen auf der Welt?
7. Wie nennt man ein Musikstück für Klavier und Orchester?
8. Wie heißt die einzige Oper, die Beethoven komponierte?
9. In welcher Stadt starb Beethoven?

Den folgenden Abschnitt vor der Weitergabe an die Kinder abschneiden. -

Für den Fall, dass es beim Rätseln ein wenig „klemmen" sollte:
Die Lösungswörter zu den Fragen 2, 4, 5 und 9 liest man am besten „Beethovens Leben" auf Seite 87–88 noch einmal durch. Die Lösungen zu den Fragen 7 und 8 findet man bei „Beethovens Musik" (Seite 135). Und auf die Antwort zu Frage 6 kommt man vielleicht auch so....

GSS

Die Autorinnen

Silke Bettermann studierte Kunstgeschichte und Klassische Archäologie in Bonn und Darmstadt (Promotion 2004). 1994-2004 Zweitstudium der Sozialen Verhaltenswissenschaften und der Pädagogik an der Fernuniversität Hagen. 2006-2007 Weiterbildung zur Kunstpädagogin in Köln. Seit 1997 ist sie für das Beethoven-Haus als Kunsthistorikerin im Bereich der wissenschaftlichen Erschließung der Bildersammlung, der Ausstellungsbetreuung und der Museumspädagogik tätig.

Martella Gutiérrez-Denhoff studierte Musikwissenschaft, Romanistik und Philosophie/Pädagogik (Philosophicum) in Bonn (Promotion 1982). Sie ist seit 1983 im Beethoven-Haus tätig, zunächst als Wissenschaftlerin, seit 1989 als künstlerische Leiterin des Kammermusiksaales. 1999 rief sie die Ferienworkshops für Kinder im Beethoven-Haus ins Leben und ist seitdem hier auch für Koordination, Planung und Durchführung von Kinderprojekten und musikalischen Angeboten für Kinder zuständig.

Christine Köndgen studierte Germanistik und Romanistik an den Universitäten Tübingen und München. Nach dem zweiten Staatsexamen war sie als Studienrätin und VHS-Dozentin in Deutschland und der Schweiz tätig. Sie ist seit 2000 im Beethoven-Haus für Führungen sowie Planung und Durchführung museumspädagogischer Veranstaltungen zuständig.

Gitta Schatz-Sträßner studierte Schulmusik und Gesang in Stuttgart. Sie war 14 Jahre festes Ensemblemitglied im Rundfunkchor Stuttgart (heute SWR Vokalensemble), danach freiberuflich tätig als Konzertsängerin. Seit 2006 erteilt sie Gesangsunterricht und Stimmbildung für Kinder und Erwachsene. Sie ist seit 2004 im Beethoven-Haus für Führungen, Planung und Durchführung museumspädagogischer Veranstaltungen und Musikkonzepte für Kinderworkshops etc. zuständig.

Sabine Schulte-Fochem studierte Geographie (Diplom 1998) und Deutsch als Fremdsprache in Bonn. 2004/2005 machte sie das museumspädagogische Zertifikat „Sprache der Dinge" beim Hessischen Museumsverband. Mehrjährige freiberufliche museumspädagogische Tätigkeit im Haus der Geschichte der Bundesrepublik Deutschland und im Rheinischen Landesmuseum Bonn sowie Stadtführungen. Sie ist seit 2000 im Beethoven-Haus für Führungen sowie Planung und Durchführung museumspädagogischer Veranstaltungen zuständig.

Ulrike Voss-Böcker studierte Germanistik, Kunstgeschichte und Betriebswirtschaftslehre an der Georg-August-Universität Göttingen (Magister Artium 1990). Nach dem Studium war sie als Fremdenführerin beim Fremdenverkehrsverein der Stadt Göttingen tätig. Darüber hinaus arbeitete sie als Reisebegleitung und Reiseleitung für internationale Gruppen. Sie ist seit 1998 im Beethoven-Haus für Führungen sowie Planung und Durchführung museumspädagogischer Veranstaltungen zuständig.

Bei unseren Aktivitäten haben mitgewirkt

Kolleginnen und Kollegen des Beethoven-Hauses:
Sieghard Brandenburg, Graça Breitfuß, Ursula Froebel, Friederike Grigat, Nicole Kämpken, Beate Angelika Kraus, Michael Ladenburger, Helga Lühning, Nino Müntnich, Edeltraud Niklas†, Emil Platen, Julia Ronge, Margit Ruge, Marianne Troll, Antonia Zahn

Als AssistentInnen:
Birke Bertelsmeier, Elisabeth Biermann, Silke Collenberg, Felizitas Ertelt, Claudia Goj, Julia Hartmann, Anna Kallenberg, Claudia Kamps, Almut Lang, Katharina Loose, Volker Schlott, Christiane Sträßner, Katharina Veith

Als Gäste:
Karl-Heinz Althoff (Physikprofessor; über Deutsches Museum Bonn), Christiane Amrath (Gebärdenlehrerin), Markus Bendel (Orgelbauer, Firma Klais), Kirsten Bohnen (Deutsches Museum Bonn), Irina Brochin (Chorleiterin), Gabriel Denhoff (Pianist), Michael Denhoff (Komponist, Cellist, Dirigent), Hans-Jürgen Eimert (Pianist), Martin Erdmann (Pianist), Robert Fontani (Rezitation), Richbert Gibas (Musiklehrer am Rhein-Sieg-Gymnasium St. Augustin), David Graham (Komponist), Ulrike Just (Gästeführerin), Franz Hilsenbeck (Restaurator), Klaudia Kadlec (Regisseurin, Karajan-Centrum Wien), Thomas Kannmacher (Musiker, Irish Folk), Paul Rey Klecka (Pianist), David Klepper (Cellist), Martin Koch (Sänger), Peter Köcsky (Pianist), Camilla Köhnken (Pianistin), Conny Koeppl (Grafikerin), Heike Kosmider (Fiddle), Anna Lück (Harfe), Elena Mendoza-Lopez (Komponistin), Silke Mandt (Buchbinderin), Burkhard Mohr (Karikaturist), Stefan Mohr (Organist), Franziska Nüremberg, geb. Münks (Rheinisches Landesmuseum Bonn), Clara Plößner (Geigerin), Katrin Reinhold (Leiterin Schumannhaus Bonn), Martin Reinke (Restaurator), Alexandra Reitelmann (Deutsches Museum Bonn), Britta Schenke (Rheinisches Landesmuseum Bonn), Markus Schinkel (Jazzpianist), Aglaja Schwarz (Geigerin/FSJK), Trio Caliope (Streichtrio), Ingeborg Ullrich (Malerin und Grafikerin), Helga Wallasch (Gebärdenlehrerin), Philipp Werner (Sänger), Nastasja Zalica (Flötistin), Iskra Zankova (Ballettstudio der Universität Bonn), Johannes Zink (Musikjournalist)

Wir empfehlen aus dem Beethoven-Haus

Besuch bei Beethoven. Ein Buch für Kinder, Eltern, Lehrer und andere Beethoven-Freunde
Verlag Beethoven-Haus Bonn/Carus-Verlag 1999

Geschichten aus dem Beethoven-Haus
Für Kinder im Vor- und Grundschulalter
Verlag Beethoven-Haus Bonn/Carus-Verlag 2004

Ludwigs wundersame Weltreise. Eine Musikgeschichte mit Liedern und Kanons von Beethoven
Audio-CD mit Playback-Teil, Carus-Verlag

Mit Beethovens Ohr gehört. Ein musikalisches Hörstück über Beethovens Ertaubung
Audio-CD, Deutschlandfunk

Beethovens letzte Wohnung in Wien. Eine digitale Rekonstruktion
CD-Rom, Verlag Beethoven-Haus Bonn

in Vorbereitung: Papiertheater Fidelio

unsere Internetseite für Kinder: Hallo Beethoven
www.beethoven-haus-bonn.de